JN113466

哲学するタネ

高校倫理が教える70章

【西洋思想編②】

石浦昌之

目次

まえがき

人間が生きている、という事実は考えてみれば実に不思議なことです。様々な人間が地球上で自然環境や動植物と共に生活し、何かを考え、喜怒哀楽や愛、祈りの感情を持ち、社会を構成しているという事実。そんな不思議な人間というものが、そもそもなぜこの世に生まれてきたのか、なぜ戦争をするのか、動物とのちがいは果たして何なのか、そしてなぜ学校に通わなければならないのか。最後の疑問はちょっとエゴイスティックだったと思いますが、そんな素朴な疑問を、私は子供の頃からずっと抱き続けてきました。

高校生になったとき、「現代社会」の授業を担当していたT先生の授業で「倫理」の学習内容に出会います。T先生は社会学や現代思想がご専門だったようです。脳天を打ち抜かれるほどの衝撃と興奮がそこにはありました。フーコーやフロイト、マルクスといった思想家の名前もその時初めて知り、現代社会を成り立たせている目に見えない構造や自我の深層……そこに何やら、それまでの疑問を解き明かすヒントがあるような気持ちを抱き、夢中になったのを覚えています。

そんな学問との出会いの一方で、中学時代からの親友が学校に来られなくなってしまうという不測の事態も起こりました。彼の実存的な不安に触れるうちに、心理学への興味が湧き、結局大学の心理学科への進学を決めたのでした。

大学に進学すると、今度は個人の心理を取り巻く社会や、その社会を規定する思想に関心が移り、哲学や社会学、比較文化論を自分なりに勉強し始めました。その後大学院では現代思想を援用して関心があったアメリカ文化やポピュラー音楽を読み解く研究を拙いながらも行うことになります。音楽といえば、20歳の頃から本格的に音楽活動を始めました。ギターを弾き、詩や曲を作り歌うことで、今まで集団の中でひた隠しにしてきた本来の人間性が解放され、何やら初めて自由になれたような気がしたものでした。

こんな話をすると、だいぶ浮世離れした学生生活だったと思われる方がおられるかもしれません。実際そう思われても致し方ないでしょう。学問や音楽に耽溺していたその頃の私を苦しめていたのは、自分を社会にどう軟着陸させるか、という不可避の難問でした。いよいよ就職活動だ、と髪を切って、身ぎれいなスーツに身を包んだ友人たちを尻目に、自由という言葉に固執し、その難問を解決することから逃げていました。結局、学生生活を終えた後に、テレビの制作会社や出版社など7回職場を変え（バブル崩壊後、企業が新卒採用を大幅に減らした中での船出でした）、最後はやっとのことで中学校の常勤の教職を得ました。そして晴れて高校で「倫理」を教える機会を得たのはそれから7年後のことでした。

「倫理」の授業を担当するようになり、私は教員として多くのことを学びました（今もなお新鮮な学びがあります）。自分が様々な疑問や悩みを抱えていた頃と同じ10代の生徒たちを前にして、それこそ毎時間体当たりでぶつかるような毎日でした。生徒の鋭い質問の中には、私の考えや先入観を揺るがすものも沢山ありました。また、卒業してからも折に触れては集まり、テーマを決めて「哲学する」会合も細々と続けています。利害や年齢を超越して、純粋に学問で繋がることができる場があることは、私にとって大きな幸せです。

高校公民科「倫理」は実は大変ユニークな科目です。英国で必修教科として取り入れられている「市民科（シティズンシップ）」やフランスで伝統的に重視され高校で必修となっている「哲学」とも内容は違っています。大きく分けると「青年期の課題」「源流思想（古代ギリシア思想、キリスト教、イスラーム、バラモン教・仏教、古代中国思想）」「日本思想」「西洋近現代思想」「現代社会の諸課題」の5分野からなり、それぞれの分野における内容の軽重や偏りはあるにせよ、高校の学習としては高度な内容を含むものです。哲学・思想・宗教学・倫理学・心理学・歴史学・

社会学・比較文化論……これらの広範な学習内容を網羅し、思想史的に学び考えられる講座は、大学にもなかなか存在しないのではないでしょうか（にもかかわらず、科目「倫理」が設置されている学校は少なく、学んだ経験がある人が少ないため、大学の教員まして高校の教員ですら、その学習内容の全貌を知らない、という奇妙な状況が存在します）。

　これらの学習分野は、日本という国の特殊性を鑑みても、よく考えられていると感じます。普段は意識しないかもしれませんが、日本に住んでいる私たちの思考の枠組の半分には、古代ギリシア（ヘレニズム）・ヘブライズムから脈々と受け継がれる西洋思想があります（哲学や科学、民主主義、資本主義、背景化しているキリスト教のバックボーンも含めます）。もう半分には中国思想（日本語じたい、書き言葉に中国語＝「漢字」やその崩し字＝「平仮名・片仮名」を使用しています）、そしてインドから中国・朝鮮半島を経由して伝来・発展した仏教思想（日本語のほとんどは仏教由来の言葉）があります。最後に、これらの根底には、異文化を排斥せず重層的に受容する大らかな日本古来の思想（神道精神）が広がっています。皆さんの中で特定の信仰をもっていない、と自認する人でも、正月には神社に初詣に行き、お盆には仏式でお参りをし、時にバレンタイン・デーやクリスマス、ハロウィンを楽しむことがあるのですから。そんな我々の生活を支えている「当たり前」の思考の枠組みを、いったん俎上に載せて相対化することができるのも「倫理」の魅力の一つです。自分を見つめるもう一人の自分に出会い、俯瞰のまなざしをもつこと（これこそが21世紀の教育で注目されている「メタ認知」）が「倫理」の授業を通して可能になるのです。

　しかしそんな「倫理」という科目も、いま存続の危機という重大な岐路に立たされています。平成元年から「現代社会」および「倫理」「政治・経済」を必修としてきた高校公民科の再編です。民主主義教育の最前線であるところの中学社会科および高校公民科は、常に様々な批判にさらされてきました。それでも戦後の民主的な日本国憲法に対する国民の支持を背景に、ある種リベラルな価値観を体現してきた教科であったように思います（２０１９年に生前退位された上皇も、まさにリベラルな戦後民主主義の体現者でした）。しかし、２００６年に安倍晋三内閣の意向でスタートした教育再生（実行）会議をはじめ、正直社会科・公民科教育の専門家とは言えない方々から、戦後民主主義・平和主義の価値観を教えるリベラルな社会科・公民科が狙い撃ちされていくことになります。これは、冷戦が終結して世界の地勢図が書き換わり、戦争の記憶が風化するプロセスと入れ替わるようにしておこった出来事です。とりわけ高校公民科はＧＨＱ（連合国軍総司令部）の息がかかった偏向教育の場であり、日教組（日本教職員組合）の自虐史観が横行している、といったある種の都市伝説を信じている方々が教育政策に影響力のある地位におられたことは、文部科学省の中央教育審議会の議事録などを読めばすぐに感じ取れます。委員を務めている、とある地方の私立大学の学長が「フランス革命なんてバタ臭いことを教えているからいけない」と公然と発言しているのを読んだときは、開いた口が塞がりませんでした。これは、学校で市民革命を通じて人権獲得の歴史を教えているから、権利ばかり主張して義務を果たさない、自分勝手な日本人が増えている……という論調の典型でしょう。近所のおじさんの暴言レベルの（近所のおじさん、ごめんなさい）教養の欠片もない議論が、天下国家の教育を論じる重要な場で展開されているのです。

２０１５年に文部科学省から次期学習指導要領で「公共」という新しい科目を必修とし（「現代社会」は廃止）、「倫理」「政治・経済」を選択科目とする方針が発表されました。「積極的に社会参加する意欲が世界的に低い」ことや「現代社会の諸課題についての理論や概念の理解、情報活用能力、先哲の基本的な考え方を手がかりとして自己の生き方等に結びつけて考えることに課題」があるとし、その問題を解決するとともに、「キャリア教育の中核となる時間の設定」を行うべく、「公共的な事柄に自ら参画しようとする意欲や態度」を育てる科目「公共」を設定するというのです。その後２０１８年に公示された新学習指導要領の公民科「公共」では、従来の「倫理」より「政治・経済」の方が好き嫌いは別として「有用」だと考えている生徒の数が多いことから、従来の「政治・経済」の学習領域が中心となりました。具体的には、18歳選挙権を踏まえた模擬投票、裁判員制度を踏まえた模擬裁判、そして法曹界や財界人など外部人材を取り入れて、国家・社会の形成者として主体的な選択・判断を行うとともに、討論などを通じて現代の諸課題を解決する力を養う授業になります。もちろん一見すると悪い内容とは思えませんが、新科目「公共」の設置を促した政治的な目論見（もくろみ）の中には、アーレントやハーバーマスの想定する「公共」性というよりむしろ、個が公に奉仕するという意味の「公共」が含意されている点が気にかかります。改正が現実味を帯びてきている日本国憲法の学習も後景に退きました。そして、２０２０年度から廃止された大学入試センター試験の科目になっていたことで必修科目とされる高校も辛うじてあった「倫理」が選択科目となることで、さらにほんの一部の生徒しか高校教育の場で「哲学する」ことができなくなることは明白です。ここには、高等学校にゆくゆくは「道徳」の授業を置き（小・中ではそれぞれ２０１８・２０１９年度より「特別の教科」に格上げされた）、「倫理」に代わり「道徳」に「人間としての在り方生き方」教育を担わせたい、という本音も見え隠れしています。さらには哲学などは、小難しいことばかり言っていて、ちっともお金にならない、と言わんばかりでもあります。いわゆる「哲学では食えない」という物言いに見られる、経済合理性に基づく発想でしょう。

もう一つ気になるのは、新学習指導要領における「倫理」の学習内容です。今までメインになっていた思想史としての体裁が失われ、先哲の思想に関する原典資料の読み取りにより、幸福・愛・徳・善・正義・義務などのテーマについて思索する内容に転換されました。これは現代の諸課題を解決するための、使える「倫理」を目指す方向性でしょう。そして、日本思想や日本の伝統文化の理解が相対的に前面に押し出されたのも大きな変化です。政府の教育施策に、未来の企業人を受け入れる財界の要望が含まれることは当然ですが、２０００年代に入り、本来企業が担うべき教育コストを公教育に押しつけて（プログラミング教育や英語教育などもそうです）、即戦力を求める風潮が横行するようになりました。いま日本がやっきになっている「グローバル人材」の育成もまさにそうした財界（とりわけグローバル化した世界のアクターである多国籍企業）の要請でしょう。日本人としてのアイデンティティを保ちつつ、英語をツールとしてグローバルに活躍し、最終的に日本という国にお金を落としてくれる取り替え可能な人材を、手っ取り早く育成したい、というわけです。上司の指示に対して、その正しさや確からしさを沈思黙考するような哲学的な部下は実に使いづらい、ということにもなるでしょう。

経済的な利益と直結すると考えられている理系学部を重視し、国立大学の人文・社会科学系学部・大学院の廃止および（社会的要請の高い分野への）転換を検討せよ、との要請が2015年に政府・文部科学省から発表された時も耳を疑いました。もちろんこうした傾向は今に始まったことではありませんが、当時政府が整備を推し進めていた安保法制への異論を許さない態度とも重なり合ったためか、多くの人文・社会科学系の大学教員や学会の怒りを買い、文部科学省はその釈明に追われました（1974年以降フランス政府が、資本主義社会の専門教育充実の要請により高等教育から哲学を大きく削減しようとした際、哲学者デリダが「批判的能力を減少させる」と闘った事例も想起されました）。経団連は「即戦力を有する人材」の対極にある文理横断型の人材を求めているのだ、と苦しい弁明を行いましたが、これは圧倒的に「建前」であり、政府や財界の「本音」がついに漏れ出てしまった事態と見るべきでしょう。実際、学校の現場でも、「文学部は就職に不利である」といった文系進路への根拠のない不安が煽られ、法学や経済学はまだしも、文学や哲学を志望する学生は多くいません。とはいえ、哲学教育を盛り立てようにも悪循環なのか、哲学を学び、倫理を専門とする教員の数は大変少なくなっている（公民科教員のほとんどが政治や経済を専門としているため、「倫理」の学習内容は公民科教員の中でさえ、ほぼ理解されていない）という悲しい実情があります。

　そもそも学問を学ぶ場である「スクール［school］（学校）」の語源はギリシア語の「スコレー［schole］（閑暇）」でした。「暇」を愛し、目先の手っ取り早い利益を求めず、真理を探究することが学問の本質だったのではないでしょうか。手っ取り早いと言えば、ここにも経済合理性の蔓延があるのでしょう。近代に定着した「民主主義」というシステムが現代社会において機能不全に陥っているのも気になるところです。「民主主義」というシステムは、単に多数決であればいい、というわけではなく、本質的には合意形成までに大変時間のかかる、まどろっこしいシステムです。にもかかわらず、氾濫する安上がりな言葉や二項対立のシンプルな論点に寄りかかり、複雑な合意形成のプロセスを「節約」してしまってはいないでしょうか。これでは、高校の新科目の名称ともなっている「公共」空間を作るのは到底難しく、「私」が「公」に奉仕する従来通りの「公共」・「公民」観が浸透して終わるだけでしょう。堂々巡りの議論の末にしかたどり着けない深い理解や（ひとまずの）合意というものが、確かにあるはずなのですが。

個人的に尊敬する劇作家・寺山修司は「どんな鳥だって想像力より高く飛ぶことはできないだろう」（『事物のフォークロア』）（寺山修司『寺山修司詩集』角川春樹事務所、２００３年）と言い残しました。「ジャンケン」という常識でいえば、紙を破る岩、石を砕くハサミ、ハサミで切れない紙を思い浮かべること……どんな時でも、人間の無限の想像力を自由に働かせて、たとえ時間の無駄だと言われようと、自分や他人や世界の在り方について、立ち止まって考えることを忘れてはいけません。２０２０年度から知識注入型の大学入試センター試験が廃止され、答えのない問いを探求する大学入学共通テストを導入する明治以来とも言える大学入試改革が行なわれます。それに伴い、旧来の学校の一斉授業の形態も、生徒中心の主体的・対話的授業に変わります。新学習指導要領はいわば、学習活動の総「哲学」化です。にもかかわらず、繰り返しになりますが、受験科目としての「倫理」がもし存在感を失えば、選択科目として「倫理」を教育課程に置く学校は減ることが予想されます。思考力・判断力・表現力・主体性・協働性を問う大学入学共通テスト（あるいは注目を集める国際バカロレア）の方針と哲学的思考は、相当親和性が高いと思うのですが。ですから私は、あと何回担当できるかわからない「倫理」授業を前にして、大げさかもしれませんが、ある種悲壮な決意を背負い、未来の世界を担う生徒たちの知の触媒となる覚悟で日々教壇に立っています。決して「使い捨てられる」ような人間にだけはなってほしくないのです。

少々重苦しい前置きになってしまいました。本のタイトルは『哲学するタネ――高校倫理が教える70章』としました。内容から東洋思想編と西洋思想編①・②の2分冊に分けましたが、どちらから読み進めて頂いても構いません。西洋思想編は「人間とは何か」「青年期の課題」を導入として、西洋の「源流思想」（古代ギリシア思想、キリスト教、イスラーム）「近現代思想」、そして「現代の諸課題」から構成されています。「哲学する」ためのテーマも例示しました。これからは「知識を活用する時代」になるといいますが、活用するためには知識が必要です。

インプットなくしてアウトプットはあり得ません。ここで「楽をする」勘違いを犯してはいけないんです。人間は経験から形作られる……と考えるならなおさらインプットは重要です。しかし昨今、社会を見渡せばタネ（種）を蒔かずに花を咲かせようとしている感があります。当たり前ですが魔法使いでもなければ、タネを蒔かずに花を咲かすことなどできないのです。大学の「ゼミ」は英語の「セミナー［seminar］」のドイツ語読み「ゼミナール」に由来します。「セミナリー［seminary］（神学校）」という派生語もありますが、ラテン語の「セーメン［semen］（種、精子）」が語源です。ラテン語や英語の祖先となったインド・ヨーロッパ祖語の「se」には「種を蒔く」という意味があり、英語では「タネ」を「シード［seed］」といいます。つまり学問にしても、何かを生み出すにしても、タネを蒔かなければ始まらないのです。ちなみにタネは人に蒔いてもらうだけのものではありません。自分で蒔くことだってできるのです。

文中で使用した用語は高校「倫理」で通例用いられる表記に倣っています。高校「倫理」の教科書理解の一助ともなるよう、簡潔な説明を心がけようと思いますが、論理を明晰にするため、少々緻密さを欠く記述があるかもしれません。なにぶんご容赦ください。それでは早速「哲学」の扉をノックしてみましょう！

55章　現代思想（1）（フロイト、ユング）

近代・理性中心主義への疑義

ここからいよいよ現代思想です。この本の目的の1つは、現代の私たちが置かれている立ち位置を知り、改めて何かを考えるための基礎体力作り（哲学のタネ蒔き）をすることにありました。ここからは皆さんの現実に即して考えながら、読み進めて頂けるとうれしいです。繰り返しになりますが、今までの話をおさらいしておきましょう。現代の私たちの社会は「考えるわれ＝理性をもった個人」を主人公とする「民主主義」「資本主義」「科学」という西洋近代の土台の上に立っています。理性的な個人（主観）は自然や社会（客観）を操作・コントロールし、社会をよりよく発展させていけるはず……無知・隷属からの解放をうたう近代啓蒙思想には「行け行けドンドン」的な楽観主義・進歩主義が含まれていました。

しかしこうした近代の理性（人間）中心主義・合理主義にも疑義が呈されます。20世紀に入ると2つの世界大戦がおこり、理性的とされた私たちが史上類を見ない大量殺戮（さつりく）に手を汚します。そもそも科学技術の発展と軍事研究はパラレルでした（コンピュータ・インターネット・GPSも軍事技術の民間転用〔スピンオフ〕である）。科学技術により戦車・潜水艦・爆撃機・毒ガスなどの大量破壊兵器が生み出され、理性的・合理的におぞましいほど多くの

「死の門」・アウシュヴィッツ第二強制収容所（ビルケナウ）の鉄道引込線

人間が、虫けらのように殺されたのです。戦争のリアリティそのものは経験しない限りわからないかもしれませんが（わからないからこそ戦争は繰り返される）、身の毛のよだつ実写記録映像を一瞥すれば、20世紀前半に何がおこり、その反省の下に戦後世界が再出発した、という現在忘れ去られかけている事実を再確認できるでしょう。

第二次世界大戦中はファシズム・全体主義の嵐が吹き荒れ、ヒトラー〔1885—1945〕のナチス・ドイツによるユダヤ人の大量虐殺が行われました。ユダヤ人の大量虐殺はギリシア語でホロコースト〔The Holocaust〕（「全部焼く」の意）、ヘブライ語でショアー〔Shoah〕（「破滅」の意）と呼ばれます。欧州中から集められ、殺されたユダヤ人等（「ジプシー」と呼ばれたロマや同性愛者、精神障がい者、共産主義者、反ドイツ分子も含まれた）の数は一説に約600万人と言われていますが、正確な数字はもはやわかりません。ナチス親衛隊のハインリヒ・ヒムラー（Heinrich Himmler）〔1900—1945〕の「生産的に処分せよ」という指令の下、生産性の高い窯を用意し、毒ガスのシャワーで殺した大量のユダヤ人の死体をいかに効率的に焼き、焼いた死体を何に利用するか（女性の毛髪は毛布に、皮膚は紙に、灰骨は肥料に）が「理性的に」検討されたのです。

これは他人事ではありません。フランスのアラン・レネ（Alain Resnais）〔1922—2014〕監督のドキュメンタリー『夜と霧』の最後のナレーションにあった、「ある国の、ある時期における特別な話と言い聞かせ、消えやらぬ悲鳴に耳を貸さぬ我々がいる」を思い出す必要があります。ここに紹介したナチスのホロコーストや日本に投下された原爆（ヒロシマ・ナガサキ）の悲劇……近代の理性中心主義・合理主義の行き着く先がそこにあったとするならば、必然的に「近代とは何か」を問わざるを得なくなるわけです。現代思想は、近代の主人公である理性そのものや「考えるわれ」、理性信仰を支えた西洋中心主義……それらを疑い、揺さぶりをかける思想なのです。

無意識下にうずまくリビドー（性衝動）

理性（意識）にくみ尽くせない非理性的な生命の衝動である「生存への意志」（無意識）に着目したショーペンハウアー［1788―1860］の「生の哲学」は52章で紹介しました。その思想に、ニーチェ［1844―1900］[*1]を通じて間接的に影響を受けたのが**ジークムント・フロイト**（Sigmund Freud）［1856―1939］です。モラヴィア（現チェコ）のユダヤ人家庭に生まれたフロイト（ユダヤ人としてのコンプレックスは彼独自の無意識理論に関連しているように思える）は、ウィーンで活躍した精神医学者で、**精神分析学**（**深層心理学**）の祖とされています。フロイト理論のうち、抑圧・反動形成・退行……といった自我を守るはたらき（防衛機制）については既に35章で触れました。

> ニーチェの用語に倣い、G・グロデックの示唆に従って、われわれは今後無意識をエス das Es と呼ぶことにします。この非人称代名詞は……この心理的領分の自我無縁性（イヒ・フレムトハイト）を言い現わすのにとくに適しているように思われます……われわれが人間の心を分解すると、人間の心は超自我、自我、エスという三つの国あるいは領域あるいは区画に分れます……エスはもろもろの欲動から来るエネルギーで充満して……います……エスの委託を受けて、自我は運動性への通路を支配していますが、しかし自我は欲求と行動との間に思考作業という猶予期間をはさみ込んでいて、その期間中に自我は経験の記憶残滓の利用を計るのです。こういうふうにして自我は、エスにおける諸過程の経過を無条件で支配する快感原則をその王座から退け、そしてその代りにより多くの確実性とより大きな成果とを約束する現実原則を据え置いたのです……自我はいついかなる場合でもきびしい超自我に監視されており……超自我はエスおよび外界の側からのいろい

ろな難題を一切無視して、自我に対して、行動の一定の規範を突きつけ、自我がそれに従わない場合には劣等性と罪悪意識という緊張感情をもって自我を罰します。このようにエスに追いまくられ、超自我に締め上げられ、現実に突き戻されて、自我は、自己の中に働き、自己に対して働きかけてくる諸勢力や影響を受けとめながら、何とかして調和を作り出すという自己の経済的任務を遂行しようと奮闘するのです。

（『精神分析入門（続）』）[*2]

無意識［unconscious］という概念は日常用語になっています。近代の主人公は個人＝考えるわれ、つまり**自我**（**エゴ**［ego］）です。自我は人間心理のうち、意識に上る部分（普段は意識しないが思い出そうとすれば思い出せる前意識も含む）のことです（自我は現実原則に従う）。そこでフロイトは不気味なことを言います。自分の全てだと思い込んでいる意識の領域は氷山の一角にすぎず、意識下には無意識（エス［es］）という底なしの泥沼が広がっている……エスという名称はフロイトが認めている通り、ドイツの医師ゲオルグ・グロデック（Georg Groddeck）［1866―1934］に負うものです。エスは「イド［id］」ともいいますが、ラテン語の「it」のことで、自分の中にある「それ」としか呼べない不気味な部分です。しかもそこには**リビドー**［libido］（**性衝動**）がうずまいていて、快楽原則で動きます。そして嫌いな人に対し「あいつ殺してやる」とか、「バレないからこの財布盗んじゃおうかな」などと常に自我を脅かしてくるんです。[*3] でも普段から意識上にこんな考えがむくむくと湧き起こってきたら大変ですから、意識と無意識にまたがったところにある**超自我**（**スーパーエゴ**［super ego］）（躾などを通して形成される）が検閲してくれます。「あいつ殺してやる」……「ダメ！絶対にダメ！」といった

フロイト

ふうに。それでも、寝ている時や気が抜けた時に意識と無意識の境界があいまいになると、「夢」や「言い間違い」といった形で無意識の欲望が顔を出してきます。嫌いな人に悪口を言われた夜、夢の中でその人をぶん殴る夢を見て、汗まみれでガバッと起き上がる……なんてこと、ありますよね。あるいは議長が議会を開会するに当たって「諸君、私は議員諸氏のご出席を確認いたしましたので、ここに閉会を宣言いたします」[*4]と言ってしまう例もあります。早く会議を終わらせたい無意識の深層心理が、そう言わせているのです。

フロイトは**夢判断**を行ったり、患者をカウチに寝かせてリラックスさせた状態で自由に思いついたことを言わせる自由連想法によって、無意識のリビドーを顕在化させ、神経症（ヒステリー）の治療を行いました（ヨゼフ・ブロイアー（Josef Breuer）［1842―1925］と共に、O・アンナの事例を含む『ヒステリー研究』を出版した）。フロイトがやろうとしたことは、無意識を合理的に意識化する試みだったということです。[*5]

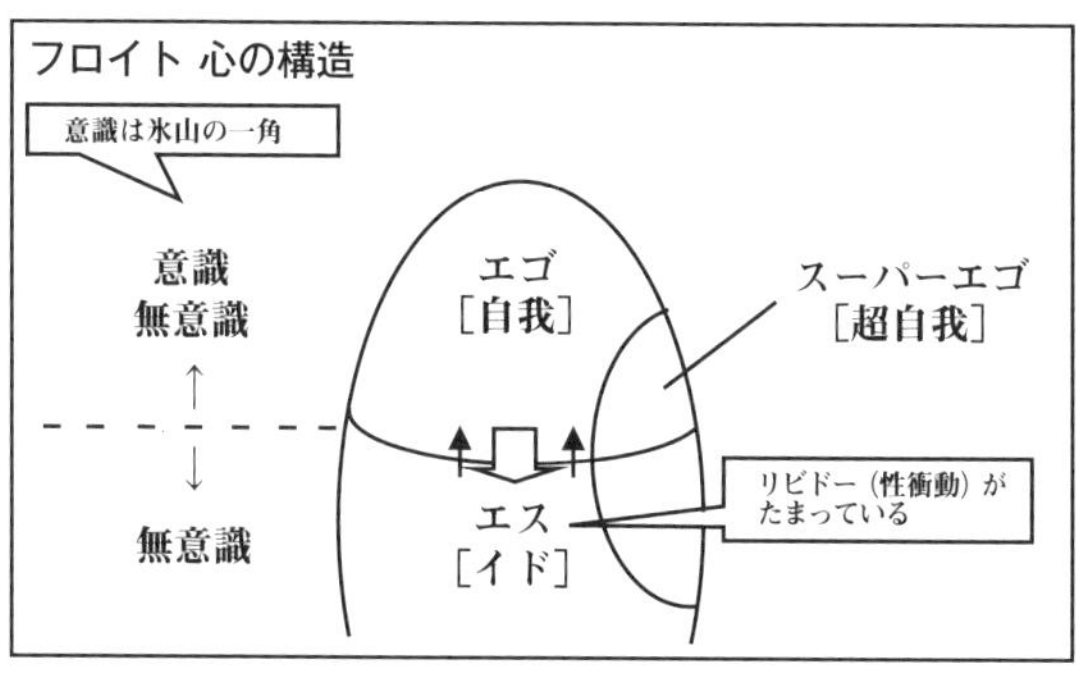

ただ、欧州の人々がキリスト教の禁欲倫理で自然な性欲を抑圧していたとしても、あれもこれも全てリビドー＝性欲に結びつけるのは少しやり過ぎのように思えます（フロイトの性欲理論の詳細は高校の教科書から巧みに省かれている）。また、家父長制を背景にしたその理論にはフェミニズムからの反発もありました。例えばフロイトは夢分析において数字の「3」や、ステッキ・傘・棒・木・メス・槍（やり）・ピストル・噴水・シャープペンシル・爬虫（はちゅう）類・蛇は、男性性器（ペニス）の象徴であり、凹み・溝・管・瓶・トランク・筒・船は、女性性器の象徴になると言っています。[*6] あるいは夢で歯が抜け落ちること（抜歯）はオナニーの罰としての去勢を意味するのだそうです。他には強迫神経症の事例もあります。強迫神経症とは手を洗うのがやめられなくなる（これは私も幼い時に

経験がある）など、無意味な行動を繰り返してしまう神経症の一例です。ある30歳近い婦人は自分の部屋から隣の部屋に駆け込み、部屋の真ん中のテーブルに立ち、特に用事もないのに女中を呼んで、また自分の部屋に駆け戻る……という強迫現象に悩んでいました。フロイトが行った精神分析によれば、インポテンツに悩んでいた夫が婦人の部屋に駆け込んで睦事をなすも失敗に終わり、女中に見られて恥をかかないようにシーツの上に赤インキでしみをつけたことがあったそうです。婦人は自分と夫を同一視して、テーブル掛け（そこにもしみがつけられていた）の側に立ち、女中にそのしみを見せつけようとしていたのでした。*7 この辺りは時代背景を考えると、ありえなくもない話だと思いました。

オイディプス・コンプレックス

小さい子どもは、本能のままに生きている部分があると思います。幼稚園や保育園はわりと子どもの自由な遊びを許容してくれるのですが、義務教育が始まり小学校に入ると、その自由が奪われていき、数量化された時間割にはめ込まれ、規格化されていく——私の子どもは小学校に入学した時、自分の口でそれを嘆いていた——そんな印象があります。ちなみに、「平等」という普遍理念からすると男女の違いはない、と言いたいところですが、生物学的な違いは歴然として存在するように思います。男の子と女の子は、文化・社会的しつけによる性差＝ジェンダーの部分もあるにせよ、生まれながらに遊び方が違います。自分の子どもを観察していて気付いたのですが、同じおままごとをして遊んでいても、女の子が丁寧に作ったオモチャのお家のドアから、男の子はミニカー片手に突っ込んでいったりするわけです。

3〜6歳の男根期の男の子は、たいていママが大好きな甘えん坊です。ママと男の子の間にパパが入り、ママと仲良くしたりすると、男の子は「ぼくのママに何をする！」なんて言って、牙をむいて攻撃してくることがあります。フロイトはこうした「父を殺し、母と結ばれたい」という複合的な感情を**オイディプス**（**エディプス**）・**コンプレックス**［Oedipus complex］[*8]と呼びました（フロイトの弟子ユング［1875－1961］は、母に対抗して父と結ばれたい女児の複合的感情をエレクトラ・コンプレックスと呼んだ）。古代ギリシアの悲劇詩人**ソフォクレス**（Sophocles）［B.C.496？－B.C.406？］の『**オイディプス王**』[*9]は、両親を知らない青年オイディプスが知らない内に父親ライオス（テバイの王）を殺し、怪物スフィンクスを退治した功績でテバイの王となり、その后イオカステと結ばれるというお話でした。后とは先王（父親ライオス）の妻、つまり自分の母親だった……という悲劇です。ちなみにオイディプスは人々を困らせる怪物スフィンクスから「なぞなぞ」をしかけられます（答えられないと食べられてしまう）。「朝には四本足、昼には二本足、夜には三本足で歩くものは何？」……答えは「人間」です。生まれたときはハイハイで四本足、じきに二本足で歩くようになりますが、老年になれば杖をついて三本足になるからです。オイディプスが答えると、スフィンクスは海に身投げして死んでしまいました。意外とスフィンクス、弱いですね（笑）。

男性なら幼い頃に誰しもが抱く、父親殺しのオイディプス・コンプレックスは、罪悪感として無意識下に抑圧されます。そして場合によっては、神経症・ノイローゼの原因となります。ちなみにフロイト自身、自分に厳しかった父には終生妬みや敵意を抱き、母には深い愛着を感じていたそうです。

フロイトは第一次大戦後に、**性の欲動**（**エロス**［eros］）のみならず**死の欲動**（**タナトス**［thanatos］）に注目しました。酒や麻薬、ギャンブルへの依存症やアディクション（嗜癖）に苦しむ人を見ると、人間の本能には生きようとする本能であるエロスに対して、生命の破壊を求めるタナトスがあるように思えてきます。エロスのエネルギーであるリビドーには、タナトスを中和する働きがあります。[*10]ただ、このタナトスが外部に向かわず、自己の内部に固定されると自傷行為に発展してしまうのです。

集合的無意識

フロイト理論・精神分析は現在でも文芸批評など様々な分野で応用されていますが、当時の弟子からは離反者も出ました。例えばアドラー［1870–1937］はオイディプス・コンプレックスを否定し、[*11]自我に着目する個人心理学を打ち立てました。何から何まで「リビドー！リビドー！」と聞かされていたら、確かに嫌になってしまうかもしれません（笑）。

ユングはフロイトより19歳年下だったスイスの精神医学者・心理学者です。『心理学的類型』で関心の向きから人格（パーソナリティ）を内向型と外向型に分類したことは35章で触れました。ユング思想は、近代合理主義が抑圧してきた無意識の世界を意識化すべく、まずは神話の世界へ、そして東洋哲学体験を経た後にはグノーシス主義やそれをルーツとする錬金術、果てはオカルトの世界にまで行ってしまうのですから、なぜだか妙に興味惹かれてしまいます（「合理主義と迷信は相補的なものである。光が明るくなればなるほど影は薄くなる。換言すれば、われわれの意識的精神が合理的であればあるほど、それだけ無意識の幽霊の世界はいきいきとしてくるのだが、それは心理的法則なのだ」[*12]）。

カール・グスタフ・ユング（Carl Gustav Jung）も性的なリビドー偏重のフロイトから離反した一人です。

何しろフロイトが過去の外傷体験（トラウマ）によって因果的に引きおこされたと考えた神経症を、ユングは現在の自分が生み出した魂のファンタジーであると捉えています。オカルト的な心霊現象も科学的な因果律ではなく、心理学的な現実性（リアリティー）として受け止めたということです。[*13] ユングが提起した共時性（シンクロニシティ）［synchronicity］という概念もありました。共時性とは、因果律で説明できない意味のある偶然の一致のことです。人生やサイコセラピーの一局面では、こうした出来事が大きな意味を持つことがあります。

ちなみに日本でユング心理学（分析心理学）を啓蒙した第一人者は、ユング研究所でユング派分析家の資格を取った**河合隼雄**（はやお）［1928－2007］です。私は大学の心理学科在籍時に河合隼雄の弟子だった先生に教わっていたため、色々な著書を読みました。特に『ユング心理学入門』[*14]は入門書として最適の一冊だと思います。

> この発見は理解の一前進を意味する。それはすなわち無意識における二つの層の認識である。つまりわれわれは個人的無意識と、非個人的あるいは超個人的無意識とを区別しなければならぬのだ。後者はまた集合的無意識とも呼ばれるが、それはまさにそれが個人的なものと無縁で、普遍的であり、その諸内容が到るところに見出されうるからだ……個人的な層は最も夙（はや）い幼児期記憶で終りになる。これに反して集合的無意識は前幼児期、すなわち先祖代々の生活の残滓を含んでいる（『無意識の心理』）[*15]

ユングによると人間の心は、意識の中心である自我の下に**個人的無意識**［personal unconscious］があるのだといいます。ここまではフロイトの言った無意識と同様です。しかしユングがユニークなのは、その個人的無意識のさらに深層に**集合的**（**普遍的**）**無意識**［collective unconscious］を想定したことです。集合的無意識とは、それぞれの個人の意識とは関係のない（個人の遺伝、あるいは環境により習得されるものではない）、全人類に共通する無意識の世界です（ユングの本に個人の臨床事例が少ないのはそういう理由）。これは神話や夢に時代や国境を超えた共通のイメージがあることからも理解できます（河合隼雄はグリム童話や昔話のユング的解釈をやってみせた）[*16]。私はこのユングに影響されて一時期世界の神話に興味をもち、世界や日本のバカでかい神話事典の類を買い集めたことがあります。今では非常に場所を取って邪魔になっているんですが（笑）。しかし考えてみると、文化交流のあり得ない地球の裏側で同様の構造をもつ神話が存在することは、不思議を通り越しています[*17]。人類共通の集合的無意識があるとしか、説明のしようがありません。

元型とはtypos（痕跡、imprint）つまり、意味においても、また形式においても神話的モチーフmythological motifsを含む太古的な性格をもったもののある特定の集合を意味します。（『分析心理学』）*18

そうした神話や伝説、おとぎ話などの民族的伝承に見られる人類共通の普遍のイメージを元型（アーキタイプス[archetypes]）といいます。密教で重視される**マンダラ**（**曼荼羅**）*19や社会における表面的な自己である**ペルソナ**（古代ギリシアの仮面劇の「仮面」）も元型の一つです。**太母**（**グレートマザー**）という母なるイメージもあります。これは神話や夢（フロイト同様、夢分析を行った）の中には必ず登場しますし、砂箱の中に玩具を置いて、心の内面イメージを表現する箱庭療法という心理療法がありますが、そうした箱庭に見られることもあります。太母は豊穣・慈しみ・母なる大地のイメージである一方、「穴・子宮」のように誘惑し、飲み込む死や魔女のイメージももち合わせています。青年期にこのイメージにの飲み込まれてしまうと、いわゆるマザー・コンプレックス（マザコン）になってしまうのです。男性の中の女性性（**アニマ**）や、女性の中の男性性（**アニムス**）という元型もあります。童話に出て来る白馬の王子様やお姫様、夢にみる理想・永遠の女性もそうした一例として考えられます（現実の女性に投影されることもある）。無意識下に沈められたアニマやアニムスは最終的に克服され、両性具有的な自己が形成されます（自己実現/個性化）。例えばアニマを抑圧した男性が、中年以降本来の自我に目覚め、急にオネエ風になる……ということはよくありますよね。

ユング

　また、童話やファンタジー、アニメなどにしばしば登場する**老賢人**（**オールド・ワイズ・マン**）も代表的な元型です。ひげの老人・仙人が主人公にアドバイスし、正しい方向に導いてくれる、というわけです。さらには**影**（**シャドウ、シャッテン**）という元型もあります。ファウスト博士にとっての悪魔メフィストフェレスのような、自分の中にあるもう1人の相補的な自分です。ペルソナはその人自身ではありません。外見的には穏やかな人も、かならず内面的には激しい一面、つまり影をもっており、そうした部分でバランスが取られているのです。生真面目でそつが無いように見えて、実はちょっと抜けていたりもするわけです。物語を引っ掻き回す**トリックスター**を影の一種と考えることもできます。また、現実世界で生きられなかった自分である影に出会うこともあります。これはいわゆる**ドッペルゲンガー**（**二重身**）現象です。

実は私、ドッペルゲンガーの経験があります。忘れもしない、小学6年生の時です。その頃、中学受験のための塾に通っていたのですが、毎週日曜日になると全国テストがありました。その会場に行くと、向こうから私と同じ背格好の人がやってきたんです。すれ違った時には目を疑いました。なんと私と全く同じ顔をしていたんです。相手も同じことを思ったのでしょう、「あっ」と言う顔をしたのを覚えています。そうなってくると、テストどころではありません。その子が座った席に釘付けです。ちょうどその頃の私は、両手首の骨が「ぴょこん」と出っ張っていることを気に病んでいました。できればその骨を削ってしまいたい、というぐらい思い悩んでいたんです（笑）。ふとその子の両手首が見えました。なんと、両手首の骨が「ぴょこん」と出っ張っていたんです。間違いなく、私の影だったのではないでしょうか。その子は今どこで何をしているのか……時々考えることがあります。

注

＊1　「ニーチェの著作をたどっていくとき、「それ（エス）が考える」という表現を目にすることになるだろう。日常用語から見れば異様というほかないこの表現は……「近代的自我」を宣言したとされるデカルトの有名な言葉「私が考える、ゆえに私はある（われ思う、ゆえにわれあり）」を批判するために使われた」（互盛央『エスの系譜――沈黙の西洋思想史』講談社、２０１６年）。

＊2　フロイト『精神分析入門（続）』（『精神分析入門（下）』）（高橋義孝・下坂幸三訳、新潮社、１９９９年）。

＊3　統合失調症の患者に、突然「フフフっ」と笑い出す空笑（くうしょう）という症状がみられるが、これを精神分析的に解釈すれば、無意識と意識の境界が曖昧で無意識のリビドー（性衝動）が意識に現れてしまうからだということになる。

＊4　井村恒郎・小此木啓吾・懸田克躬・高橋義孝・土井健郎編『フロイト著作集1　精神分析入門（正・続）』（懸田克躬・高橋義孝訳、人文書院、１９７１年）。

＊5　「無知の知が知の根拠になるという、ソクラテス以来指摘されていた人間知性のパラドクスを重視する精神が、パスカル、そしてカントをへて、フロイトにまで連綿と脈打っている」（鷲田清一『フロイト――意識のブラックホール』）（『現代思想の源流――マルクス　ニーチェ　フロイト　フッサール』

講談社、2003年)。

*6〜7　井村恒郎・小此木啓吾・懸田克躬・高橋義孝・土井健郎編『フロイト著作集1　精神分析入門(正・続)』(懸田克躬・高橋義孝訳、人文書院、1971年)。

*8　「潜伏期以前の、対象選択の時期における幼児を直接に観察した場合、エディプスコンプレクスについて、どんなことが認められるでしょうか。容易に見受けられることは、小さい男の子が母親を独占しようとすること、父親が居あわせるのを邪魔に思うこと、父親が母親に情愛を示す時には不機嫌になること、父親が旅に出たり不在だったりすると満足の感情を示すことなどです。幼児はしばしば、その感情を直接に言葉に出して表現し、母親に向い、「お母さんと結婚する」と約束したりすることもあります……夜は母親のそばで眠りたいと要求したり、母親が便所に行こうとすると自分もついて行くと言ってきかなかったり……母親を誘惑しようと企てたりすることさえあります……母親へのこの結びつきの本性が性愛的なものであることは、なんといおうとこれを疑うことはできないのです……母との近親姦はエディプスの一つの犯罪であり、父殺しはもう一つの犯罪です……これらはまた、人類最初の社会的・宗教的制度たるトーテミズムが、きびしく禁じている二大犯罪なのです」(フロイト『精神分析入門(下)』高橋義孝・下坂幸三訳、新潮社、1999年)。

*9　ソポクレス『オイディプス王』(藤沢令夫訳、岩波書店、1999年)。

*10　懸田克躬『フロイトの生涯と学説の発展』(『世界の名著49』)(中央公論社、1966年)。

*11　「アードラーはすべての神経の病気の原因は、われわれが自分の身体的劣等を、どのように補償し過ぎるかということにあると考えた。たとえば、背の低い人があると、彼はその背の低さを補って攻撃的になり、その行為によって、よけいのスペースをとろうとする。背の高すぎる人は静かに、ひかえめにして、人にあまり注目されないように身を縮めるというのだ」(ラッシェル・ベイカー『フロイト　その思想と生涯』宮城音弥訳、講談社、1975年)。

*12　C・G・ユング『ユング　オカルトの心理学』(島津彬郎訳、講談社、2000年)。

*13　河合俊雄『ユング――魂の現実性(リアリティー)』(講談社、1998年)。

*14　河合隼雄『ユング心理学入門』(培風館、1967年)。

*15　C・G・ユング『無意識の心理』(高橋義孝訳、人文書院、1977年)。

*16　河合隼雄『昔話の深層――ユング心理学とグリム童話』(講談社、1994年)参照。

*17　「私はかつて、分裂病の患者が次のような幻覚をもつのに出会ったことがある。患者は太陽に勃起した男根が見えるというのである。彼が頭を左右に振ると、太陽の男根も同じように動き、そこから風が吹いてくる。この奇妙な考えは、ミトラ教の祈禱書にこのヴィジョンがあるのを知るまでは長いことわけのわからないものとして残っていた。この幻覚は前述の書の次のような箇所を説明するものである。つまり、それが西の方に向けば無限の東風が吹き、もし他の風がわきおこり、東の方に吹けば、同様に前と反対の方向に動く」(『世界大思想全集44』)(ユング『生命力の発展』中村古峡訳、春秋社、1931年)。

*18　C・G・ユング『分析心理学』(小川捷之訳、みすず書房、1976年)。

*19　「ユングは最初、人の心のバランスが崩れかかるような時、または、分裂した人格が一つにまとまりかかる時に、円形の宇宙観があらわれることに気がつ」き、「心の全体像としての自己が自らの表現としてとる形がマンダラである」と考えた(秋山さと子『ユング心理学へのいざない』サイエンス社、1982年)。

56章　現代思想（2）（ソシュール、ウィトゲンシュタイン）

言語は差異の体系

われわれは概念と聴覚映像との結合を記号（signe）とよぶ。しかし一般の慣用では、この名称は聴覚映像のみを示す、たとえば語（arbor, etc.）を。ひとは、arbor が記号と呼ばれるとすれば、それが「樹」という概念をになうものとしてにほかならぬことを忘れている、そのけっか、感覚的部分の観念が全体のそれを包含してしまうのだ。このあいまいは、当面の三個の概念を、あい対立しながらあい呼応する名前をもって示したならば、消え失せるであろう。われわれは、記号という語を、ぜんたいを示すために保存し、概念（concept）と聴覚映像（image acoustique）をそれぞれ所記（signifié）と能記（signifiant）にかえることを、提唱する……能記を所記に結び付ける紐帯は、恣意的である、いいかえれば、記号とは、能記と所記との連合から生じた全体を意味する以上、われわれはいっそうかんたんにいうことができる：言語記号は恣意的である。（『一般言語学講義』*1）

近代デカルト［1596—1650］の物心二元論において、疑いえない精神（自我・考えるわれ）によって捉えることができるとされた「実体」（アリストテレス［B.C.384—B.C.322］が、決して主語にはなるが述語にはならない極限の個物と考えたウーシア）……スイスの言語学者**フェルディナン・ド・ソシュール**（Ferdinand de Saussure）［1857—1913］はこの「実体」が、空間的に位置をしめる延長という本質をもつ「もの・こと」ではなく、差異に着目した**記号**（**シーニュ**［signe］）に過ぎないと考えました。「**意味するもの**（**シニフィアン**［signifiant］）」と「**意味されるもの**（**シニフィエ**［signifié］）」の結合から成るのが「記号」です（ソシュールは**記号学**［semiology］の祖でもある）。

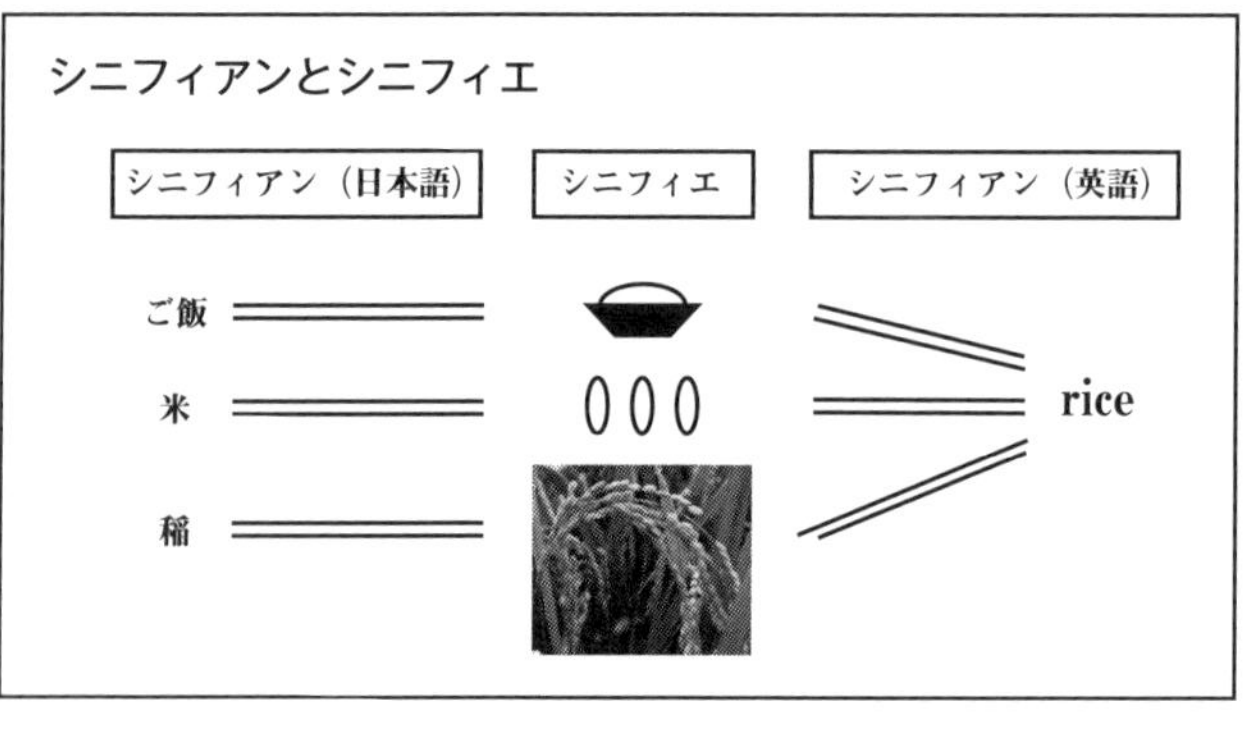

　言語というものは、あらかじめ存在する「実体」に対して、それに対応する名前が付けられる、と一般的に考えられています。（サルという）動物の「実体」が目の前にあって、それに対応する「サル」なり「monkey」なりといった呼び名がつく、ということです。しかしソシュールによれば、それは誤りです。それぞれの文化によって、どの差異に着目する体系・構造をもつかによって、恣意的（あいまい）に決まっているものなのです（「言語には差異しかない」）。*2 つまり言語とは、どの差異に着目するか、によって決まる世界の切り分け方だということです。よって、差異に着目した表象（「意味するもの」）であるシニフィアン（文字や音声）と、呼び名が「意味されるもの」であるシニフィエとの結合に必然性はありません（しかも「saru」という音になったのも、これまた偶然です）。

　例えば、日本語のシニフィアンで「ワニ」と呼ぶシニフィエに対応する、英語のシニフィアンには「クロコダイル［crocodile］」と「アリゲーター［alligator］」

があります。日本語では「クロコダイル」も「アリゲーター」も「ワニ」と総称してしまいます。確かに私からみても、正直見た目には区別がつきません。しかし英語の辞書を引いてみると、「crocodile」には「下あごの第4歯が口を閉じた時はみ出す」と書いてあるんですね。そんなこと知らないよ！という話です。つまり文化によってどの差異に着目するか、によって言語による切り分け方は恣意的に変わる、ということなのです。他にも、お米にこだわる日本人は「ご飯」「米」「稲」「シャリ」「まんま」……と色々な名前で「米」を呼び分けますが、英語圏では「rice」と呼んでおしまいです。また、島国日本では魚にもこだわっており、出世魚などは実に複雑な呼び分けです。あるいは日本語で区別される「水」と「湯」が英語圏では「water」のみだったりします（ちなみに「water」にはもともと「hot」のニュアンスがあるため、「hot water」とは言わないものの、「cold water」という言い回しが存在する）。

ソシュールの講義をまとめた『**一般言語学講義**』によると、**ランガージュ**［langage］（言語活動）は**パロール**［parole］（言）と**ラング**［langue］（言語）の2種類に分けられます。パロールは個人の発話行為・言語使用（文字・書記法であるエクリチュール［écriture］と対比される）、ラングは言語習慣の体系、つまり文法や語彙（各国語や方言など）のことです。[*3] 同じラングで話していても、話す人によって聞こえ方は違います。これがパロールです。パロールとラングにはもちろん相互作用があります。ラングという構造に基づいてパロールという発話行為がなされるわけですが、パロールがラングを変化させることもあり得るわけです。「ら抜き言葉」だって定着すれば、文法上無視できなくなる、ということです。

このように、言葉を構成する要素の関係が体系・構造を形作り、要素の表す意味や働き、要素の並び方を決めるというソシュールの考えは、後に紹介する構造主義の先駆となりました。[*4]

分析哲学の潮流

言語の分析を哲学の重要課題であると考えたオーストリアの分析哲学者**ルートヴィヒ・ウィトゲンシュタイン**（**ヴィトゲンシュタイン**）（Ludwig Wittgenstein）［１８８９―１９５１］もいます。ウィトゲンシュタインはドイツの分析哲学・論理数学の祖ゴットロープ・フレーゲ（Gottlob Frege）［１８４８―１９２５］の勧めでケンブリッジ大学トリニティ・カレッジのラッセル［１８７２―１９７０］に学びます*5（有効需要の原理を説き、マクロ経済学を確立したケインズ［１８８３―１９４６］とはその頃友人になった）。ラッセルやウィトゲンシュタインは、第一次世界大戦後のウィーンで花開いた論理実証主義［logical positivism］という科学哲学の学派（ウィーン学団）に影響を与えました。今度はそれが１９３０年代の米国に飛び火して（ルドルフ・カルナップ（Rudolf Carnap）［１８９１―１９７０］らウィーン学団のメンバーが、ナチス台頭を背景に亡命した）*6、プラグマティズムと結びつき、ネオ・プラグマティズムの潮流を生み出します（クワイン［１９０８―２０００］やローティ［１９３１―２００３］らもその流れに位置づけることができる）。哲学の仕事は経験に換言できる言語や論理などの分析であると考えるこうした哲学の潮流は**分析哲学**［analytic philosophy］と総称されます。（ローティが有名にした言葉を借りれば）西洋哲学の「認識論的転回」（存在論から認識論へ）に次ぐ「言語論的転回」（認識論から言語論へ）がおこったのです。よって現代英米哲学の主流はソクラテス［B.C.４７０?―B.C.３９９?］・プラトン［B.C.４２７―B.C.３４７］やカント［１７２４―１８０４］・ヘーゲル［１７７０―１８３１］ではなく、何といっても分析哲学です。それまでの西洋哲学の中心テーマは「存在とは何か」という存在論や「人は何を認識できるのか」という認識論でした。一方、分析哲学者は経験によって検証される命題のみが真理であると考えます。従来の認識論や存在論において哲学的言明とされた命題（例えば「神は全能である」「無は存在しない」）をその考えに従って言語・論理分析してみると、経験的に検証不可能なトートロジー［tautology］（同語反復）に過ぎないことが判明します。「真理は正しいか、正しくないかだ」

……こういった言明も、真偽の検証ができず、常に真となりますから、トートロジーです。このように分析哲学者は、伝統的形而上学における無意味な哲学的言明を排除していこうと考えたのです。

語りえぬものについては、沈黙しなければならない

ウィトゲンシュタインは、ユダヤ系家庭に生を享け（生まれつきの吃音があった）、父はなんとオーストリア・ハンガリー帝国の鉄鋼王でした。そんな裕福な家庭環境でしたから、長姉は画家のグスタフ・クリムト（Gustav Klimt）［1862－1918］に師事していたり、『考える人』で有名なフランスの彫刻家オーギュスト・ロダン（Auguste Rodin）［1840－1917］、そして詩人ハインリヒ・ハイネ（Heinrich Heine）［1797－1856］などとも交流があったそうです。また、ピアニストの母の縁でウィトゲンシュタイン家は音楽サロンの様相となり、作曲家のヨハネス・ブラームス（Johannes Brahms）［1833－1897］やグスタフ・マーラー（Gustav Mahler）［1860－1911］らが訪れたといいます。同じくピアニストになったウィトゲンシュタインの兄が第一次世界大戦で右腕を失った際は、モーリス・ラヴェル（Maurice Ravel）［1875－1937］が『左手のためのピアノ協奏曲』を書いています。そんなウィトゲンシュタインですが、厳格な専制君主のような父は家業を継がせようとしたため、音楽・芸術に関心があった兄2人は父に反発して相次いで自殺しており[*7]（後にもう1人の兄も自殺した）、自身も抑うつ傾向があったため自殺衝動があったそうです。傲慢・偏屈な性格で、同性愛にも悩んでいたといわれ、生涯独身を貫き62歳で亡くなっています。

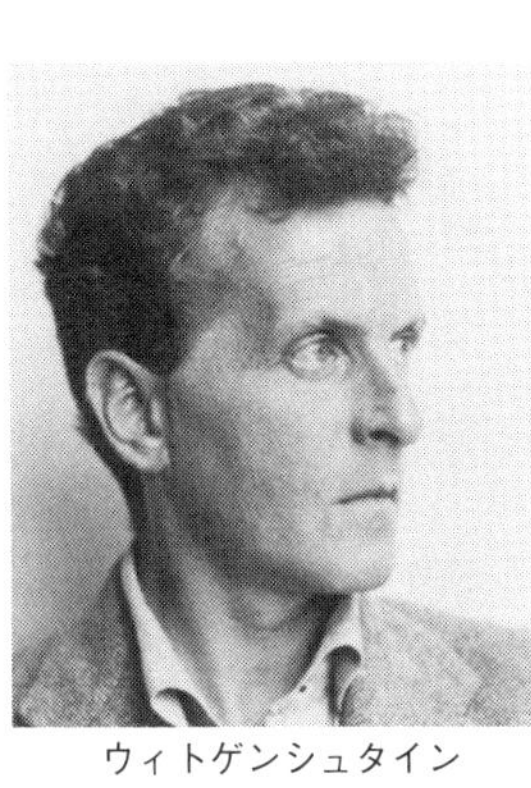
ウィトゲンシュタイン

生前唯一の哲学的著書だったのは『**論理哲学論考**』です。「哲学の問題をすべて解決した」というこの本を出すためにずいぶん東奔西走したようです

（第一次世界大戦の戦争捕虜時代に29歳で書き、33歳でやっと世に問われた）。出版された頃は、莫大な遺産を放棄して自由になり、田舎の小学校の先生をやっていました。地域の共同体からは孤立していたものの熱心な教員だったようで、スペルミスを見つけるための小学生向け辞書を作り、それは生前出版されたもう1つの著書として世に出ています。しかし熱心さのあまりなのか、陰鬱な性格もあったのか、気絶するほど子どもに平手打ちを食らわせたという体罰が問題となって地元住民から見放され（身体の弱いその生徒は2年後に白血病で亡くなった）、37歳でクビになります。世を儚んで修道士になろうとしましたが、諭されて庭師になったりと迷走し、その後哲学への情熱が再燃するんです。

さて、この『論理哲学論考』はぶっ飛んでいます。スピノザ［1637―1677］『神学政治論』のラテン語タイトルから拝借した書名なのですが、一見するとスピノザの『エチカ』のような奇書です。何しろ7つの命題で世界の全てを説明している本なんです。ちょっと惹かれますよね？　その7つの命題を抜き出してみましょう。

一　世界は、成立していることがらの全体である。
二　与えられたことがら、すなわち事実とは、いくつかの事態の成立にほかならぬ。
三　事実の論理的映像が思考である。
四　思考とは意味をもつ命題のことである。
五　命題は、要素命題の真理函数である。
（要素命題は、それ自体の真理函数である。）
六　真理函数の一般的形式。
$[\bar{p}, \bar{\varepsilon}, N(\bar{\varepsilon})]$

これは命題の一般的形式である。

七　語りえぬものについては、沈黙しなければならない。（『論理哲学論考』）[*8]

注目すべきなのは本の末尾に置かれた一文「**語りえぬものについては、沈黙しなければならない**」です。つまりここでウィトゲンシュタインは、言語によって明晰に「語りうるもの」と「語りえぬもの」を峻別しているのです。ここで「語りえぬもの」とされたのは、「神とは何か」「魂は不死である」といった哲学的命題です。言語で実体を捉えられない「神」や「魂」について何をか語るというのは言われてみれば確かにナンセンスです。それに対して「2＋2＝4」のような自然科学の命題は、言語によって「語りうるもの」です。「哲学の正しい方法とは本来、次のごときものであろう。語られうるもの以外なにも語らぬこと」[*9]……宗教や倫理なども、言語によって真偽の判断ができませんから「語りえぬもの」ということになりますね。ところでこれと似たようなことを言った人がいたと思います。そうです、「神や正義、自由（英知界）は、私たちの五感（理論理性）では認識できない」……として、アリストテレス以来の約2000年にも及ぶ形而上学の議論をばっさり切り捨てたカントです。ちなみにカントは、理論理性で認識することはできないけれど、実践理性によって正義や自由について考えることはできる、と考えました。一方ウィトゲンシュタインは、「神」や「正義」「自由」について言語で語ることはできないけれど、沈黙することはできる、と言ったわけです。哲学の対象からは外す、と言ったまでのことなのです。このようにウィトゲンシュタインは、言語は（絵画のような）世界を写す像である（**写像理論**［picture theory］）とした上で、言語によって有意味に「語りうるもの」の限界（そして言語による思考の限界）を明らかにしたのでした。

五・六　わたくしの言語の限界は、わたくしの世界の限界を意味する。（『論理哲学論考』）[*10]

語りえぬものについて語ること

私はこの言葉「語りえぬものについては、沈黙しなければならない」を初めて聞いた時に、衝撃を受けました。確かに厳密な学としての哲学を追求すれば、それまでの形而上学は論理的に排除される運命なのかもしれません。ソクラテスもプラトンも「語りえぬもの」について語ろうとしていたわけですから、そうした見方からすれば、これらは文学や詩の領域のお話、ということになるのでしょう。でも、「語りえぬもの」を語ることは、決して無駄なことではないのではないでしょうか。なぜならば、私たちの生きている世界は、ウィトゲンシュタインが突き詰めた論理的で無味乾燥な世界ではないからです。ウィトゲンシュタイン自身も「六・五二二　いい表せぬものが存在することは確かである。それはおのずと現われ出る。それは神秘である」*11……と詩的で謎めいたことを言っています。私はそれらを思ったとき、むしろ哲学を果敢に文学し、言葉にしえなくとも叫びたてることが大切なのではないか……すなわち、「語りえぬものについては、咆哮(ほうこう)しなければならない」という自分なりの人生のテーマが出来上がったのです。

それにしても言語は有限かつ多様な意味をもちえますし、表現できる物事は限られているのかもしれません。「木を木と呼ばないと　私は木すら書けない　木を木と呼んでしまうと　私は木しか書けない　でも木は　いつも木という言葉以上のものだ」*12という谷川俊太郎［1931―　］の『木』という詩もありました。言語を果敢に駆使することは人間存在にとって重要ですし、トレーニングも必要です。

学校では国語の授業以外でも、しばしば生徒に作文を書いてもらうことがあります。文化祭があれば作文、体育祭があればまた作文……「そんなに書くことなんてないよ！」という声も聞こえてきそうです。以前担任をやっていたクラスの生徒の作文を読んでいた時、あることに気が付きました。「楽しかった」「嬉かった」「面白かった」

のオンパレードなんです。正直読んでいても、あまり面白くありません。そこでちょっと意地悪な気持ちが出てきて、言ってしまいました。「次に書くときは「楽しかった」「嬉かった」「面白かった」を使わずに「楽しさ」「嬉しさ」「面白さ」を表現してみてください」……我ながらイヤな教員ですね（笑）。でも、それをやらないと、自分の複雑な感情というものが、借り物の言葉に回収されてしまうんです。作家や詩人がやろうとしていることは、安直な言葉に回収されえない複雑な感情の機微を、研ぎ澄まされた言葉で表現する営みです。それが自分の気持ちにぴったりとはまったときの感動というものは、皆さんにも経験があるかと思います。「語りえぬものについて語る」ことに人間らしさを感じるのは、私だけでしょうか。

言語ゲーム

今までに紹介したのが前期ウィトゲンシュタインの思想だったとすると、死後にまとめられた『**哲学探究**』に見られるのは後期ウィトゲンシュタインの思想です。ここでは、前期に「語りうるもの」と判断された自然科学の命題も「語りえぬもの」であるとされました。言語の限界について考え、「語りえぬものについては、沈黙しなければならない」と結論づけたウィトゲンシュタインは、その誤りに気付き、「なめらかな氷の上」に迷い込んだ自身の思考を「きめの粗い大地へ戻」そうと考えます。[*13]

二八　さて、人は、人名、色彩語、材料名、数詞、方位名などを直示的に定義できる。「これを二という」——といって二つのくるみを指さす——しかたの二なる数の定義は、完全に正確である。——しかし、どうして、二というものをこのように定義できるのであろうか。この定義を与えられた者は、「二」という

> コトバによって何が名ざされたのか全くわからず、このくるみの集まりが「二」と呼ばれたというように受けとるだろう。——かれはこのように受けとることができるが、しかし、たぶんそのように受けとらないだろう。逆に、このくるみの集まりに一つの名前をつけたとすると、かれはそれを色の名、人種のしるし、あるいは一つの方位の名として了解するかも知れない。すなわち、直示的定義は、どんな場合でも、いかようにも解釈されうるのである。（『哲学探究』*14）

こうした思考の転換は、**言語ゲーム**［language game］論の中で展開されています。それによると、言語とは一定のルールに従い、人間生活の様々な状況の下でやりとりをするチェスのようなゲームです（「言語ゲーム」を「言語とそれが織り込まれた諸活動の全体」*15であるとも言っている）。換言すれば、「雨が降る」という言語が「雨が降っている世界」の像を絵画のように写すのではなく、世界が言語によって意味づけられているということです。確かに言語は、語られる場所や相手、時間などによって多様な意味をもちえます。居酒屋で客が「ビール」といえば、ウェイターは「ビールを下さい」という意味だと受け取ってビールを出すでしょう。状況から考えて、「ここにビールがありますね」とか「そこのビール君おいで」などという意味とは受け取りようがないわけです。つまり「ビール」という言語が、それに対応する確かな世界を写し取っているわけではないのです。あるいは、国語の教員に「先生、ペン！」と生徒が言うと、「先生はペンではありません」と返される……というお約束のやり取りがありますが、「先生、そこのペンを取って」という意味は状況的に伝わっているはずです。「疲れた」……という言葉も状況によって、「慰めて」とか「宿題やらなくていいよね」とか「そろそろご飯にしよう」とか、多様な意味をもちえるんです。そうなると、前期に「語りうるもの」とみなされた「2＋2＝4」のような自然科学の命題も状況によっては、別の意味をもちえるということになります（「2＋2」と言ったら「3」と答える、というゲームの中では「2＋2＝3」になってしまう）。絶対普遍の真理のように思える数学の公式ですら、言語によって明晰に語りえない……ここまで来ると究極の相対主義のようにも思えますが、私たちが言葉に意味を付与する土台となるものを提示した点は重要です。Ａさんが「暑い」と言った時の「暑い」という観念は絶対的ではなく、Ａさんにしか理解できない「暑い」なのです。哲学はとうとうこんなところにまでたどりついてしまいました――ウィトゲンシュタインはこうして旧来の哲学の息の根を止めたのです。

注

＊1～2　フェルディナン・ド・ソシュール『一般言語学講義』（小林英夫訳、岩波書店、1972年）。

＊3　ラングには本質的に時間性がある。昔から現在まで意味が変化することを「通時態」と言う。「ソシュールは、ある特定の時点でのラングを対象とするラングの状態を「共時態」と呼んで、この共時態を分析することが言語学の第一の目標となるべきだと主張した（町田健『ソシュールと言語学』講談社、2004年）。

＊4　「ソシュールは「体系」（système）という用語はよく使っていても、「構造」（structure）のほうはほとんど使っていなかった」（町田健『コトバの謎解き　ソシュール入門』光文社、2003年）。

＊5　ラッセルがホワイトヘッドとの共著『数学の原理（プリンキピア・マテマティカ）』で提示した、ラッセルのパラドックスの解決に挑戦するためだった。

＊6　ドミニック・ルクール『科学哲学』（沢崎壮宏・竹中利彦・三宅岳史訳、白水社、2005年）。ちなみに吉本隆明はホワイトヘッドやカルナップといった人たちの記号論理学は戦争中の暗号合戦の成果で、戦後に学問として残されたと語っている（吉本隆明・中沢新一『最後の親鸞』からはじまりの宗教へ』）（中央公論編集部編『吉本隆明の世界』中央公論新社、2012年）。

＊7　岡田雅勝『人と思想　ウィトゲンシュタイン』（清水書院、1986年）。

＊8～11　Ｌ．ヴィトゲンシュタイン（坂井秀寿訳）『論理哲学論考（一九二一年）』（『論理哲学論考』藤本隆志・坂井秀寿訳、法政大学出版局、1968年）。

＊12　谷川俊太郎『自選 谷川俊太郎詩集』（岩波書店、2013年）。

＊13～15　Ｌ．ヴィトゲンシュタイン（藤本隆志訳）『哲学探究（一九五三年）抄』（『論理哲学論考』藤本隆志・坂井秀寿訳、法政大学出版局、1968年）。

57章　現代思想（3）（フランクフルト学派）

全体主義とユダヤ人

ナチス・ドイツのユダヤ人迫害と、それに抵抗したユダヤ系知識人の隆盛は思想史上見過ごすことができません。パーリア（賤民）として疎外された彼らユダヤ人たちは、自らが置かれた異常な状況を冷静に分析し、自らを極限状況に追いやった全体主義・ファシズムを批判・分析しました。ちなみに「ユダヤ人」とは曖昧な概念ですが、基本的には「ユダヤ教を信じている者」のことです。日本人でもユダヤ教の信者になれば「ユダヤ人」だということになります。しかしナチス・ドイツのヒトラー［1885－1945］は優生学の思想に基づき、ユダヤ人を遺伝的・生物学的な人種として捉えたのです。ニュルンベルク法では、4人の祖父母のうち3人以上がユダヤ教徒である場合、本人の信仰に関わらず「完全ユダヤ人」とされましたが、曾祖父母がユダヤ教徒である保証はどこにもないわけですから、単なる印象の範疇……つまり、いい加減な分類だったわけです。さらに、白人の純粋種である金髪碧眼のアーリア人種・ゲルマン民族（「ゲルマン」は「ジャーマン［german］」のこと）は優性人種であり、文明を生んだ世界の支配者とされ、鉤鼻（かぎばな）などの身体的特徴や割礼（かつれい）（男性器の包皮切除）の風習などを有するユダヤ人は劣性人種であり、根絶しなければならない、と決め付けられました。

近現代（モダン）の生んだ悪魔

ヒトラーの残した著書『わが闘争』は戦後長らくドイツでは禁書とされてきました。しかしヒトラーという人物が何者なのかを知るには、避けては通れないでしょう。日本語訳も出ているので一読する価値はあると思います。私はかつてヒトラーを単なるどうしようもない愚か者だと考えていました。しかしこの著書で展開される、妄想狂的ではあるものの論理的な思想を読んでいくと、単なる愚か者とは思えなくなってくるのです。例えば大衆を誘導する宣伝や組織の形成方法、書物より影響が大きいとされた演説で人々を惹き付ける方法について述べた箇所を見てみましょう。「一定の傾向をもった書物は、たいていは以前からこの傾向に属している人が読むだけである」[*1]……大衆は「相当に長い文章を読むよりも、むしろ具象的な表現を受け容れる用意ができている」のであり、演説ならば書物以上の影響を一撃に与えることができるというのです。[*2] しかも、演説を行う時間帯も重要です。朝や日中に自分と異なった意見を強制しようとすれば、人間の意志力は「このうえないエネルギーで抵抗するように思える」が、「晩には、それらはより強い意志の支配力に、もっと容易に屈服する」のだといいます。[*3] そこまで考えていたのか、と思うと何だか末恐ろしいものがあります。

ヒトラー

ヒトラーはアーリア人種をヘレニズム精神とゲルマンの技術をもつ「文化創始者」と考え、（ドイツと同盟国となる）日本などは「文化支持者」に過ぎず、ユダヤ人は「文化破壊者」であると決め付けていました。[*4] ユダヤ人を「エゴイズムの本性」「見せかけの文化」をもつ「寄生虫」であると断定し、議会制民主主義や拝金思想、マルクス主義（「理性と人間的狂気の分かちがたい混合物」）までもがユダヤ人の陰謀だとみなされてしまったのです。[*5]

民主主義的大衆思想を拒否し、最良の民族、したがって最高の人間をこの地上に与えようとつとめる世界観は、その民族の中においても論理的にいっても、同じように貴族主義的原理によって、最良の人物にその民族の指導と最高の影響力を確保するようにしなければならない。それゆえこの世界観は多数のものの思想の上にでなく、人格の上に構築せられるのである。(『わが闘争(下)』[*6])

荒唐無稽なユダヤ人陰謀論で民主主義を否定したファシスト、ヒトラーです。「全指導者の権威は下へ、そして責任は上へ」[*7]という「決定は一人の人間だけがくだす」[*8]ナチス・ドイツの原理を打ち出すのですが、これはニーチェ〔1844―1900〕の「超人」思想に由来するものでした(何しろヒトラーはイタリアのムッソリーニ〔1883―1945〕にニーチェ全集を送ったのだという)。(ユダヤ人の陰謀とされた)マルクス主義も、反民主主義的な超人的指導者原理に反するものとされ、排除されたのです。

ちなみにヒトラーは「結婚も、それ自体を目的とするものではありえず、種と人種の増加および維持という、より偉大な目標に奉仕しなければならない。これのみが結婚の意味であり、課題なのである」と語っています。かつて日本の保守政治家が早婚を奨励したり、「女性は(子どもを産む)機械」「3人以上の子どもを生み育てていただきたい」などと発言したことも思い出されます。このようなヒトラーが民主主義のプロセスを経て選ばれ、大衆が熱狂し、ユダヤ人の大量虐殺という巨大な悪を成し遂げた……ヒトラーにつながる要素が近現代(モダン)というシステムの中に今も内在しているのです。ヒトラーは近現代の生んだ悪魔といってもよいかもしれません。

全体主義とは何か

ヒトラーの人種思想が完全に誤解に基づくものであることは現在明らかですが、これがまことしやかに信じられ、ユダヤ人を判別する人相書きまでもが作られて、全欧州からユダヤ人が合理的に集められることになりました。彼らはぎゅうぎゅう詰めの貨物列車に載せられ（窒息死した人々も多く出た）、アウシュビッツ（現ポーランド）などの強制収容所へと運ばれていったのです。強制収容所に着くと人々は分類され、無意味で過酷な強制労働や暇つぶしの処刑につき合わされます。結局は毒ガス（チクロンB）が搬入され、約600万人ともいわれる人々がガス室で大量虐殺される運命となりました。

そうしたユダヤ人の大量虐殺（ホロコースト、ショアー）を生んだ政治体制が全体主義［totalitarianism］です。全体主義は個人よりも国家を優先させるため、独裁政権への服従を強い、個人の人権抑圧や言論統制などが行われ、国家内の階級を分断しようとする社会主義・共産主義を弾圧します。さらに、国家を一体化させる民族主義により人種差別が生み出されることになったわけです。全体主義はファシズム［fascism］とも言われますが、これは第二次世界大戦中にドイツと同盟国だったイタリアのムッソリーニの国家ファシスト党に由来します（イタリア語の「ファッショ［fascio］」は「束・団結」の意）。

そこで考えてみたいのが、ドイツは18世紀哲学のチャンピオンであるカント［1724－1804］や近代哲学の完成者ヘーゲル［1770－1831］を生んだ国だったということです。しかし20世紀の哲学の巨人ハイデッガー［1889－1976］に至っては、ナチスに入党し、ナチス礼賛の演説まで行ってしまいました。一体どうしてこんなことがおこってしまったのでしょうか。

ちなみに日本は西洋近代啓蒙というある種のレディメイドのパッケージ（国民国家・立憲主義・民主主義・資本主義・

科学・学校）を明治時代に導入し（＝近代化）、西洋にひとまず認められた後にアジア侵略を推し進め、軍国主義に舵を切っていきました。そんな戦前の日本がドイツやイタリアと日独伊三国同盟を結んでいたことを忘れてはいけません。その頃の日本には国家総動員体制の下で、対内的には個人の自由を蔑み、国家への忠誠を求める全体主義を布き、対外的には自民族中心主義、排外・侵略主義を取るという超国家主義（ウルトラナショナリズム）がのさばっていました（日本型ファシズム）。現在ドイツでナチスやヒトラーを賛美する発言が公になされれば、民衆扇動罪で刑事罰の対象となります。ヒトラーの書いた『我が闘争』が、過去の歴史の直視も必要である、という理由で出版することを許されたのはつい最近、２０１６年のことでした（ホロコーストの生存者や遺族による出版反対の声が根強かったため）。ナチスのシンボルでドイツ国旗となった「鉤十字（ハーケンクロイツ）」も現在、公共の場所に晒せば社会問題になってしまいます。国旗といえば日本でも「鉤十字」と同じ理由で、ＧＨＱ（連合国軍総司令部）が戦後しばらく「日の丸」を掲揚禁止としました（１９４５～49年）。しかし１９５０年代に入ると、その掲揚が認められるようになります。これは朝鮮戦争勃発によって、日本を再武装させて東アジアにおける共産主義の防波堤にするよう、米国の対日政策が転換されたためです（民主化・非軍事化に逆行する「逆コース」）。そうした結果、財閥解体などを含めた日本の民主化や非軍事化は不十分なものとなりました。「日の丸」は現在は国旗として法制化されましたし、鉤十字を模ったデザインやドイツの軍服をアレンジした現代的なファッションも多く見受けられるようになりました。欧州の常識と日本の常識が同じであれ、とは思いませんが、そうした日本の感覚は少々鈍感過ぎるようにも思います（民族差別的なヘイトスピーチが一時期野放しにされたことなども思い出される）。ナチスや全体主義・ファシズムの問題は、ドイツの問題としてだけではなく、日本に引きつけて考える必要性も感じられるのです。

フランクフルト学派

1930年代のドイツで、ナチスの弾圧に抵抗して思索を続けたユダヤ系思想家の一群がいました。彼らは、ドイツのフランクフルト大学（現ヨハン・ヴォルフガング・ゲーテ大学）に設立された社会研究所に集まった思想集団で**フランクフルト学派**［Frankfurt school］と呼ばれます。ユダヤ系のみならずマルクス主義者でもあった彼らは、ナチスの弾圧を逃れて米国に亡命し、終戦後も研究・発言を続けました。

フランクフルト学派第1世代の代表格は何といってもドイツの哲学者・社会学者**テオドール・W・アドルノ**（Theodor W. Adorno）［1903－1969］と**マックス・ホルクハイマー**（Max Horkheimer）［1895－1973］でしょう。アドルノは祖母や母が歌手、叔母がピアニストという音楽一家で、自身もピアノで作曲をし、音楽評論を手がけていたことでも著名です。*9 ホルクハイマーは心理学や哲学を学び、カントの『判断力批判』に関する論文で学位・教授資格を取得した人で、アドルノとはフランクフルト大学で出会い、意気投合したといいます。1931年にホルクハイマーはフランクフルト大学社会研究所の所長となりましたが、ナチスによって研究所は閉鎖に追い込まれ、自身もフランスから米国へと亡命を余儀なくされました。アドルノも1937年にホルクハイマーの招きで米国に滞在し、結局翌年移住することになるのですが、計量化された学問手法や商業主義に毒された米国の文化産業に相当のカルチャー・ショックを受けました。

> 今日の人間が陥った「自然への頽落（たいらく）」（Naturverfallenheit）は、社会の進歩と不可分のものである。経済的な生産性の向上は、一方ではより公正な世の中のための条件を作り出すとともに、他方では技術的機構とそ

れを操縦する社会的諸集団とに、それ以外の人民を支配する計りしれぬ優越性を付与する。個々の人間は経済的諸力の前には完全に無力であることを宣告される。その際経済的諸力は、自然に対する社会の強制力を想像を絶する高さにまで押しあげる。個々人は自分が仕える機構の前に消失する一方、前よりいっそうよくこの機構によって扶養されることになる。不公正な状態では、大衆の無力と従順さとは、彼らに配当される物資の量につれて高まっていく。物質的にはめざましいが社会的にはお粗末な、下層階級の生活水準の上昇は、精神のみせかけだけの普及のうちにその姿を反映している。精神の真の関心事は物象化(Verdinglichung)の否定にある。精神が固定化されて文化財となり消費目的に引き渡されるところでは、精神は消失せざるをえない。精細な情報とどぎつい娯楽の氾濫は、人間を利口にすると同時に白痴化する。
(『啓蒙の弁証法』)*10

二人は章を書き分ける共著の形で**『啓蒙の弁証法』**を著しています(アドルノ主導で書かれたと考えられている)。この本は、自由な思考をもつものの無知や偏見が残る呪術的な神話の時代から解放され、理性的な啓蒙の時代へと移行したにもかかわらず、それが弁証法的に総合され、なぜファシズムという「**野蛮への退行**」に至ってしまったのか……その理由を解き明かしています。

ホルクハイマーは近代の理性が、自然を支配するための主観的・形式的な**道具的理性**へと腐蝕(ふしょく)してしまっていることを指摘しました。*11 人間の目的は自然の支配であるとするベーコン[1561―1626]の人間中心主義的な「知は力なり」や、デカルト[1596―1650]の物心二元論に基づく、疑いえない精神〈主観〉によって疑わしい物体〈客観〉を、数学的に考察しようとする近代の機械論的自然観を思い出してみてください。理性はもはや、自由や平等という普遍理念・目的を客観的に実現する力をもたず、自然支配のための道具(=手段)に成り下がってしまったということです。しかも啓蒙的理性・知性は、あらゆるものを計量化し、対象を操作しようとする少々乱暴で野蛮な特性をもっています。数値化できない自由や平等について考えることすら無意味になっていくのです。そうした時代に生きる私たちは知的で利に聡く（さとく）なったものの、従順で画一化された大衆と化し、感受性は薄れ、権力に対しても無批判になっていくわけです。人々の利害関心に関わる経済的繁栄さえもたらされれば、客観的理性を働かせて独裁的権力を疑うことさえしなくなる……これを「野蛮への退行」と呼ばずして、何と形容しましょうか。

文化産業批判

アドルノは亡命した米国の文化産業――映画、ラジオ、雑誌――に対する鋭い批判を繰り広げています。具体的には米国の大衆音楽であるジャズや大衆文化としてのディズニー（ドナルド・ダック）、ラジオのメロドラマ（ソープ・オペラ）などがその批判の対象となりました。20世紀における米国文化の浸透は目覚しいもので、その規格化されたわかりやすさやエンタテインメント性は大量生産・複製され、国境を容易に越えていきました。プロパガンダ広告・宣伝はラジオやテレビを通じて、伝染病のように拡散されます。そうした大衆文化に惹かれ、巨大資本に牛耳られて金を落とす従順な大衆こそが、ファシズムを下支えする可能性があるのです。CMソングに声を合わせて合唱する子どもたちや、「金の成る木」にしか興味をもたないギョーカイ人などは、アドルノにとって創造性や自発性を失ったロボットのように見えたはずです。現代の日本でいえばジャニーズや女性アイドル・グループに惹かれるファンこそが、権力者からすれば最も手なずけやすい人々、ということになるでしょう。ディズニーやジャニーズが大好きな方には、こんなことを言ってしまって大変申し訳ないのですが。とはいえ、少々大衆文化の肩をもっておくと、アドルノがジャズのジャム・セッションを「ジャズの奥義として……技術的困難

アドルノ（右）とホルクハイマー（左）

を克服したものとされたりすることがある」[12]などと評するのは、いかにも大衆音楽を低級とみなす、西洋中心主義・エリート主義的発想で、黒人音楽に対する無理解に基づくものであるように思えなくもありません。

「アウシュヴィッツ以後、詩を書くことは野蛮である。そしてそのことがまた、今日詩を書くことが不可能になった理由を言い渡す認識をも侵食する」[13]というアドルノの言葉もありました。創作に関心がある方はこの言葉をどう捉えるでしょうか。文化産業は人間の精神的活動である文化を効率的に生産し、消費することで成り立っています。文化の顔をした私たちの創作活動も実は効率的に飼い慣らされてしまっているんです。音楽評論の名著『不協和音――管理社会における音楽』においてアドルノは、ジャズのアドリブ演奏者を、スポーツの見物席で大口を叩き口笛で即興演奏を聴かせる男に例えて「彼はこの世を屁ともおもわないで……自由人を気取っている……しかし彼が吹いているのはこの世のメロディなのであり、彼の手練も、瞬間の産物というより、長く手がけて蓄積された技術上の経験の賜物なのである」[14]と批判しています。ジャズの何がそんなに気に食わないんだ（笑）、と言いたくなるほどの辛辣（しんらつ）さです。しかし確かに、私が関心をもっているポピュラー音楽の世界は、ピュアな芸術性と金に汚れた商業性という二項対立のバランスを取ってはきたものの、やはり商業性に偏重する傾向にあるように思います。全ての生産物が商品化されてしまう、資本主義社会の宿命でしょうか。日本の歌謡史に残るヒットメイカー阿久悠（あくゆう）［1937－2007］が1972年に書いた作詞論によると、詩作のテーマ選びの秘訣は「時代の飢餓感を見きわめ、とらえる」[15]ことにあるといいます。私はこれを読んだとき、典型的なマーケティングの発想だと感じました。現代ではレコーディング技術の進歩により、パソコンと編集ソフトを使えば、簡便かつ安価で高度な音楽制作が可能となっています。楽器すら弾けなくても、自宅で高度な音楽制作ができるわけですから、レコーディング・スタジオは潰れ、生のスタジオ・ミュージシャンも必要とされなくなってきました。生楽器の演奏を重視している私のようなアナログ人間でも、こうした技術の恩恵は大いに受けています。しかし気が付けば、洋邦問わずヒット曲は同じコード進行やリズムで作られているものばかりが氾濫（はんらん）しています（アドルノが、流行歌は「レディメイドの紋切型」で「取り換えのきく」「胸にジンと来るような効果をもつ短い音程の連なり」[*16]だと言った通りである）。それこそマーケティングの発想で、音楽制作ソフトを使い、ヒット曲の良いメロディだけをコピー&ペースト（切り貼り）して作る制作法も一般的です。そこに人間の声が載ればまだまし、だとは思いますが、その声すらピッチ修正ソフトで規格化された工業製品のようにいじられ、のっぺりとしたものになっています。変な話、「あーーー」と言う声さえ録音すれば、その人の声で歌っているかのような音源に作り替えることすら、できてしまうわけです。しかも皆が気に入る最大公約数、「計算づくめ」で作られたいいとこどりの音楽ですから、悪いはずがありません。そんな音楽が幅広く消費されていくのです。しかしそうした文化の乱暴な操作性を、少々おぞましく思う気持ちは感じられないでしょうか。そうした文化産業の野蛮な特性に批判の目を向けずして詩を書くことは、まさにアウシュビッツと同根の「野蛮そのもの」ということになるのかもしれません。

そうなると、私たちに有効なのは道具的理性ではなく、**批判的理性**であるということになるでしょう。批判的理性とは、「これが正しい」と誰かの主張を礼賛（らいさん）する絶対的真理を否定・批判し、自由に自律的に考える理性のあり方です。現代の政治的主張も、再び礼賛型が目に付き、堕落の様相を呈してきているようにも感じられます。インターネット上における左派と右派の終わりなき消耗戦も、やはりそうした「何とかの一つ覚え」的な、近代の道具的理性の両面だと思えなくもありません。いずれも自己批判意識が欠如しており、自分に利益をもたらさないことだけを理由にして、主張の対立する政府や政党などを批判しているわけですから。

自由からの逃走

社会心理学者として知られる**エーリッヒ・フロム**（Erich Fromm）［1900―1980］はユダヤ系家庭に生まれ、ナチスの政権掌握後にフランクフルト学派のメンバーと共に米国に渡りました。心理学（精神分析学）者としては、フロイト［1856―1939］を批判的に継承した人です。

> 他人や自然との原初的な一体性からぬけでるという意味で、人間が自由となればなるほど、そしてまたかれがますます「個人」となればなるほど、人間に残された道は、愛や生産的な仕事の自発性のなかで外界と結ばれるか、でなければ、自由や個人的自我の統一性を破壊するような絆によって一種の安定感を求めるか、どちらかだということである。（『自由からの逃走』*17）

フロムは『**自由からの逃走**』で、ナチスのファシズムを支持した人々の心理を分析しました。それによると近代の自由な個人には、自由であることへの不安感・孤独感・無力感が存在したといいます。サルトル［1905―1980］が「人間は自由の刑に処せられている」と言ったように、自由を与えられた人間は自らが判断を下すという責任、つまり自由の重荷から逃走しようとするのです。しかも外面的な自由は内面的な不自由を生む、という指摘も興味深いです。「近代人は、自然科学の方法によって証明されないものを信ずるという内面的な能力を、いちじるしく失っ」てしまいましたし、言論の自由を勝ち取ったようでいて、「他人の期待に一致するように、深い注意を払っており、その期待にはずれることを非常におそれているので、世論や常識の力はきわめて強力になる」のだといいます。*18 なんだか身につまされてしまいます。自由のもたらす不安感・孤独感・無力感から個人を逃れさせようとする人々は、権威主義を信奉します。フロムのいう**権威主義的性格**とは、「サディズム的傾向」と「マゾヒズム的傾向」を併せもつものです。「サディズム的傾向」とは、他人を服従させたいという心理です。大衆は一番下に置かれることを避けようとするのです。そうした人々は自分より下にユダヤ人を置き、優越意識を保とうとしました。かといって人の上に立って責任を負うことは、自由でありながらも重荷です。それを避けようとした人々は、ナチスのヒトラーのような権威に服従する道を選んだのです。これが「マゾヒズム的傾向」です。この2つの心理傾向が、互いに互いを必要とする共棲的複合体を形成し、いずれの時も個性と自由は失われてしまったのです。

ちなみにアドルノもフロム同様、**権威主義的パーソナリティ**［authoritarian personality］を研究していました。この心理構造は人ごととは思えない部分があります。現代人も陥りがちな心理構造だと思えるからです。今も第2・第3のヒトラーが現れ得る（あるいは既に現れている?!）のかもしれません。

ところでサディズムとマゾヒズムは、S（サド）・M（マゾ）などと、現在も性的傾向を表す時に用いられる言葉です。加虐性向を意味するサディズム（sadism）はフランス革命期の貴族マルキ・ド・サド（Marquis de Sade）［1740—1814］に由来します。サドは『悪徳の栄え』という小説で知られていますが、相手に肉体的・精神的苦痛や屈辱を与えることで性的興奮を感じるという異常性欲の持ち主で、その加虐性向を理由に精神病院に収監されています。また、被虐性向を意味するマゾヒズム（masochism）はオーストリアのレンベルク（現ウクライナ）出身の貴族・小説家レオポルト・フォン・ザッハー・マゾッホ（Leopold Ritter von Sacher Masoch）［1836—1895］に由来します。マゾッホには『毛皮を着たヴィーナス』という代表作がありますが、彼自身、他者から肉体的・精神的苦痛や屈辱を与えられることで性的興奮を感じるマゾヒストでした。

学生運動とフランクフルト学派

１９６０年代後半の学生運動の時代に、現実行動派の新左翼（ニューレフト）の教祖として崇められた**ヘルベルト・マルクーゼ**（Herbert Marcuse）［１８９８―１９７９］もフランクフルト学派第一世代の哲学者です。アドルノやホルクハイマー同様、米国に亡命し、ナチス批判を繰り広げました。マルクーゼは米国のような先進産業社会において、批判的理性を失い、全体を支配するシステムに管理された、現実に同化する人間を**一次元的人間**［one-dimensional man］と呼んで批判しています。

マルクーゼはフライブルク大学時代にフッサール［１８５９―１９３８］やハイデッガーに学び、ルカーチ・ジェルジ（György Lukács）［１８８５―１９７１］を通じてマルクス思想に触れました。ハンガリーの哲学者ルカーチは、西欧マルクス主義の代表格とされており、『歴史と階級意識』（物象化論を展開した点にはマルクスの初期衝動との共通性が見出せる）[*19]を著してコミンテルンから極左派として批判されたこともありました。また、１９５０～60年代の新左翼運動にも影響を与えています。ところで、フランクフルト学派という呼称は自称ではなく他称で、新左翼の学生たちから信奉されている連中、というイメージがありました。実際、フランクフルト学派は１９６０年代後半のドイツの学生運動の理論的支柱となるのですが、戦後亡命先の米国からドイツに戻ったアドルノは、急進的な学生運動から一線を置いていました。アドルノは行動主義的実践は人間を道具（手段）に変えてしまうと考え、批判理論による思索で抵抗する道を選んだのです。[*20] しかし裏切り者のインテリとみなされた晩年のアドルノは、上半身裸になった女子大学生に教室を占拠され、失意の下で教壇を去ることになったのです。性の解放を訴えた１９６０年代の学生運動のムードを考えれば理解できるエピソードですが、アドルノはそうしたスチューデント・パワーの中にもある種の「野蛮」を見たはずです。

アウラの凋落

> 芸術作品が技術的に複製可能となった時代に衰退してゆくもの、それは芸術作品のアウラである……この過程のもつ意味は、芸術の分野をはるかに超えて広がってゆく。**複製技術は——一般論としてこう定式化できよう——複製される対象を伝統の領域から引き離す。複製技術は複製を数多く作り出すことによって、複製の対象となるものをこれまでとは違って一回限り出現させるのではなく、大量に出現させる。そして複製技術は複製に、それぞれの状況のなかにいる受け手のほうへ近づいてゆく可能性を与えることによって、複製される対象をアクチュアルなものにする。**（『複製技術時代の芸術作品〔第二稿〕』[*21]）

ところで大好きなミュージシャンや俳優に直接会ったとき、あるいは不朽の名画を生で観たときに「オーラを感じる」としばしば言います。写真や映像といった複製技術が可能となったことにより、真正オリジナルとして[*22]の**アウラ**［aura］（**オーラ**）——言い換えれば〈いま―ここ〉的性質——が凋落したことを指摘したのが、フランクフルト学派の秀才**ヴァルター・ベンヤミン**（Walter Benjamin）［1892―1940］でした。ワーグナー［1813―1883］（19世紀ドイツの作曲家）的に、宗教上の儀式のように崇め奉られていた芸術が、複製技術によって「脱呪術化」されるのです。「絵画」に危機をもたらした「写真」のように、芸術は一回性を帯びた「礼拝」としての価値から、移動可能な「展示」としての価値に取って代わられました。現代の芸術の多くはまさに複製芸術です。例えばポピュラー音楽などでも、レコード・CDというフィジカル（物理的）なモノとして複製・鑑賞された時代を経て、デジタル化された音源が無限に複製され、インターネット空間に格納されて、いつでもそのコンテンツを引き出せる時代となりました。従ってCD販売というビジネス・モデルは徐々に機能しなくなり、逆にライブやアナログ・レコードという一回性・アウラに再び注目が集まっているのは興味深い現象です。いずれにしても複製技術が大衆と芸術の関係を変える、というベンヤミンの指摘は先駆的だったということです。

ベンヤミン

アウラの凋落は一面的には大衆の堕落としてマイナスに捉えられそうですが、マルクス主義者としてのベンヤミンは、技術の発展がもたらした生産装置の転換によって大衆＝プロレタリアートの解放を企図していました。[*23]何しろ書籍の世界で、誰もが書き手になるまでに要した年月は数百年であったわけですが（新聞の投書がそれを可能にした）、複製芸術である映画の世界では、たったの十年間で誰もが出演できるようになったのです。しかしファシズムの「政治の耽美（たんび）主義化」に対し、「芸術の政治化」にコミュニズム（共産主義）の可能性を見たベンヤミンの思惑とは裏腹に、映画はファシズム国家であるナチス・ドイツの大衆動員に利用され、ベンヤミン自身も1933年のナチスの政権掌握によってパリ亡命を余儀なくされます。さらにドイツ軍のパリ進駐に至り、ホルクハイマーやアドルノのいる米国に亡命することを計画したベンヤミンです。米国への入国ビザを取得したものの、ドイツ軍の進駐するフランスからの出国ビザが取れなかったため、ピレネー山脈を越えてスペインに亡命することを考えました。弱った身体で山を越え、スペイン国境のポルボウにたどり着きましたが、国境警備員からフランスの出国ビザがない者はゲシュタポ（ナチス・ドイツの秘密警察）に引き渡す、と無情に宣告されるのです。ゲシュタポへの引き渡しを怖れたベンヤミンは、結局モルヒネで服毒自殺を図ってしまいました。

『パサージュ論』

パリに留まった彼のエッセイ形式の重要著作『パサージュ論』は、当時パリ国立図書館に勤務していた哲学者バタイユ［1897―1962］の手に渡り、秘匿されました。19世紀の首都パリの「市場のファンタスマゴリーに身を任せる遊歩者（フラヌール）[*24]」として、パサージュ（大衆消費社会の縮図であるアーケード付きの商店街）や流行品店、鉄骨建築、博覧会、広告、蒐集（しゅうしゅう）家、売春、賭博、写真、パノラマといった近代都市の風景を記した断片的文章です。「**ファンタスマゴリー**」とは幻灯装置のことで、マルクスが『資本論』で物神崇拝（フェティシズム）を論じる中で使っていた言葉です[*25]。この「ファンタスマゴリー」を、ベンヤミンは大衆消費社会（都市）の舞台装置として捉えたのです。

パサージュや百貨店に並べられた商品は、魅惑的な光を当てられて大写しになり、使用価値を超えた輝きを帯びています。ブランド品や縁日のバッタもんに手を伸ばす現代人の心理を考えてみてもわかるでしょう。あるいはディズニーランドのショッピング・モールは綺麗に清掃され、歴史を感じさせるオブジェや装飾もあり、魅惑的な光に照らされた商品を、買わなくてもいいのについつい買ってしまう……それをパサージュのイメージで捉えてもよいかもしれません。もちろんそうした商品の輝きは、移ろうモード（流行）に支配される私たちの欲望に支えられています。さらにベンヤミンは、商品を「新しさ」と「古さ」の弁証法的総合とみなしました。商品は新しいようでいて、歴史の痕跡を読み取ることができます。ファッションは過去の衣服のリヴァイヴァルであったりするでしょうし、懐古趣味的（ノスタルジック）な商品も確かに市場に氾濫しています。なぜわざわざ大富豪が古典的なアンティーク商品に高いお金を投じるのでしょうか。死んだはずの過去を想起（アインゲデンケン）するところに未来がある……ベンヤミンは、近代の帰結としての絶望的なファシズム状況におけるこうした断片的傾向を、人々が原始共産制を生き生きとしたユートピアであると捉える契機とみなしたのです。

「新しい天使（アンゲルス・ノーヴス）」

ベンヤミンは『パサージュ論』の序章として書かれた『歴史の概念について』の中で、チェスの名手である自動人形を「歴史的唯物論」に喩（たと）え、その自動人形に入っている「せむしの小人」を働かせれば「誰とでもらくらくと渡り合うことができる」[*26]と述べています。「せむしの小人」とは「人目に姿をさらすことのできない」ユダヤ神学の喩えです。ベンヤミンの歴史観である「歴史的唯物論」は、マルクス主義の唯物史観のような単線的な進歩主義とも、均質的な時間の流れに出来事を配置する歴史主義とも異なっています。ユダヤの神秘思想において創造主である神の本質は、被造物である人間、とりわけイスラエル民族（ユダヤ人）に、秘密の暗号（黙示（もくし）＝アポカリプス［apocalypse］）としてもたらされます。その秘密の暗号とは、例えば最後の審判であり、メシアの再来です（科学的とされたマルクス革命思想の中にもこのメシアニズム・救済＝解放を読み取ることができる）。しかしこの暗号を読み取ろうにも、人間によって歴史は単線的・均質的な時間の中で相対化され、断片・瓦礫（がれき）としてバラバラに配置されてしまっています。ベンヤミンはそんな瓦礫の廃墟の中で、寓話（アレゴリー）化されている星座（コンステラツィオーン）を読み取り、根源に迫ろうと企図したのです。[*27]『パサージュ論』が断片的文章の寄せ集めである理由もそこにあったのだと思います。

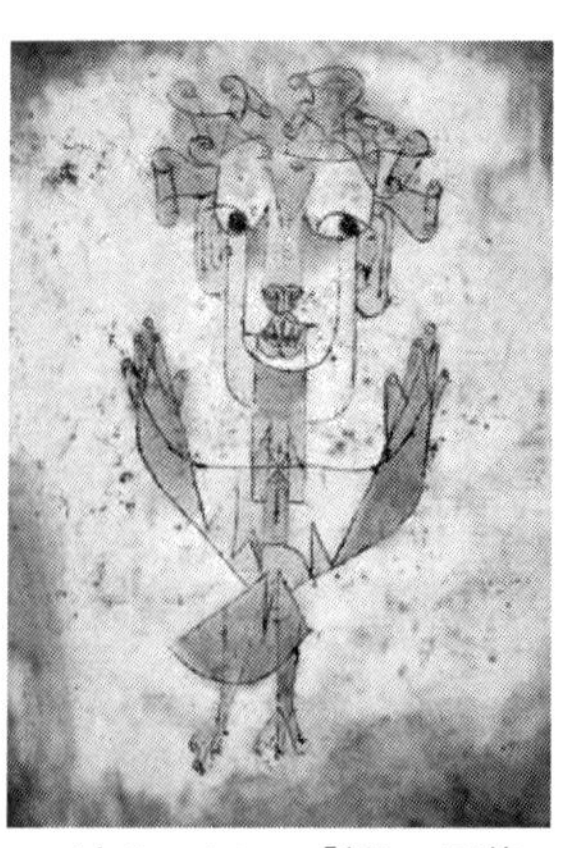

パウル・クレー「新しい天使（Angelus Novus）」

『歴史の概念について』の第8テーゼでは、ベンヤミンが購入したスイスの画家パウル・クレー（Paul Klee）［1879—1940］の版画「新しい天使（アンゲルス・ノーヴス）」について述べています。私が高校生の時の現代社会の先生が授業中にこの版画のコピーを見せてくれたので、個人的には印象深いです。この「歴史の天使」は、顔を過去に向けて、見つめているものから遠ざかろうとしています。

> われわれには出来事の連鎖と見えるところに、彼はただ一つの破局（カタストロフィー）を見る。その破局は、次から次へと絶え間なく瓦礫を積み重ね、それらの瓦礫を彼の足元に投げる。彼はおそらくしばしとどまり、死者を呼び覚まし、打ち砕かれたものをつなぎ合わせたいと思っているのだろう。しかし、嵐が楽園（パラダイス）のほうから吹きつけ、それが彼の翼にからまっている。そして、そのあまりの強さに、天使はもはや翼を閉じることができない。この嵐は天使を、彼が背中を向けている未来のほうへと、とどめることができないままに押しやってしまう。そのあいだにも、天使の前の瓦礫の山は天に届くばかりに大きくなっている。われわれが進歩と呼んでいるものは、この嵐なのである。（『歴史の概念について』）*28

ここで述べられた天使は、私たちに救済をもたらす「歴史の天使」です。しかし、本質・根源のある過去を向いた天使は、進歩主義という向かい風によって、羽を閉じられない程に吹き飛ばされそうになっています。しかもその下には、神の本質を断片化した瓦礫の山が積み上がっているのです。神の領域に達しようとする人間の驕った進歩主義に基づく都市の風景も、ベンヤミンに言わせれば、瓦礫の積み重なった廃墟に過ぎないのです。その瓦礫の断片に、過去を想起（アインゲデンケン）すること……ずいぶん詩的な表現ではありますが、近代の本質を見抜いていたであろうベンヤミンの批判意識は、今も現代性を帯びているように思えます。

注

＊1~5　アドルフ・ヒトラー『わが闘争（上）』（平野一郎・将積茂訳、角川書店、2001年）。

＊6~8　アドルフ・ヒトラー『わが闘争（下）』（平野一郎・将積茂訳、角川書店、2001年）。

＊9　小牧治『人と思想　アドルノ』（清水書院、1997年）。

＊10　ホルクハイマー、アドルノ『啓蒙の弁証法――哲学的断想』（徳永恂訳、岩波書店、2007年）。

＊11　「理性は、客観的内容への一切の関係と、これについての判断能力を剥奪され、また「何」よりも「如何に」に関心を持つ執行機関に堕してしまったが、こうした理性の中性化は、益々理性を、事実を記録するだけの愚鈍な装置に変えてしまうのである。主観的理性は、一切の自発性、生産性、新たな種類の内容を発見し主張する能力を喪失する。それは、正にその主観性を喪失する。研ぎ過ぎた剃刀のように、この「道具」は余りにも薄くなり、ついには、その限定された純粋に形式主義的な課題をすらなし遂げるに適わぬ程になっているのである」（マックス・ホルクハイマー『理性の腐蝕』山口祐弘訳、せりか書房、1970年）。

＊12　ホルクハイマー、アドルノ『啓蒙の弁証法――哲学的断想』（徳永恂訳、岩波書店、2007年）。

＊13　テオドール・W・アドルノ『文化批判と社会』（『プリズメン』）（渡辺祐邦・三原弟平訳、筑摩書房、1996年）。

＊14　Th.W.アドルノ『不協和音――管理社会における音楽』（平凡社、1998年）。

＊15　阿久悠『作詞入門――阿久式ヒット・ソングの技法』（岩波書店、2009年）。

＊16　ホルクハイマー、アドルノ『啓蒙の弁証法――哲学的断想』（徳永恂訳、岩波書店、2007年）。

＊17~18　エーリッヒ・フロム『自由からの逃走』（日高六郎訳、東京創元社、1965年）。

＊19　ルカーチ『歴史と階級意識』（平井俊彦訳、未来社、1962年）。

＊20　小牧治『人と思想　アドルノ』（清水書院、1997年）。

＊21　ヴァルター・ベンヤミン『複製技術時代の芸術作品〔第二稿〕』（『ベンヤミン・コレクションⅠ』）（久保哲司訳、筑摩書房、1995年）。

＊22　「オリジナル」が果たして存在するのかといえば、あらゆる全ての「オリジナル」とされるものも多種多様な引用・変形から成り立っていると考えられる。これは、ブルガリア出身のフランスの文芸評論家・哲学者クリステヴァの言葉を借りれば「間（かん）テクスト性（インターテクスチュアリティ）」といわれるもので、あらゆるテクストはテクストとテクストの間にあるといえる。

＊23　高橋順一『ヴァルター・ベンヤミン――近代の星座』（講談社、1991年）。

＊24　ヴァルター・ベンヤミン『パサージュ論　第1巻』（今村仁司・三島憲一ほか訳、岩波書店、2003年）。

＊25　「商品形態や、商品形態が表わされる労働生産物の価値関係のほうは、それらの物理的性質や、これから生ずる物的な関係とは、絶対に何らの関係もない。このばあい、人間に対して物と物との関係という幻像的な形態をとらせているものは、人間そのものの一定の社会関係でしかないからである」（マルクス・エンゲルス『資本論――経済学批判　第一巻　第二巻』）（『世界の名著43』鈴木鴻一郎・日高普・長坂聰・塚本健訳、中央公論社、1973年）。

＊26　ヴァルター・ベンヤミン『歴史の概念について』（『ベンヤミン・アンソロジー』）（山口裕之編訳、河出書房新社、2011年）。

＊27　ベンヤミンの受理されなかった教授資格論文『ドイツ悲劇の根源』冒頭の「『認識批判論序説』はユダヤ神秘主義が濃厚である……きわめて縮めて言うならば……核としてのイデー（理念）相互の関係から構成されている真理、つまり理念の星座（コンステラツィオーン）としての真理という思考が中心にある……このような思考は……せいぜいがモザイクの組み合わせの全体である。そしてこのイデーは、現象を概念によって分析・破壊すること

によって、あるいは現象をその極限形態（根源現象）において見ることによって取り出すことができる……これは……炎によって焼き尽くされた核といったものとして考えていいだろう。あるいは現象を解体し、イデーを真理の周りに、もしくは真理に向けて凝集することによって救済する批評を通じて、真理への瞑想をめぐらし、アダムの根源言語を追想する――そしてその追想を叙述する。これが芸術に関わる哲学的エッセイのすることだ、という議論が展開されている」（三島憲一『ベンヤミン――破壊・収集・記憶』講談社、１９９８年）。

＊28　ヴァルター・ベンヤミン『歴史の概念について』（『ベンヤミン・アンソロジー』）（山口裕之編訳、河出書房新社、２０１１年）。

58章　現代思想（4）（アーレント、ハーバーマス、レヴィナス）

全体主義の起源

この本に女性哲学者が登場しないことを奇異に思った方がおられるかもしれませんが、私があえてそうしているわけではありません。世界史や日本史に女性の登場比率が低いことと同じ理由で、歴史的な男性中心主義によって、女性が社会的に低い地位に置かれていたからです。今でも国会議員の顔ぶれや経営者の集まりなどを見ると、見渡す限りのオジサンばかりで、なんだかうんざりしてしまいます（私もオジサンですが）。そんなとき、**ハンナ・アーレント**（Hannah Arendt）［1906―1975］のような高い知性を誇る女性がもっともっと活躍してくれたら、世界や日本はもっと変わるはず……と思うのは私だけでしょうか。

アーレント

アーレントはドイツの政治哲学者で、マールブルク大学時代はハイデッガー［1889―1976］に学び、妻子あるハイデッガーと一時期不倫関係にありました。圧倒的な知性と教養を兼ね備えた才媛アーレントでしたから、ハイデッガーの心が動いたことも理解できなくはありません（でも不倫はいけません）。しかしアーレントはユダヤ系でした。ハイデッガーが後にナチスに入党し、フライブルク大学総長としてナチスを支援する演説を行ったことを深く悲しむのです。ちなみにアーレントはハイデッガーの師フッサール〔1859−1938〕やヤスパース〔1883−1969〕にも学んでおり、博士論文はアウグスティヌス〔354−430〕で書いています（『アウグスティヌスの愛の概念』）。[*1] ナチスが政権を掌握すると、アーレントは迫害から逃れるため、まずはフランスに（パレスチナにユダヤ人国家を作るシオニズム運動に加わる）、続いて米国に亡命して市民権を得て、シカゴ大学などの教授を務めました。

1951年に大著『全体主義の起源』を著し、ナチズム（やスターリニズム）のような全体主義が生まれた理由を説明しています。中世以来、宮廷ユダヤ人（ロスチャイルド家の祖も含む）たちは、絶対君主を経済的に支援することで一定の地位を築いていましたが、近代国民国家の成立によってその地位の基盤を失い、地位もないのに銀行を牛耳るユダヤ人は人々の憎しみの対象となります。その反ユダヤ主義は、フランス軍のユダヤ人参謀幕僚がスパイの濡れ衣を着せられて終身刑を言い渡されたドレフュス事件（1894年）となって姿を現しました（後に冤罪が証明されている）。フィクションとして生み出された近代の国民国家は同一性をもった集団である必要がありましたが、その中には前近代的な階級社会が内包されていました。そうしたバラバラな集団を一つにまとめるためにも、もともと欧州社会のつまはじき者で、優越的な選民思想をもつユダヤ人に敵意が向けられたのです。さらに帝国主義成立後のドイツはアジア・アフリカではなく、欧州大陸に進出したため、国民国家における国民の同質性の裏返しとして、人種というものがより意識されることになりました。さらに階級社会の崩壊により大衆化が進むと、階級の利害を代表してきた政党制も当然崩壊します。そこで個人は**アトム**（**原子**）**化**し、空想的なまやかしの人種イデオロギーに身を委ね、政治動員されていくことになるのです。これこそが全体主義運動の正体です。

アーレントは1961年から、ユダヤ人の大量虐殺（ホロコースト、ショアー）

アイヒマン

に関わったナチス・ドイツの親衛隊中佐アドルフ・オットー・アイヒマン（Adolf Otto Eichmann）［1906―1962］の裁判を傍聴し、裁判記録の写しを入手して、米国の『ザ・ニューヨーカー』誌上で報告しています（アイヒマンは人道［humanity］に対する罪などを問われ、絞首刑となった）。私は大学院の時にゼミでそのアーレントの報告（『**イェルサレムのアイヒマン――悪の陳腐さについての報告**』）を読みました。個人的には衝撃を受けた本です。アイヒマンはヒトラーの命令という第三帝国の法に常に忠実でした。何しろアイヒマンは、カント［1724―1804］の『実践理性批判』すら読んでいたといいます。しかしその定言命法を「汝の行動の原則が立法者の、もしくは国法の原則と同一であるかのごとく行動せよ」[*2]と読み曲げてしまったのです。さらにはユダヤ人殺害に自分は全然関係せず、それに協力しただけであり、上官の命令に従ったまでだと法廷で繰り返したのです（「自分に責任はない」と繰り返したナチスの他の戦犯と同様）。「検事のあらゆる努力にもかかわらず、この男が〈怪物〉でないことは誰の目にもあきらか」[*3]でした。つまり、善悪の価値を自らの頭で考えることをやめた、凡庸（ぼんよう）な人間だったからこそ、ホロコーストという巨大な悪を実行できた、ということです。そこら辺にいるただのオジサンが史上最悪の大量殺人を遂行してしまった……これを皆さんはどう受け止めるでしょうか。戦前日本の軍部の小役人も全く同様でしょう。あるいは巨大官僚組織の中で、上官の命令を実行するだけの単なるマシーンに成り下がり、自分の頭で良し悪しを判断することを放棄し、手段と目的を取り違えている……回りを見渡せば、こんな人間はたくさんいるのではないでしょうか。常に自分の頭で考え、思考停止に陥ってはいけない――哲学を殺してはいけない――と私が強く思い続けているのはそうした理由なのです。

人間の条件

〈活動的生活〉vita active という用語によって、私は、三つの基本的な人間の活動力、すなわち、労働、仕事、活動を意味するものとしたいと思う……労働 labor とは、人間の肉体の生物学的過程に対応する活動力である……仕事 work とは、人間存在の非自然性に対応する活動力である。仕事は、すべての自然環境と際立って異なる物の「人工的」世界を作り出す……活動 action とは、物あるいは事柄の介入なしに直接人と人との間で行なわれる唯一の活動力であり、多数性という人間の条件、すなわち、地球上に生き世界に住むのが一人の人間 man ではなく、多数の人間 men であるという事実に対応している。（『人間の条件』）*4

アーレントは、さきのアイヒマンのように思考停止にならないために「政治」の復権を説きました。アーレントは『**人間の条件**（ヒューマン・コンディション）』（絶対的な人間本性（ヒューマン・ネイチャー）なるものがあるのではなく、人間はあくまで条件づけられた存在だということ）の中で、人間の活動的生活を「**労働**［labor］」・「**仕事**［work］」・「**活動**［action］」の3つに分けています。「労働」と「仕事」の差は、ちょっとわかりにくいです。「労働」とは生命維持のために必要な活動を意味します。労働生産物に永続性・耐久性はないため、命の限り続けられるのが「労働」です。一方、「仕事」とはホモ・ファーベル（工作人）であるところの職人が工芸品を作るように、自然に手を加えて人工的な世界を作り出すことです。そしてもう一つの「活動」とは、複数の人々との関係性の上でなされる言論活動、つまり「政治」を意味します。アーレントが「活動」のモデルとして思い描いているのは古代ギリシアのポリスです。奴隷に雑務を押し付けて自由になった人々は、広場（アゴラ）で「ああでもない、こうでもない」と日がな一日議論を行ったのでした。

古代ギリシアにおいては、「政治」に関わる公的領域としてのポリスと、「労働」による生命維持に関わる私的領域（「private」の語源は、公的な場に名を刻むことを「deprived＝奪われている」）としての家族は区別された上で存在しました。しかし産業革命がおこり近代に入ると、公的領域と私的領域の混在する「社会」が生まれ、「労働」と「活動」の地位が逆転します。それまで下位に置かれていた「労働」が、マルクス〔1818―1883〕がそうしたように、讃美されることになるのです。さらに工作人の「仕事」の成果である芸術作品ですら消費されていき、「労働」と「仕事」の明確な区別はなくなります。生産力が増したことで人々は「労働」から解放されたものの、そうして生じた余暇は労働生産物を消費する活動に充て（あ）られます。そうした消費社会という愚者の楽園において、官僚制という「無人支配（ノーマン・ルール）」において「行動する（ビヘイヴ）」人々は、公共空間で討議する「活動（アクション）」を忘れてしまうのです。

私たちの（日本で言えば明治以来の）労働の原型には時間労働、古代ローマに由来する欧州的な奴隷労働があります。一定時間の労働に対して給与（サラリー［salary］）が支払われ（「サラリーマン」という和製英語がある）、ある程度の自由時間が与えられた上で主人に飼われるスタイルです。それに慣れきってしまっているのか、機械が登場したことで生まれた自由時間も、さらなる生産活動に充てられることになりました。戦後の現代では、洗濯機や掃除機、炊飯器、コンロなどによって女性が奴隷的な家事労働から解放されましたが、機械という名の奴隷に雑務を負わせて生まれた余暇は、広告としてのテレビやインターネット、買い物といった消費活動に奪われていったのです。資本主義の経済効率に基づく価値観では、政治について話し合う「活動」なんぞは「時間の無駄」ということになってしまうんです。

とはいえ私たちが生きる共同体における開かれた公共空間において、自らの唯一性を示すことができるのは「活動」にほかなりません。労働や仕事の現場において人間は取り替え可能な「what」（能力、特質など）として扱われます。しかし、公共の場で私的利害を離れて、「私はこう思う」と表現することにより、「who」としての人間が初めて立ち現われるのです。「活動」や「言論」を成り立たせているのは、「平等」と「差異」という性格をもつ複数性（多数性）です。皆に差異がなく平等ならば、話し合う必要はないでしょうし、人間は平等でなければ過去・現在・未来の人々について考えたり、お互いに理解し合うことはできないでしょう（カントが『判断力批判』で展開した、主観的な趣味判断は「共通感覚」*5によってある種の普遍性をもちうるという議論を、アーレントは政治的判断力に援用しようと考えた）。共生する人間の網の目（ウェブ）の中に立ち、異なる他者と言論を戦わせること……アーレントはそうした「活動」、つまり「政治」を実践する公的空間の復権を企図しました。*6 しかし、「活動」には脆さもあります。「活動」は未来を予期できず、元にも戻せないからです。そこでアーレントは、「許し」と「約束」の必要性を訴えています。もし活動により思わぬ結果に至っても、皆で許し、出直しをさせてあげること……予想できない未来を約束し、その約束を守ること……これも「活動」の一つなのです。またどんなに素晴らしい活動も、世代が替われば忘れ去られてしまいます。そんな時は工作人の出番です。作家・歴史家なり、芸術家なりがその物語を語り続ければいいのです。これこそが「仕事」に意味をもたらしてくれるのです。

生活世界の植民地化

やっと（2020年現在）存命の哲学者が登場します。ドイツの哲学者**ユルゲン・ハーバーマス**（Jürgen Habermas）〔1929―　〕です。彼はフランクフルト社会研究所でアドルノ〔1903―1969〕の助手を務めていました。しかしホルクハイマー〔1895―1973〕から急進的な自論を批判され、研究所を去ります（その後、ホルクハイマーの後任としてフランクフルト大学教授を務めた）。ハーバーマスはフランクフルト学派第二世代に含められるのですが、第一世代とは異なりユダヤ系ではなく、戦時中10代の頃はナチスの青少年団体だったヒトラー・ユーゲントに所属していました。これはユダヤ系ではない当時のドイツ人としては当然のことです（日本でいうところの「皇国少年」

であり、終戦後は「戦後民主主義の体現者」となった）。[*7]

ハーバーマスは、近代的理性には、精神（＝主観）が物体（＝客観）を操作する道具的理性としての側面だけでなく、主観同士が対等な立場で論議（討議、批判）し、強制なしに合意形成する**対話的理性**（**コミュニケーション的理性**）[*8]としての側面があると考えました（このようにして合意形成がなされるのが**理想的発話状況**）。**論議**（ディスクルス）の末に1つの合意（コンセンサス）にたどり着こうとするハーバーマスの主張は、差異を同一化に回収してしまう近代的発想です。ハーバーマスは近代を「**未完のプロジェクト**」[*9]と捉え、フランクフルト学派第一世代が「道具的理性に堕落している」と批判した近代的理性を再評価しようと試みたのです。

ハーバーマス

公衆が対話的理性を用いて論議する市民的公共性は、身分を越えて自由な論議が行われたサロンやクラブ、読書会に始まり、近代市民社会における民主主義として成熟しましたが、資本主義市場経済によって「文化を論議する公衆から文化を消費する公衆へ」[*10]と変容し、衰退の一途をたどります。「マスメディアが作り出した世界は……みかけ上の公共性にすぎ」ず、「計画的に作り上げられたスターたちの生活が公にされ……公的に重要な発表や決定が私的衣装につつまれ……公権力に対する批判的論議……の能力を主観的に制約することにな」ってしまうのです。[*11] 確かにインターネットの検索サイトのトップニュースを見れば、つまらないゴシップ記事ばかりが書き立てられ、重要な政治イシューは幕に覆われているようです。さらにハーバーマスは、現代はシステムによる「**生活世界の植民地化**」[*12]が進んでいると続けます（「生活世界」はフッサールの用語）。つまり対話的理性を発揮するべき公共的空間はシステム合理性、つまり経済合理性に侵食されてしまっているというのです。例えば自分の住んでいる自治体が抱えている問題について「皆で考えよう」と誰かが提案したとしても、「時間ないし」「仕事（バイト）があって忙しいからまた今度（つまりはお金がもったいない）」「今日は宿題がたくさん出てるし」などと言って、その議論のテーブルに座ろうともしないんです。しかも消費文化に耽溺する私たちにとっての公共空間は、マスメディアの作り上げた私的な広告空間と化しています。マスコミが垂れ流すニュースも、私たちの公共的論議のための客観的情報を提供するどころか、特定の主張や利益に誘導するプロパガンダに過ぎなくなっています。また、福祉国家のクライアントとして保険などのサービスを享受する結果、「そのようなエサでつなぎとめた大衆の忠誠心を利用して、官僚は、自分たちにとって不都合な発言やテーマを公共的コミュニケーションから閉め出して、その構造をゆがめたり、コミュニケーションの流れを操作したりしようと画策し」、「市民に与えられている政治参加の権利は……目の前のメニューから選ぶだけの選挙民の役割へと縮小され」てしまうのです。[*13] これぞ衆愚化でしょう。

事実、国政選挙に際して、政見放送すら聞かず、マスコミ報道をうのみにして投票する人も多いのではないでしょうか。選挙に行けばまだ良い方かもしれません。2017年の衆議院議員総選挙の投票率は約53・7％で、2019年の参議院議員総選挙の投票率は約48・8％（10代は約31・3％）でした。その過半数が与党支持であると仮定すると、有権者の約30％に満たない人々が莫大な税金の使い道を決めていることにもなるのです。そして政府与党は、国民の支持を得たと錯覚し、数の力で強行採決を繰り返す……「お任せ民主主義」はここに極まれり、とでも言えそうな何だか恐ろしい状況です。

2015年には改正公職選挙法が成立し、2016年の参議院議員選挙から18歳選挙権が実施されました。それに伴って主権者教育が叫ばれるようになりましたが、政治的にはその動きに一定の歯止めをかけたいのでしょう。学校で偏った政治教育がなされることを怖れ、「政治的中立」に配慮するよう現場に釘を刺しています。近年では日本国憲法を真面目に教えるだけで、偏向教育だとみなされるような雰囲気すら醸し出されてきていますから、社会科・公民科の教員は戦々恐々としています。ちなみに戦後の学校では、GHQ（連合国軍総司令部）によって民主主義を練習する場として「生徒会」が作られました。中学や高校では自主的に熱心に生徒会活動に取り組む役員生徒もいるのですが、それ以外の生徒の多くは積極的に参加しているとは言い難い状況です。生徒会役員選挙や生徒会活動への関与度と、大人になってからの国政選挙や国政への関与度はほぼ比例するというのが私の実感です。

また、日本では公共の場で政治の話をすることがあまり好まれません。高校生に話を聞いてみると、「政治の話をするだけで（友人から）ドン引きされる」そうです。これは民主主義国・米国で大統領選挙期間中、「お前は誰を支持しているんだ」と酒場で詰問されるのとは全く対照的です。西洋における「私（private）」や、その「私」と対等な「公（public）」という意識が日本では育っておらず、「（全体に関わる）公＞（個人的な）私」という上下関係が存在しているように思います。*14 聖徳太子（厩戸皇子）［574−622］の「十七条の憲法」にも、「私を背きて公に向くは、これ臣の道なり」（私の利益に背いて公のために向かって進むのは、臣下たる者の道である）*15 とありました。「自分のことは後にして、皆のことを優先しなさい」と私たちは小さい時分から学校や家庭で無意識的に刷り込まれきました。ですから「私」は、あくまで会社なり国家なり、といった「公」（お上）に従属・奉仕してしまうんです。米国大統領が家族とバカンスを楽しめばニュースになりますが、日本の首相が家族とバカンスを楽しめば、「公人にもかかわらず、何を遊んでいるのか」と文句が出るでしょう。「私」はあくまで「公」に尽くすものとされているのです。これは、東洋の集団主義的特徴ともいえるでしょう。「民」という漢字の成り立ちをひもとけば「片目を針でつぶされた奴隷・被支配民」に由来するというのですから、救い難い気もします。*16 ですから高校の教科名となっている「公民」ですら、「公権力によって針で目を突かれ、おとなしくさせられた者」という原義になるわけです。「私」が育っていなければ、「私」が対等に「公」に関わることはできず、無意識的に「公」の政治は「お上」に任せておけ、という感覚になってしまうことは、理解できなくもありません。

とはいえこのままで良いはずがないでしょう。高校の新科目「公共」に再び「私」よりも「公」というニュアンスが感じられるとしても、時代を逆行させてはいけません。まずは身近な所から、公共的論議のテーブルに私たちが座ることは少なくとも必須でしょうし、対話が必要な人に座ってもらうよう努力することも必要だと思います。また、ハーバーマスが考えたような「合意」を必ずしも求めない論議も重要でしょうし、[*17]「理性的」な論議から排除される人々の声を聞くことも大切でしょう。いずれにせよ、アーレントやハーバーマスの議論が日本に公共空間を作る建設的なヒントになるはずです。

他者の他性に耳を傾ける

とはいえ、果たして「対話的理性」だけを頼りに公共空間を形作れるのか、という疑問も湧いてきます。欧州思想の源流となっているのはヘブライズム（ユダヤ教、キリスト教）とヘレニズム（ギリシア文化）ですが、近代以降はヘレニズム以来の理性信仰が幅を利かせ、ヘブライズムの宗教性は忘れ去られてしまいました。ハーバーマスの発想も、近代の主人公である理性に最後の望みを賭けたもののように思えます。

西洋の理性中心主義とは真逆の発想をもっていたのが、フランス（帝政ロシア領リトアニア出身）の哲学者**エマニュエル・レヴィナス**（Emmanuel Levinas）［1906―1995］です。彼はユダヤ人としてヘブライズムの宗教性を原点に思索し（ユダヤ教聖典のタルムードを研究していた）、西洋の主人公である自我ではなく、他者に着目しました。ユダヤ系書籍商の家庭に生まれたレヴィナスはフライブルク大学でフッサール（フッサール現象学に関する博士論文はサルトル［1905―1980］やメルロ・ポンティ［1908―1961］に影響を与えた）やハイデッガーに学び、25歳の時にフランスに帰化しました。ロシア語・ドイツ語通訳として第二次世界大戦に従軍しましたが、ドイツ軍捕虜となり、4年間強制収容所に送られます。なんとか収容所から生還したのですが、その間、親族のほとんどを皆殺しにされてしまいました。

存在を前にしての不安——存在の醸す恐怖〔おぞましさ〕——は、死を前にしての不安と同じく根源的なのではないだろうか……無や死を前にして身震いするのは、〈ある〉が私たちを全面的に捉えているからである。(『実存から実存者へ』)*18

ここでいう〈ある〉とは、フランス語の〈il y a（イリヤ）〉という言葉で、「それ（il）」が「そこで（y）」「もつ（avoir）」という意味です。男でも、女でもない、「it rains.」と言うときの「it」のような「非人称の何か」が何かを所有している状態を指します。自分を取り巻く世界に存在する何かが何か（銃かもしれない）をもっている……何とも不気味な状態です。親族を皆殺しにされ、ユダヤ人共同体を破壊されたレヴィナスにとって、存在〈ある〉は底なし沼のように不気味な——自我に決して取り込むことのできない「死」のような——おぞましさ、そのものであったと思うのです。

他者が私に抗してつきつけるもの、それは、より大きな力、すなわち算定可能であるがゆえに全体の一部分をなすかにみえるエネルギーではなく、この全体に対する他者の存在の超越そのものである。この超越は任意に定められた権力の最上級ではなく、他者の超越の無限にほかならない。殺人よりも強きこの無限は他者の顔をつうじてすでにわれわれに抵抗しているのだが、この無限が他者の顔であり根源的表出であり、「汝、殺人を犯す勿(なか)れ」という最初の言葉なのである……殺人に対する抵抗はきわめて大きな抵抗との関係ではなく絶対的に〈他なる〉何ものかとの関係であり、この関係は抵抗しないものの抵抗、つまりは倫理的抵抗である……殺人への抵抗が倫理的なものではなく現実になされる場合、われわれはこの抵抗を知覚することになろうし、この知覚は、知覚されることで単に主観的なものと化す要素すべてを伴わざるをえない。それゆえ、われわれは〈他者〉との関係ではなく、一つの意識の内なる闘争を説く観念論のうちにとどまることになろう。（『全体性と無限』）*19

そうした〈ある〉•〈il y a（イリヤ）〉の恐怖の中で、「**他者**」の「**顔**（**ヴィザージュ**［visage］）」が私に「**汝殺すなかれ**」……と訴えかけてきます。ここでいう「顔」とは、自己と絶対的な差異をもち、自己を無限に超越した、他者の他者性（**他性**）です。ちょっと例を出しましょう。あなたが戦場にいて、自動小銃を片手に目の前の敵をそれこそモノのように撃ち殺していったとします。目の前の敵を全て倒したと思った瞬間、岩場の陰に人の姿を感じ、銃をもって近づきます。すると無防備で死の恐怖に怯えた敵兵を見つけました。いつも通り、銃の引き金を引こうとしたその瞬間です。「他者」の「顔」と目が合い、「殺してはいけない（汝殺すなかれ）」……という倫理的な無言の呼び声を聞くのです（ユダヤ教の聖典『旧約聖書』のモーセの十戒に「殺してはならない」*20とあった）。目が合った瞬間、きっとあなたは自己の意識の中で捉えることなど到底できない、圧倒的な他者の他者性に触れ、撃つことを躊躇してしまうでしょう。「他者」の「顔」＝他性に触れることで、モノを撃つように銃口を向けることができなくなる……私たちは、「他者」の「顔」の無言の呼び声を聞きとろうと努力することによってはじめて、倫理的な主体として、理性によって捉えられる自己を、無限の世界へ脱出させることが可能になるのです。

レヴィナス

レヴィナスの他者論は、「いじめはなぜなくならないのか」を考える際にも有効です。学校現場でいじめの問題は正直とても多く、指導の機会が多くあります。(私を含めて) 教員が指導の際にしばしば言うのが、「相手の気持ちになって考えてみなさい」という台詞(せりふ)です。しかしレヴィナスの他者論を借りれば、「相手の気持ちになって考えてみなさい」だけでは、いじめは絶対になくなりません。「相手の気持ちになる」というのは、「自我」に対する「他我(たが)」です。「他我」というのは、「相手はきっと、こう思っているはずだ」という自己の意識内における他者イメージのことです。これは自己を中心に他者を取り込む全体性(西洋哲学の支配概念)の世界です。しかし「他我」≠「他性」・「顔」です。「顔」は私の自己に取り込むことのできない、無限の他者の他者性なのです。ですから、「他我」に留まっている限り、いじめがなくなることはないのです。だとすると、他者を理解できないまでも(同じ気持ちにはなれないとしても)、絶対的な差異をもつ他者が暴力や死の恐怖に怯えながら呟(つぶや)く、その無言の声(「いじめてはならない」)に耳を傾けること……それによってのみ、私たちは全体性の世界から無限へと脱出し、倫理的主体として生きることができ、〈ある〉・〈il y a (イリヤ)〉の恐怖から逃れることができるのです。

注

＊1　「アウグスティヌスは古典古代の異教的教養とキリスト教信仰の境界にあって、前者を後者に媒介した思想家であり、それは同時に古典古代においては世俗的、ある意味で政治的な観念であった「愛」が、キリスト教的な彼岸的、超越的な観念へと転換される転機でもあったからである。後年、古典古代、異教的な「世界への愛(amor mundi)」(ちなみにこれは『人間の条件』のために考えられたもう一つの題名だった)の復権として政治の復権を語ることになる彼女は、いわばアウグスティヌスが踏み越えた道を逆にたどったのだともいえよう」(川崎修『アレント——公共性の復権』講談社、1998年)。

＊2〜3　ハンナ・アーレント『イェルサレムのアイヒマン』(大久保和郎訳、みすず書房、1969年)。

＊4　ハンナ・アレント『人間の条件』(志水速雄訳、筑摩書房、1994年)。

＊5　「我々が感覚という語を、単なる反省が心意識に与える効果に関して用いる積りなら、知性的判断力よりもむしろ美学的判断力のほうが共通感覚という名称を帯びてよい、美学的判断力においては、感覚は快の感情と解せされるからである、と。それどころか私は、趣味を次のように定義してもよいとさえ思うのである。即ち——趣味とは、与えられた表象に関する我々の感情にすべての人が概念を介することなく普遍的に与り得るところのものを判定する能力のことである、と」(カント『判断力批判(上)』篠田英雄訳、岩波書店、1964年)。

＊6　「アメリカ革命の人びとは、フランス革命の人びとや特にロベスピエール自身がおちいったのと同じような不条理には落ち込まなかった。そのただ一つの理由は、アメリカ革命の人びとが、権力の根源は下の人民の「草の根」から生ずるものであるのにたいし、法の源泉は「上の」或る高い超越的な領域にあるとして、権力と法を曖昧さを残すことなくはっきりと区別したことにある」（ハンナ・アレント『革命について』（志水速雄訳、筑摩書房、1995年）。アーレントは権力が暴力と化したフランス革命を（あるいはフランス革命を相続したロシア革命を暗に）批判し、アメリカ独立革命の価値を認めた上で、人民から自発的に生み出された評議会制度を高く評価している。利害を代表する代議制や政党制に対して、評議会制度は多様性を認める、自発的活動を重視した公的精神の場であったからである。

＊7　細見和之『フランクフルト学派』（中央公論新社、2014年）。

＊8　「八五年のあるインタヴューで、コミュニケーション的合理性とはかつての「神」や「歴史の目的論」と同じく虚構なのではないかと問われて、ハーバーマスはそれを必ずしも否定していない」。さらに、「肝心なのは、近代（モデルネ）の社会に、貨幣と権力のシステム以外のものが存在することを示すことだ」と語っている（中岡成文『ハーバーマス――コミュニケーション行為』講談社、1996年）。

＊9　「二〇世紀は、こうした楽天的考え方の大部分を捨て去ってしまった。しかし、問題はいぜんとして変わっていない。つまり、今なお基本的見解の岐れ目はどこにあるのかといえば、こうした啓蒙主義の志向――それがいかに挫けていようと――を守っていくのかいかないのかということにある。すなわちモデルネのプロジェクトを失敗としてあきらめるのか、あきらめないのかという問題なのである」（J・ハーバーマス『近代　未完のプロジェクト』三島憲一編訳、岩波書店、2000年）。

＊10～11　ユルゲン・ハーバーマス『[第2版]　公共性の構造転換――市民社会のカテゴリーについての探究』（細谷貞雄・山田正行訳、1994年）。

＊12　生活世界の植民地化から生じる病理は、「1　共有された意味と相互理解の減少（アノミー）　2　社会的きずなの腐食（崩壊）　3　人びとの無力感と帰属意識の欠乏感の増大（疎外）　4　その結果として生じる、みずからの行為と社会現象に対して責任をとろうとしない傾向（退廃）　5　社会秩序の不安定化と瓦解（社会不安）」である（ジェームズ・ゴードン・フィンリースン『1冊でわかる　ハーバーマス』村岡晋一訳、岩波書店）。

＊13　中岡成文『ハーバーマス――コミュニケーション行為』（講談社、1996年）。

＊14　仲正昌樹『《日本の思想》講義――ネット時代に、丸山眞男を熟読する』（作品社、2012年）。

＊15　聖徳太子『十七条憲法』（『日本の名著2』）（中村元・瀧藤尊教訳、中央公論社、1970年）。

＊16　鎌田正・米山寅太郎『新版　漢語林　第2版』（大修館、2001年）。

＊17　「ハーバーマスの議論を詰めていけば、批判・反省の過程と合意形成の過程とが並行するという保証は失われるだろう。既存の「合意」の批判的解体が新たな合意の形成としては進行せず、「よりよい論拠」かどうかを判断する尺度、すなわち何をもって合理的とするかの規準そのものが問題化されるだろう。討議は、透明な合意に収斂する代わりにアポリア（行き詰まり）を産出するはずである。そうしたアポリアは、当面の集合的な意思決定が避けられないコンテクストにおいては、暫定的な妥協の形成によって乗り超えられるほかないだろう……討議にとって、合意を産出すること以上に重要なのは議論の継続（再審の可能性）を保証する手続きを維持することである」（齋藤純一『公共性』岩波書店、2000年）。

＊18　エマニュエル・レヴィナス『実存から実存者へ』（西谷修訳、筑摩書房、2005年）。

＊19　エマニュエル・レヴィナス『全体性と無限――外部性についての試論――』（合田正人訳、国文社、1989年）。

＊20　共同訳聖書実行委員会『聖書　新共同訳』（日本聖書教会、1987年）。

59章　現代思想（5）（レヴィ・ストロース、フーコー）

構造主義

「実存は本質に先立つ」というサルトル〔1905―1980〕の実存主義は1950年代のフランスに大きな影響力をもちました。しかし1960年代に入ると、**構造主義**〔structuralism〕ブームが巻き起こり、その地位を取って代わられます。「実存は本質に先立つ」という実存主義は、本質にくみ尽くせない「実存」を取り戻す思想でした。「実存」とは取り替え不可能かつ個別・具体的な「本当の自分」のことです。つまり実存主義は、理性をもった「個人」を優位とみなす人間中心主義的な西洋近代の発想でした。一方の構造主義は、理性的で自由意志をもっているとされる個人もある種の「構造（システム）」に従属しているのではないか、と考えます。この「構造」とは、マルクス〔1818―1883〕の下部構造とも似ているようで違います。ソシュール〔1857―1913〕が「言語は差異の体系」といったときの「体系」とは重なり合うでしょう（ソシュールは構造主義の先駆者の一人）。ただ、その「体系」と「構造」の違いは、変形を可能とする点です。どちらも要素と要素の間の関係からなる全体を意味しますが、「体系」が変形しても、変形されずに残るものが「構造」なのです。

「働きアリのうち2割は働かなくなる」という「働きアリの法則」があります。これは人間にも当てはまります。

例えば公立高校トップの進学校では、地元の中学校で通知表がほぼオール5だった生徒が集まってきています。もちろん学級委員経験者ばかりです。しかしいざ、クラスで学級委員を決めようとすると……あまり手が挙がらないんです。働きアリばかりが集まる中で怠ける人が出てくるんですね（実際は2割以上が働かなくなる）。つまり、人間は社会の主人公として主体的に生きている、と思いがちですが、実はこうした「構造」が個人に先立って存在しているのです。

ちなみに構造主義はこの例の様に、アリも人間も同じ「構造」に根差しており、人間はアリより偉いわけではなく、アリも人間も同じである、という相対主義に到達します。この相対主義によって西洋哲学の絶対的基盤を突き崩していくことができたんです。しかし最後は、個人に先立つ構造すらも疑うことになりました（ポスト構造主義）。後述しますが、ポスト構造主義によって既成の概念は疑われるだけ疑われ、燃やし尽くされ、哲学は焼け野原のようになってしまった……と評する人もいるほどです。

親族の基本構造

一大ブームを巻き起こした構造主義の祖とされるのが、フランスの文化人類学者・民族学者の**クロード・レヴィ＝ストロース**（Claude Lévi-Strauss）［1908－2009］です（100歳まで生きた）。フランスのユダヤ教徒の両親から滞在先のベルギーで生まれたレヴィ＝ストロースですが、同じくユダヤ系ドイツ人で「リーバイス」というジーンズ・メーカーの創業者となったリーヴァイ・ストラウス（Levi Strauss）［1829－1902］（ゴールドラッシュの頃のアメリカに移住した）とは、たまたま同姓同名でした。レヴィ＝ストロースはソルボンヌ大学を卒業した後、教育実習を経験するのですが、その時の同期はメルロ・ポンティ［1908－1961］やボーヴォワール［1908－1986］だったというのですから驚きです。青年時代は「社会主義学生集団」の事務局長として活動していましたが*1（私的財産制による

レヴィ=ストロース

不平等を指摘した理想主義者ルソー〔1712―1778〕をしばしば引用した理由がわかる）、20代半ばで米国の北米インディアンの研究で知られる文化人類学者のロバート・ローウィ（Robert Lowie）〔1883―1957〕の『未開社会（原始社会）』に出会い、民族学・人類学に関心をもちます。その後サン・パウロ大学の教授として南米に赴きフィールド・ワークを行いますが、フランスに帰国し、戦時中は召集されました。そしてナチスの迫害を怖れて1941年に亡命した米国で、ロシア出身のユダヤ系言語学者ロマン・ヤコブソン（Roman Jakobson）〔1896―1982〕と出会うんです。彼の構造言語学（その祖はソシュールでした）の手法と、フランスの社会学者マルセル・モース（Marcel Mauss）〔1872―1950〕（『自殺論』で知られるフランスの社会学者エミール・デュルケーム（Émile Durkheim）〔1858―1917〕の甥）の『贈与論』（未開社会からローマ法、現代社会に至るまで贈与〔返礼〕が活動の根底にあるとした）*2 に影響されて、博士論文『**親族の基本構造**』を完成させたのが38歳の時です。

『親族の基本構造』（刊行は1949年）では**インセスト・タブー**（**近親相姦の禁忌**）について触れています。近親相姦は人類共通にみられるタブー（禁忌）の一つです。ところでそもそもなぜ近親相姦はいけないのでしょうか。遺伝的に問題が生じることを指摘する人もいますが、その説に科学的な裏付けはないようです。兄妹や姉弟では家族関係の複雑化が懸念される、といった問題はあるかもしれませんが、相性が良ければ赤の他人より良いかもしれません。ちなみにいとこ同士の結婚は現代でも見られます。『親族の基本構造』によれば、男子と「平行イトコ」（両親の同性の兄弟・姉妹の子ども同士）との結婚はタブーだが、男子と「交叉イトコ」（両親の異性の兄弟・姉妹の子ども同士）との間の結婚は奨励する未開社会があるそうです。いとこ同士の結婚は、血の濃さから言えば「平行イトコ」も「交叉イトコ」も変わりがないはずです。なぜ「交叉イトコ」との結婚だけが許されるのでしょう。

仮に、「A家」の父AAと母ABの息子ACがいたとします。もし息子ACが父ＡＡと異性の姉妹である、「Ｂ家」に嫁いだ母ＢＢの娘ＢＣ（息子ＡＣの「交叉イトコ」）と結婚したとします。「Ｂ家」の娘ＢＣは「Ａ家」に嫁ぎ、言い方は悪いですが、「Ｂ家」から「Ａ家」へ、女性の贈与が成立したことになります。「Ａ家」は父ＡＡと同性の兄弟であるＡＡ'の娘ＡＣ'をまた別の「Ｃ家」に嫁がせれば、複数の家同士で女性を安定的かつ均等に交換し、家同士の関係を作り上げることが可能になるのです。しかし、もし「Ａ家」が父ＡＡと同性の兄弟であるＡＡ'の娘ＡＣ'（息子ＡＣの「平行イトコ」）と結婚してしまうと、「Ａ家」の内輪で女性の贈与が行われることになり、複数の家同士で女性を安定的かつ均等に交換し、家同士の関係を作り上げることが不可能になってしまうのです。このように普遍的な女性の交換を成り立たせているのが「構造」です。

野生の思考

未開社会の人々が、果たしてこうした「構造」を意識しているか……というとそうではなく、無意識によるものかもしれません。自身の所属する集団における太古の昔からの風習として、当たり前にやっているに過ぎないのです（レヴィ＝ストロースはマルクスやフロイト［1856−1939］に影響を受けて、無意識の構造を解読するアイデアを得た）。[*3]

しかし個人が意識したかどうかはさておき、こうした女性の交換を成り立たせる「構造」は極めて合理的です。レヴィ＝ストロースは未開社会の、具体的なものを経験的・感性的に把握する思考を「野生の思考」と呼びました。「野生の思考」は、1962年に出版されて構造主義ブームを巻き起こした著書のタイトルです（メルロ・ポンティに捧げられた一冊だった）。

神話的思考は器用人（ブリコルール）であって、出来事、いやむしろ出来事の残片を組み合わせて構造を作り上げるが、科学は、創始されたという事実だけで動き出し、自ら絶えまなく製造している構造、すなわち仮説と理論を使って、出来事という形で自らの手段や成果を作り出してゆく。だがまちがえないようにしよう。それらは人智の発展の二段階ないし二相ではない。なぜならば、この二つの手続きはどちらも有効だからである。（『野生の思考』[*4]）

「野生の思考」は、器用仕事（ブリコラージュ［bricolage］）に例えられます。芸術家の創作のように、ありあわせのものを器用に組み合わせて、秩序だった何かをつくることです。この「**野生の思考**（**神話的思考**）」に対して、具体物を科学的・抽象的に把握する思考が「**文明の思考**（**栽培の思考**）」です。これは、エンジニアが全体計画に従って何かを組み立てるような飼い慣らされた思考です。近代科学の思考はもちろん後者だと言えるでしょう。

「未開」社会の思考と言いましたが、そもそも「未開［primitive］」[*5]とは西洋の進歩主義的思想の文脈において、「文明［civilization］」と対比された言葉です。「未開」は原始［primitive］と野蛮［savage］からなり、文明的な西洋と比べ劣っていて、混沌として非科学的だが無邪気で幸福である……「未開」はそのようなステレオタイプで捉えられています。ちなみに、この西洋における「未開」のまなざしは、帝国主義の尻馬に乗った明治以降の日本にも内在化されていきました。現代日本における沖縄をはじめとした南西諸島へのまなざしが、まさにそれにあたりますし、アジア諸国を混沌とみなすまなざしは今にも生きています（「列に並べない中国の人々」といった言説がそれに当たる）。あるいは文明の中にあって、女性や子どもに「未開」（劣位・混沌・非科学的・無邪気・幸福）のまなざしが向けられることもあるのです。

しかし先ほどの女性の交換を成り立たせている「構造」を見てもわかる通り、「未開」だと思われた社会の思考は、「文明」的だと考えられた社会と同様、精緻で秩序だっています。飼い慣らされてはいないけれども、高い論理性をもち合わせた「野生の思考」なのです。中国では列に並ばなくても、特に混乱は起こりませんし（整列はそもそも明治の軍隊教育とその下地作りとしての学校教育で日本に広まったものに過ぎない）、バイク天国のベトナムの人々は止まらないバイクの間を縫っても轢かれることは滅多にありません。

実存主義から構造主義へ

人間を弁証法によって定義し、弁証法を歴史によって定義したとき、「歴史なき」民族はどういう扱い方ができるのか？……サルトルの……ゆきかたは……「発育不全で畸形」の人類をともかく人間の側に入れることである……人間としてのその存在は、固有のものとしてその人びと自身に帰属するものではなく、歴史ある人類がどう扱ってくれるかによってきまるものであることをにおわせる……しかし……風俗、信仰、慣習の驚くべき豊かさや多様性は捕捉されないし、つぎのことが忘れられている。すなわち、現在の地球上に共存する社会、また人類の出現以来いままで地球上につぎつぎ存在した社会は何万、何十万という数にのぼるが、それらの社会はそれぞれ、自らの目には、――われわれ西欧の社会と同じく――誇りとする倫理的確信をもち……自らの社会の中に、人間の生のもちうる意味と尊厳がすべて凝縮されていると宣明しているのである……歴史的地理的にさまざまな数多の存在様式のどれかただ一つだけに人間のすべてがひそんでいるのだと信ずるには、よほどの自己中心主義と素朴単純さが必要である。人間についての真実は、これらいろいろな存在様式の間の差異と共通性とで構成される体系の中に存するのである。（『野生の思考』）*6

『野生の思考』の最終章では、デカルト〔1596―1650〕からサルトル〔1905―1980〕に至る西洋近代の人間中心主義的な歴史観を批判しています。同じマルクス思想を根っこにもちながらも、弁証法的に発展していく通時的な時間軸に沿った歴史によって主体を作り上げようとする人間中心主義的なサルトルと、西洋植民地主義の収奪を資本家による労働者の搾取に先立つものと捉えたレヴィ＝ストロースは対照的だったと思います。サルトルの歴史観では、未開とされた人々は「発育不全で畸形」の人類として歴史から排除されてしまうでしょう。未開社会の「野生の思考」では通時的のみならず、共時的に（ある一点における断面において）歴史を把握するはずです。サルトルの『弁証法的理性批判』への反論として書かれたこの最終章によって、実存主義が構造主義に敗北したことが印象づけられたのです。

「世界は人間なしに始まったし、人間なしに終わるだろう」

1955年に出版された『**悲しき熱帯**』は、レヴィ＝ストロースが1930年代後半にフィールドワークを行った南米ブラジルの四部族の民族誌（エスノグラフィー）です。ナンビクワラ族のスケッチは、文明社会と隔絶された彼らの最後の姿を記録したものでしょう（現代のナンビクワラ族はもはや裸ではなく服を着ており、携帯電話をもつ者もいる）。レヴィ＝ストロースは、裸で生活し、移動生活をする彼らの生活に密着し、溶け込み、その性生活に至るまでを愛おしく記述するとともに、白人入植者や彼らの生活を脅かす文明に対して厳しい視線を注ぎます。最後の第九部には「世界は人間なしに始まったし、人間なしに終わるだろう」[*7]という一節がありました。日本に住んでいる私たちも、もともと西洋近代によって生み出された「理性的な人間」という前提を自明のものとして受け入れてしまっています。しかし、「人間は、呼吸し、食物を獲得するようになってから、火の発見を経て原子力や熱核反応機関を発明するまで、人間を再生産する場合を除いて、喜々として無数の構造を分解し、もはや統合の可能性の失せた状態にまで還元してしまう以外、何もしなかった」[*8]のだといいます。つまり人間文明は、物理学者のいうエントロピー、無活力を製造してきたというのです。こうした人間文明の自己破壊を捉えた「世界は人間なしに始まったし、人間なしに終わるだろう」という物言いはペシミスティックで皮肉だと思えるかもしれません。しかし21世紀を迎えて、ますます傲慢になりつつある人間の有様を思うと、身につまされる点も少なくないのです。

以上のようなレヴィ＝ストロースの立ち位置から導き出されるのは、「文化に優劣はなく平等である」という**文化相対主義**［cultural relativism］の発想です。この文化相対主義は、西洋が陥っていた**自民族中心主義**（エスノセントリズム［ethnocentrism］）を糾弾する新しい思想となりました。現在日本に住んでいる私たちも、いまだに自民族中心主義や西洋中心主義に陥ってしまうことはよくあります。テレビ番組などでは「未開の辺境」で暮らす人々の生活を好奇心のままに描くまなざしがしばしば見られます。西洋（およびそれと同等とされる日本）の都市の生活をスタンダードとみなし、「未開の辺境」に住む人は無垢（むく）で、労働から解放された人間味のある生活を送っているが、文化的には劣っているとみなすまなざしなどが、典型的な自民族中心主義・西洋中心主義です。一方、いかなる文化にも等しい価値があるとする文化相対主義は万能かと言えば、現在では課題があることが指摘されています。それは、「全ての文化に優劣はない」「あなたの文化にも、そして別の文化にも等しい価値があります」と言うだけで終わってしまう可能性がある点です。「私は、同じ文化を共有する人達と楽しくやります、あなたがたも楽しくやってください」となりかねないのです。「優劣はない」けれども、劣位に置かれた者にはその固有性や歴史的背景が備わっているはずです。その点に知らん顔をして「全ての文化に優劣はない」と金太郎飴的に言い切ってしまうところが文化相対主義の限界なのかもしれません。

T先生のフーコー講義

私が高校生の頃の社会（公民科・地理歴史科）の先生はインパクトが強く、今でも強い印象が残っています。「受験勉強や学校の勉強は自分でやるもの」という大らかな雰囲気がありましたし、「高校は義務教育修了後の発展的学習の場」という雰囲気も残っていました。そんなわけで、例えば日本史のO先生なら、「一学期はベトナム戦争やるぞ」なんてことになって、一学期中ベトナム戦争の話です。ただ教科書に留まらず、専門書のコピーを配って輪読したりと、大学のゼミのような雰囲気もあって、お陰でベトナム戦争には結構詳しくなりました。先生のカリスマ性に支えられていた部分もありましたが、中身のない形だけの「話し合い」をして何かをやった気になるだけの授業よりは、よっぽどためになったと思います。そして現代社会のT先生は社会学・現代思想がご専門で、一学期間じゅうフーコー［1926―1984］をやったんです。この授業は本当に刺激的で、その悪影響の結果（笑）、いま高校で「倫理」を教える成り行きになったのです。こんな風に私が哲学に入れ込むきっかけを作ってくれたのは、間違いなくT先生のフーコー講義だったと言えるでしょう。

フーコー

ミシェル・フーコー（Michel Foucault）はフランスの哲学者で、1966年に「菓子パンのように売れた」『**言葉と物**』で構造主義の旗手として注目を集めました（後に構造主義を批判的に継承するポスト構造主義の哲学者として位置付けられるようになる）。1968年のフランスは学生運動・五月革命の波に覆われていました。パリの学生街カルチエ・ラタンではバリケードが築かれ、国家権力の支配を離れた「解放区」が姿を現し、警官隊と激しくぶつかります。反シャルル・ド・ゴール（Charles de Gaulle）［1890―1970］（フランス大統領）体制、ベトナム戦争反対……1960年代後半は世界同時多発的に学生運動がおこった時代でしたが、フーコーはその運動を支持していました。その後１９７０年にはコレージュ・ド・フランス教授に就任し、活発な研究活動を行って活躍するのですが、１９８４年にエイズで惜しくも亡くなっています。

彼がもともと「ポール＝ミシェル・フーコー」と名付けられたのは、フーコー家の男子が「ポール」と名付けられる風習にフーコーの母が抗ったためです。フーコー家の父は医者でした。よって大学進学時は父から医学部を勧められるのですが、フーコーは文学部を志望したため決裂し、フーコーは「ポール」の名を捨てるのです。

高等師範学校（エコール・ノルマル・シュペリウール）時代は、フランスのマルクス主義・構造主義の哲学者ルイ・アルチュセール（Louis Althusser）〔１９１８―１９９０〕の指導を受けました。アルチュセールは60代で精神錯乱に陥り、妻を絞殺するという事件を起こし、精神病院に入ってしまった人ですが、高等師範学校ではデリダ〔１９３０―２００４〕をはじめ、数多くの後進を指導しました。実はフーコーも、高等師範学校時代に精神的に苦悩し、2度の自殺未遂事件を起こしています。アルチュセールはそんなフーコーを支えてくれていたようです。

「周縁」に位置していたフーコー

フーコーが苦悩した理由は、自身の同性愛でした。今以上に当時は、同性愛を受け入れる寛容さを社会がもち合わせていなかったはずです。しかしこの立ち位置は彼の思想において重要なポイントだと思っています。人間というものは何かの「中心」に位置すると、「自分が何者か」が見えなくなってしまうんです。しかし、「男と女」「経済的豊かさと貧困」……何でもよいのですが、両者の「周縁」に位置している人は、冷静かつ客観的に「中心」に位置する人々を眺め、分析することができます。青年期は「大人と子ども」の中間……「マージナル・マン（境界人）」という言葉があったと思います。青年はマージナルな境界線に立っているからこそ、大人のずるさや、子どもの未熟さをしっかりと指摘することができるんです（いわゆる「大人」や「子ども」のど真ん中にいる人にはそれができない）。私は学校の教員として仕事をしていますが、常に「片足を突っ込んだ状態」でいるようにしています。それを不真面目だという人もいるかもしれないのですが、その職業にどっぷり浸かって「中心」に位置してしまうことを避けるためにはそうするしかないのです。話を戻すと、フーコーは同性愛者というマージナルな立ち位置に置かれていたからこそ、「男」や「女」の「中心」に居座る者には見えないものが、見えたのです。テレビなどで、同性愛者のタレントが活躍し、社会に鋭くモノ申す場面を見たことがある方もおられるでしょう。あるいは私自身大好きなシンガー・ソングライターである槇原敬之（まきはらのりゆき）［1969—　］の歌を、「男」や「女」としてではなく、彼自身の「ゲイ」としての立場から聴いてみるとどうでしょう。マージナルな立ち位置からのラブソングで歌われる恋には、決して縮めることのできない恋愛対象との距離が感じ取れます。また、何気ない言葉のようにも思える「世界に一つだけの花」というメッセージに彼が込めた重みもまた、感じられるのではないでしょうか。

知の考古学（アルケオロジー）

エピステメーという語によって指し示されているのは、以下のものである。認識論的諸形象や諸科学を生じさせ、場合によっては形式化された諸々のシステムを生じさせるような言説実践の数々を、ある一つの時代において結び合わせることのできる諸関係の総体。そうした言説形成の一つひとつのなかで、認識論化、科学性、形式化への移行が位置づけられ実現される際に従う様式。時間のなかで一致したり、互いに従属し合ったり、食い違ったりすることのありうる閾の数々が配分されるやり方。認識論的諸形象もしくは諸科学が、隣接しているとはいえ互いに異なる言説実践に属している場合に、それらのあいだに存在し

> うる側面的諸関係。エピステメー、それは……ある一つの時代の諸科学を言説的諸規則のレヴェルにおいて分析するとき、それらの諸科学のあいだに発見することのできる諸関係の総体なのだ。（『知の考古学』）[*9]

フーコーのアプローチを紹介していきましょう。１９６６年の『言葉と物』（そして１９６９年の『知の考古学』）では、それぞれの時代における物の秩序を認識する枠組み・知の構造を**エピステーメー**［episteme］と呼びました。カント［１７２４―１８０４］の用語を引用して「歴史的ア・プリオリ」とも言い換えていますが、万人が生まれながらにもつ、同じ色眼鏡のようなものといってもいいでしょう。「エピステーメー」はギリシア語の「知識」（ラテン語の「scientia」、英語の「knowledge」）のことで、例えば古代ギリシアでは、主観的信念（ドクサ）を排除し、客観的な知識（エピステーメー）を探求することが求められていました。現在の私たちの「当たり前」を支えているエピステーメーが１００年後も同じくそうである保証はどこにもありません。フーコーは欧州の「中世・ルネサンス時代」・17世紀以降の「古典主義時代」・18世紀末以降の「近代」には、それぞれ異なるエピステーメーが重層的に折り重なっており、そこに連続性はないと考えました。「ルネサンス時代」のエピステーメーは相似です。スペインの作家ミゲル・デ・セルバンテス（Miguel de Cervantes）［１５４７―１６１６］の『ドン・キホーテ』で、風車に巨人を見立てたのがその一例です（ドン・キホーテは理性的な近代人からは「狂人」扱いされることになる）。一方、「古典主義時代」のエピステーメーは物の同一性や相違性を言葉で表象し、分類することでした（ベーコン［１５６１―１６２６］やデカルト［１５９６―１６５０］の方法に基づく）。その知の構造から「博物学・一般文法・富の分析」が生まれました。それが「近代」に入り、主体としての人間が客体としても注目されるようになると、表象されえない固有かつ有限な人間の「生命・言語・生産」という概念が登場し、「博物学・一般文法・富の分析」は「生物学・文献学（言語学）・経済学」に取って代わられます。これが「近代」におけるエピステーメーの転換です。人間が主体・客体として意識されるようになったのはたかが18世紀末――つまり人間が社会の主人公となった近代――以降に過ぎなかったのです。

ディエゴ・ヴェラスケス
「侍女たち（ラス・メニーナス）」

確かにフーコーが引用したように、古典主義時代の絵画（スペインの画家ディエゴ・ヴェラスケス（Diego Velazquez）［1599—1660］の『侍女たち』）には主体的人間が不在なのです。その被写体を描き、絵の中に配置しようとする画家という主体も見えてきません。「人間は最近の発明にかかわるものであり、二世紀とたっていない一形象、われわれの知のたんなる折り目にすぎず、知がさらに新しい形態を見いだしさえすれば、早晩消えさるものだと考えることは、何とふかい慰めであり力づけであろうか」[*10]……これこそがフーコーの人間中心主義批判、いわゆる「人間の終焉」です。『言葉と物』の最後にはこう書いています。「何らかの出来事によって、それが十八世紀の曲り角で古典主義的思考の地盤がそうなったようにくつがえされるとすれば——そのときこそ賭けてもいい、人間は波打ちぎわの砂の表情のように消滅するであろうと」[*11]……フーコーを批判したサルトルも拘った「人間」とは、近代の主体・主人公であるところの「人間」です。そろそろ西洋哲学の物語も終盤になってきたようです。実は私もこだわり続けている「人間とは何か」を問う哲学的試みすら、近代の産物に過ぎず、それを言葉で表象し、物事の本質に迫ろうとする試み自体も、もはや時代錯誤、波打ちぎわの砂粒が足掻（あが）いているようなものなのかもしれません（「本」という形でそれを残すことも含めて）。

共時的な断面に見られる現象・構造を記述する

私たちの「当たり前」の地層の断面を系譜的に掘り起こす「**知の考古学**（アルケオロジー）」のアプローチは、文献学者だったニーチェ［1844—1900］の系譜学（善悪という道徳が自明のものではなく「誰によって真理とされたか」という点に着目した）にヒントを得たものです。通時的な縦軸（時間軸）に沿ってではなく、共時的な（ある一点における）断面に見られる現象・構造を記述するという、この手のアプローチは、フランスの歴史学におけるアナール学派の手法と共振するものでした。アナール学派を代表するのはフランスの歴史家アリエス［1914―1984］やアラン・コルバン（Alain Corbin）［1936― ］です。アリエスは34章で『〈子供〉の誕生　アンシァン・レジーム期の子供と家族生活』を紹介したと思います。[12] フーコーの『狂気の歴史』は、原稿がたまたまアリエスの手に渡ったことで出版の機会を得ました。個人的には、大学院でビーチ（海浜）文化を研究していた際に読んだコルバンの『浜辺の誕生――海と人間の系譜学』[13]が印象的です。古くから恐れと嫌悪の対象だった浜辺（ビーチ）に慰安や快楽のまなざしが向けられるようになったのは近代になってからのことでした。衛生・医療目的で海水浴が勧められるようになったことや、19世紀に労働と余暇が分離したことによって大衆観光が発達し、[14]ビーチリゾートが保養地として人気を集めるようになったのです。

また、フーコー晩年の著書『性の歴史Ⅰ〜Ⅲ』（『知への意志』『快楽の活用』『自己への配慮』）は、キリスト教社会ではタブー視されてきた「性（セクシュアリテ）」を俎板（まないた）に載せた「性の考古学」です。同性愛者として「性」の狭間に据え置かれたフーコーだったからこそ取り組めたテーマだと思います（残念ながら4巻の出版を待たずして亡くなり、未完に終わったが、2018年に『肉の告白』として出版された）。私たちが「性」に過剰な関心を抱くようになったのは、キリスト教が生殖以外の性（同性愛や自慰）を禁じ、それが近代に定着したためだったといいます。フロイトが神経症の治療のために抑圧されたリビドー（性衝動）にやたらと着目したのも、極めて近代的な処方箋だったということになるでしょう。とはいえ、古代に性的自由が許容されていたわけではなく、紀元前4世紀のギリシア思想の中でも、「性行為は……危険で抑制しがたく高い代償をともなうものとみなされて」きました。[15] 古代ギリシアに少年愛（同性愛）の風習があったことを思い出してみてください。プラトン［B.C.427―B.C.347］は肉体関係という自己の欲望をコントロールする同性愛を、魂をイデア界に救い出す真理探求として解釈しました。その後、欲望をおのおのが自らのものとして解釈する道徳がキリスト教によって定着するのです。日本にも少年愛の風習（例えば戦国時代の男色）など性的放縦な風土が存在しましたが、近代化によってキリスト教的な、性的欲望のタブー化が進みました。近代の国家権力はキリスト教的な司牧者権力（ヘブライ人由来の、神や国王が牧人・羊飼いとして多くの人々・羊を管理するという欧州の権力形態）[*16]です。「この権力は、他者の救済を目的としながら、自己の支配を貫徹するという異様な権力、自己の救済のために自己を放棄するという逆説的な権力」[*17]（生の権力）です。近代国家はこの司牧者権力を行使して、国民の健康・衛生・出生率に配慮するとともに、生殖を社会的に管理することになるのです（そうした近代国家の方針に背く近親相姦や同性愛はタブー視された）。これは現代の福祉国家の権力と同様の構造でもあるのです。

「狂気」を排除する「権力」

ある時代における認識の枠組み・知の構造であるエピステーメーは権力と結びつき、私たちのものの考え方を無意識的に拘束しています。しかも先ほど述べたように、権力と結びついたエピステーメーは時代によって変化します。フーコーはその時代に、ある種の権力の下で語られる言説を**ディスクール**［discours］と呼びました。英語で言えばディスコース［discourse］です。文芸や文化を批評する際には、「今・ここ」におけるものの考え方で解釈するだけでは不十分です。語りの中に潜む、そのように語らせている時代の「権力」をあぶり出しながら吟味することが必要なのです。

「権力」というと、王様のような誰か特定の権力者を思い浮かべるかもしれませんが、そうではありません。時代を支えている諸制度・システムの総体が「権力」です。例えば、「正常」「異常」という言葉があります。「正常」は正しく真理であり、合理的であるとされ、「異常」は非真理であり、非合理的であるとみなされます。その線引きをしているのが「権力」です。つまりフーコーを同性愛者として差別・分類し、異常・「狂気」とみなしたものが「権力」に他なりません。フーコーは『**狂気の歴史――古典主義時代における――**』の中で、古典主義時代までの「狂気」は、批判的意識の源泉として地位を与えられてきたのだといいました。冒頭では狂人を乗せた「阿呆船（あほうせん）」についても触れています。狂人は市民である限り社会で面倒を見られましたが、市民以外の狂人は船に乗せられて放逐されたのです。それでもある種の大らかさがあったのでしょう、社会は「狂気」を人間の愚かさの一側面として緩やかに包含していたのです（「狂気は、理性と相関的な形式になる」）。[18] しかし、理性的な「考えるわれ」が社会の主人公となった近代18世紀に入ると、「理性」的な多数派が社会規範や常識から外れた人々を「狂気」としてラベリングし、排除し始めます。権力に歯向かう者は当然「狂気」とみなされました。つまり、「正常」「異常」の線引きをしているのは「権力」であるということです。フーコーが『臨床医学の誕生』で述べている通り、近代の精神医学、犯罪学、臨床医学は、「正常」と「異常」を恣意的に分類し、患者を作り出しました。解剖学や生理学によって「正常」で「健康」な身体とは何かを学んだ上で、そこから逸脱するものを「異常」で「不健康」とみなしているのです。実際、米国精神医学会が提示する診断基準ＤＳＭ［Diagnostic and Statistical Manual of Mental Disorders］（精神障害の診断と統計マニュアル）に基づいて精神医学の世界では患者とするか否かを決定しており、そのマニュアルの内容は時代と共に変化しています（同性愛はかつては精神疾患とみなされていたが、１９９４年のＤＳＭ―Ⅳ以降は除かれている）。

『臨床医学の誕生』によれば、臨床医学が誕生したのは18世紀後半から19世紀初頭にかけてのことです。もちろんそれよりはるか昔から存在してはいました。ただ古代においては、病人の経験は観察されると個人の経験と一体のものとして、父から子供へと受け継がれていったといいます。しかし18世紀後半になると、観察された知識が「ことば（パロール）」となり、医師という特権的集団の秘伝となっていく中で、病人は単なる客体とされ、病院では症例のみが問題とされます。病院医にとって人間は無差別であり、その病気を分析するという「暗号文の解読」[19]が彼らの役割となったのです。それに伴い、医師が患者をとらえるまなざしも変化しました。フーコーは「『どうしたのですか?』という質問の代りに、『どこが工合がわるいのですか?』という別な質問が問われるようになった」[*20]点に着目します。デカルト的な物心二元論・機械論的自然観に基づき、理性をもった医師という主体が病気を負った患者という客体を機械とみなし、その機械の故障を修理するまなざしで治療をするようになったというのです。さらに、かつて「人間は生の中に病の脅威をおき、病の中に間近かな死の存在をおいて、つねにその思いにつきまとわれて」[*21]きましたが、病理解剖学によって死は病と同様に時間と空間の中に配分され(観察・記述できる死の兆候のように)、分析の対象となりました。そうして「死」という高みから、生の空間と病の時間とが支配されるようになった(死によって生の真理や病の本性が把握できるようになった)のだといいます。ルネサンス期まで生における死の知覚は、どんな身分や富をもっていても否応なしに訪れる還元的な意味合いを担っていました(「一種の平等主義的な無礼講(サツルナール)」)。[*22]しかし今や「死」というものによって、私たちの生の独自性が形成されたのです。「死」が客観的に解明されたことで、近代の主人公である「個人」を科学的に把握することが可能になった……これは興味深い指摘だと思います。

「死の権力」から「生の権力」へ

そう考えると、理性的とみなされている近代的な人間は、権力規範に服従する**規律**(**ディシプリン**[discipline])化された主体に過ぎません。『**監獄の誕生——監視と処罰——**』はフーコーの著書の中でも興味深い一冊です。それによると、前近代の人間を拘束したのは「**死の権力**」でした。これは「身体刑」に見られるような、権力者によって行使される目に見える統治権力です。東京・お茶の水の明治大学博物館には世界の刑罰資料が展示されています。目を引くのは拷問具です。ニュルンベルクの「鉄の処女」の複製もあります。いわゆるアイアン・メイデン［iron maiden］で、処女の血液を浴びると肌が綺麗になるとされ、作られたという伝説によるものです。この拷問具の中に罪人が入れられると、蓋が閉じられ、内部の複数の棘で串刺しになるんです。他にもギロチンや、日本の江戸時代の拷問具を見ることもできます。江戸時代の磔（はりつけ）・獄門（ごくもん）はまさに身体刑です。主人や親を殺したりすれば、石を投げつけられたりしながらの市中引き回しの末、磔にされて、槍で突かれて殺されます。つまりは公開処刑です。獄門はそれよりは軽いのですが、死罪となり斬首された後に、その首を台に載せて3日間晒（さら）される刑罰でした。

フーコーは『監獄の誕生――監視と処罰――』の中で前近代欧州の身体刑を取り上げています。1757年に国王を殺したかどで、ダミヤンは公開の場で四つ裂きにされます。ダミヤンの手には国王を殺した短刀が握らされました。両方の胸・腕・腿・脹（ふく）らはぎを灼熱したペンチで焼き切り、溶かした鉛・煮えたぎる油、焼け付く松脂、蠟と硫黄の溶解物を流し込みます。ダミヤンは責め苦を受けるたびに「おゆるしを、神様！おゆるしを、主よ！」[*23]と叫んでいました。さらにその身体を4頭の馬に引っ張らせます。しかし2頭追加しても不充分だったため、筋肉を切り関節を砕くと……腿がブチっともげました。両腿がもげるまでダミヤンは生きており、死刑執行人に「愚痴をこぼすな、君たちの仕事をせよ、自分は君たちを恨んではいない」[*24]とへらず口を叩いていたと言います。書いているだけで恐ろしい気持ちになってきました。こうした「死の権力」を見せ付けられた当時の人々は「絶対にダミヤンのようなことはしてはならない」と深く心に誓ったことでしょう。

> 死なせるか生きるままにしておくという古い権利に代わって、生きさせるか死の中へ廃棄するという権力が現われた、と言ってもよい。（『性の歴史Ⅰ　知への意志』）[*25]

一方、近代以降の私たちを拘束しているのはこうした「死の権力」ではありません。どんなに悪いことをしても、公開で鞭打ちにあったり、四つ裂きにされることはありません。その代わりに刑務所に入れられて、近代社会で個人に保障された「自由」だけが奪われるのです（死刑制度は前近代的な「死の権力」にあたるため、残存している国は日本を含め少数である）。自由に好きな物を食べたり、お喋りしたり、買い物に行ったりすることができない……近代人にとって一番苦痛なのは「自由」を奪われることなのです。こうした私たちの生に介入する権力をフーコーは「**生の権力**」と呼んでいます。

監獄＝学校＝軍隊＝病院＝工場

> 生に対する……権力は、十七世紀以来二つの主要な形態において発展してきた……その極の一つは……機械としての身体に中心を定めていた……身体の調教……効果的で経済的な管理システムへの身体の組み込み、こういったすべてを保証したのは、規律を特徴づけている権力の手続き……**人間の身体の解剖—政治学**（アナトモ・ポリチック）であった……第二の極は……十八世紀中葉に形成されたが……生物学的プロセスの支えとなる身体というものに中心を据えている。繁殖や誕生、死亡率、健康の水準、寿命、長寿……それらを引き受けたのは、一連の介入と、**調整する管理**であり、すなわち**人口の生—政治学**（ビオ・ポリチック）である……このような〈生—権力〉は、疑う余地もなく、資本主義の発達に不可欠の要因であった。（『性の歴史I　知への意志』）*26

近代はこの「生の権力」によって、私たちの身体は規律（ディシプリーヌ）・訓練により規格化され、正しく合理的とされる人間に矯正されていきます。実は近代に作られた監獄・学校・軍隊・病院・工場……これらはいずれも、私たちを規格化させる近代的な装置です。監獄や軍隊においては刑務官や士官の命令で毎日ほぼ同じこと（時々少し違うこと）を、空間化された均質な時間の中でスケジュール通りに繰り返させられます。繰り返すのは定型化された一斉動作です。私たちは機械のようにそれをこなしているわけです。近代の国民国家は合理的に戦争に勝利することを目的に作られていますから、私たちの身体を規格化するのは軍隊式の規律訓練なんです。そう考えると、実は学校も会社も工場も、先生や上司や工場長の命令に従って、同様の機械的作業に従事させられていることに気が付きます。一心不乱に先生の話や板書を書きとめる生徒の姿は、私語を慎み、流れ作業を行っている労働者の姿とその本質は変わりません。もちろん平和な時代になりましたから、日本の学校の生徒は軍隊に入るための規律訓練をさせられているわけではないのですが、あえて言うならば、企業戦士を育てるための規律訓練をさせられていると言ってもよいでしょう。しかも教員を頂点として、学級委員・班長などの階級が張り巡らされ、相互に監視し合い、行動に対しては賞と罰を与えられ、常に態度や言葉遣いを矯正されるのです。時程・時間割によって、毎日同じようで違うことをやらされ、ノルマに達しない逸脱者は懲罰（生徒指導、補習、追試）の対象となります。そうするうちに従順な身体へと成り下がり、私たちは主体的に考えることができなくなっていくのです。

しかも私たちは、そうした目に見えない「生の権力」を内在化させています。フーコーはそれを**一望監視施設**（パノプティコン）に例えています。一望監視施設は量的功利主義者ベンサム［1748―1832］が設計構想に関わった刑務所で、中央の監視塔にいる看守は、その周囲360度の建物に収容された独房の囚人を一望監視することができます。少ない人数で囚人を管理し、囚人の社会復帰を助けることができる合理的な設計です。しかも看守からは囚人が見えるのですが、囚人から看守を見ることはできません（「ある情報のための客体ではあっても、ある情報伝達をおこなう主体にはけっしてなれないのだ」）[*27]。すると、看守の目を盗んで何かをたくらむ囚人はいなくなり、常に看守に見られて

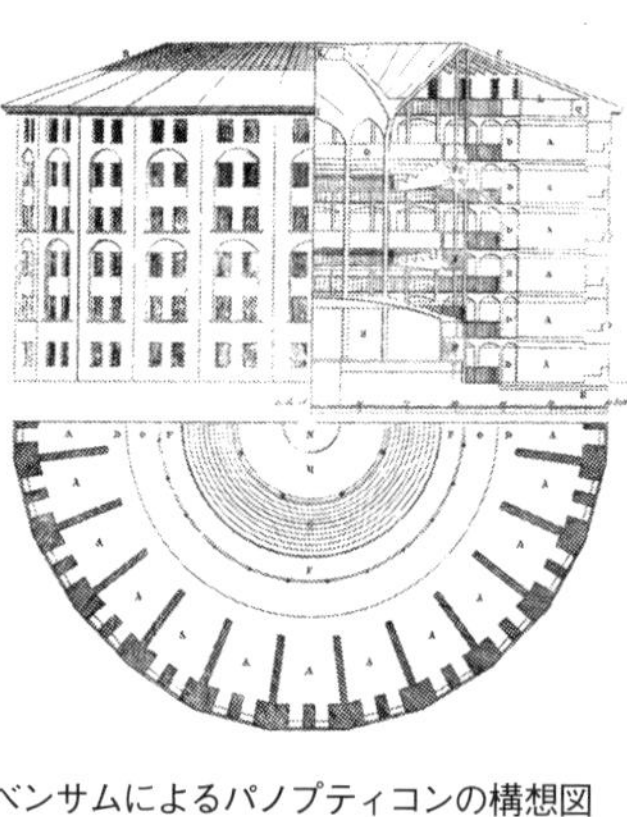
ベンサムによるパノプティコンの構想図

いるように振舞うようになるのです。私たちの生に侵入する「生の権力」もまさにこのようなものです。街中の書店の軒先で雑誌を立ち読みしていたとします。面白い情報が載っていたのを見たとき、ついつい魔がさして、「この本を買わずにスマートフォンのカメラで撮影しちゃおうかな」と思ったとしましょう。しかしあなたは、店の軒先や道路に誰もいないことを確認しつつも、「やっぱりやめておこう」と雑誌をレジにもって行くのではないでしょうか。つまり私たちは常に、誰かに見られていなくても、誰かに見られているかのように振舞っているのです。私たちがそう振舞うのは、学校などの規律・訓練を通して身体が規格化されているためです。近代以降の管理社会に生きる私たちは「主体」的で自由であるように見えて、実はそうではなく、見えない「生の権力」に服従する「臣下」となりました（「subject」には「主体」とともに「臣下」という意味がある）。いかがでしょうか。主体的であるようで批判意識を失いつつある私たちです。悲観的な見立てではありますが、私は哲学者が「狂人」扱いされる日も、そう遠い未来ではないと思っています。

注

＊1　渡辺公三『闘うレヴィ＝ストロース』（平凡社、２００９年）。

＊2　「人間の進化のどの過程においても知恵が二つ存在したためしはない。われわれの生の原則のように、過去にも未来にも常に原則であるものが取り入れられる。つまり、利己を脱却し、自発的にそして義務的に贈り物をすること。これに間違いはない。マオリ族の優れた格言もそれを述べている。Ko Maru kai atu Ko Maru kai mai ka ngohe ngohe「貰ったのと同じだけ施しなさい。そうすれば万事うまくいく」」（マルセル・モース『贈与論』吉田禎吾・江川純一訳、筑摩書房、２００９年）。

＊3　泉靖一『マリノフスキーとレヴィ＝ストロース』（『世界の名著71』）（中央公論社、１９８０年）。

＊4　クロード・レヴィ＝ストロース『野生の思考』（大橋保夫訳、みすず書房、１９７６年）。

＊5　レヴィ＝ストロースは「異文化を未開なものという枠にとじこめる「トーテミズム」という幻想を解体」した。「トーテミズム」は血縁集団による特定の動植物などへの信仰のことで、日本の公園にも見られるネイティブ・アメリカンのトーテム・ポールはそうした信仰の象徴である。しかし文明側の人類学者から分析・解釈されたトーテミズムはいわばこのようなものであるといえる。「奇妙な卵形の建物に群集が集まってある種の祭礼をおこなっているらしい場所にまず注目した。その祭礼ではどうやら「虎」をトーテムとする集団と「巨人」をトーテムとする集団が交互に、つまり互酬性の規則にしたがって儀礼をおこなうらしい。ところがその列島では」同時に他のトーテム集団が対となって各地で同様の儀礼をおこなっていることが判明した。それらは「鯉」……「燕」「竜」というトーテム集団である」（渡辺公三『レヴィ＝ストロース――構造』講談社、１９９６年）。

＊6　クロード・レヴィ＝ストロース『野生の思考』（大橋保夫訳、みすず書房、１９７６年）。

＊7～8　レヴィ＝ストロース『悲しき熱帯Ⅱ』（川田順造訳、中央公論新社、２００１年）。

＊9　ミシェル・フーコー『知の考古学』（慎改康之訳、河出書房新社、２０１２年）。

＊10～11　ミシェル・フーコー『言葉と物――人文科学の考古学』（渡辺一民・佐々木明訳、新潮社、１９７４年）。

＊12　アリエスは近代に子供が学校（学院）に入れられて、大人たちから分離されたことと、狂人、貧民、売春婦たちの「閉じ込めの過程」を「学校化」として同一視している。

＊13　アラン・コルバン『浜辺の誕生――海と人間の系譜学』（福井和美訳、藤原書店、１９９２年）。

＊14　ジョン・アーリ『観光のまなざし――現代社会におけるレジャーと旅行』（加太宏邦訳、法政大学出版会、１９９５年）。

＊15　ミシェル・フーコー『性の歴史Ⅲ　自己への配慮』（田村俶訳、新潮社、１９８７年）。

＊16　桜井哲夫『フーコー――知と権力』（講談社、１９９６年）。

＊17　中山元『フーコー入門』（筑摩書房、１９９６年）。

＊18　ミシェル・フーコー『狂気の歴史――古典主義時代における』（田村俶訳、新潮社、１９７５年）。

＊19～22　ミシェル・フーコー『臨床医学の誕生』（神谷美恵子訳、みすず書房、２０１１年）。

＊23～24　ミシェル・フーコー『監獄の誕生――監視と処罰――』（田村俶訳、新潮社、１９７７年）。

＊25～26　ミシェル・フーコー『性の歴史Ⅰ　知への意志』（渡辺守章訳、新潮社、１９８６年）。

＊27　ミシェル・フーコー『監獄の誕生――監視と処罰――』（田村俶訳、新潮社、１９７７年）。

60章　現代思想（6）（記号論、ドゥルーズ、デリダ）

ポスト構造主義

構造主義の哲学が登場した後の1960年代後半から、それを批判的に乗り越えようとする**ポスト構造主義**〔post-structuralism〕の哲学が登場します。「ポスト〔post〕」とは「〜の後で」という意味です。フロイト〔1856―1939〕の影響を受けたフランスの哲学者・精神科医・精神分析家のジャック・ラカン（Jacques Lacan）〔1901―1981〕*1やフランスの哲学者・批評家の**ロラン・バルト**（Roland Barthes）〔1915―1980〕らがそこに含まれます。

バルトは『物語の構造分析』で「作者の死」を提起し、神のような作者に帰して読まれた物語は様々な引用として織りなされたテクスト（織物）に過ぎず、それを主体的に読み解くのが読者であるとし、テクスト論の道を切り開きました（「テクストとは、一列に並んだ語から成り立ち、唯一のいわば神学的な意味（つまり、「作者＝神」の《メッセージ》ということになろう）を出現させるものではない」）。*2 私たちがついつい崇めてしまう「作者」や「作品」というものは、いずれも近代に生み出された登場人物だったのです。またバルトは、映画やファッションをはじめとした文化事象を記号論を用いながら読み解いていきます（例えばファッション雑誌については『モードの体系――その言語表現による記号学的分析』）。*3

この国（日本）にあっては、表徴作用をおこなうものの帝国がたいへん広大で、言葉の領域をひどく越えているため、表徴の交換は、言語が不透明であるにもかかわらず、時としてその不透明さそのもののおかげで、なおまだ人を魅惑する豊饒さと活潑さと精妙さを失わないでいる。（『表徴の帝国』）*4

1960年代に来日して日本の「はし」「日本食」「パチンコ」「文楽」「礼儀」「禅の庭」などについて論じた『表徴の帝国』も大変興味深いです。日本は西洋に比べて、意味から離れた表徴（記号、シーニュ）が見いだせるのだといいます。バルトの見立てによれば、的当てやビリヤードなど「突き」の象徴に支えられた西洋の娯楽と比べて、日本のパチンコにはそうした性行為（セックス）もなく、工場で鎖につながれて仕事をしているようで、閑暇が見られません。遊びも資本主義的な勤勉労働に取り込まれている日本の姿を思い知らされるようで、恐ろしさを感じますね。バルトは言葉の意味作用を「**神話**」と呼び、ブルジョワ・イデオロギーの「非政治化された言語」*5である「神話」を通じ、私たちがマスメディアによって一定の世界観を植えつけられていることを指摘しています。言語（ラング）体系は「意味するもの（シニフィアン）」と「意味されるもの（シニフィエ）」を組み合わせた「記号（シーニュ）」から成ります。その「記号」が「意味するもの」となり、「意味されるもの」と結びついた「記号」が、二次的な神話の意味論的体系です。例えば、「フランスの軍服を着た若い黒人が（おそらく）三色旗に敬礼している」雑誌『パリ・マッチ』の表紙の言語体系は、黒人の軍服・三色旗・敬礼という「意味するもの」とそれらの「意味されるもの」を組み合わせた「記号」から成っています。しかし、この表紙を二次的な神話の意味論的体系として見れば、「フランスの軍服を着た若い黒人が三色旗に敬礼している」という「意味するもの」と「フランスは肌の色によって区別なく国旗に忠誠を誓う」という「意味されるもの」から成る「記号」であると深読みできます。植民地主義への批判も、圧政者（フランス帝国）に奉仕する黒人兵の姿によってかわすことができる……バルトはそんな神話の欺瞞（ぎまん）を暴こうと企図したのです。テレビ番組や広告、雑誌の「画（え）」をバルトに基づいて深読みし、その神話をあぶり出してみるのは、なかなか面白い作業です。

なぜ私たちは健康的な日焼けを好むのか

個人的にこうした文化の記号論的読み解きで関心をもったのは、ケンブリッジで学んだメディア学者ジョン・フィスク（John Fiske）［1939―2021］の仕事です。例えば「なぜ私たちは健康的な日焼けを好むのか」を、フィスクの分析に基づいて考えてみましょう。フィスクは浜辺（ビーチ）を「陸地」と「海」という「文化」と「自然」の両義性を孕（はら）むあいまい領域であるとした上で、それぞれ「精神・概念的構成・シニフィエ・イデオロギー・言語的秩序・統制・安全」と「身体・肉体感覚・シニフィアン・快楽・言語的無秩序・無政府状態・危険」[*6]を表すものと捉えました。日焼けは、「人間の皮膚（人間・文化）と動物の体皮（動物・自然）の間の両義的なカテゴリー」であり、「日焼けしたからだは他者（それも都市における他者）に読まれるべき記号」[*7]なのでした。「日焼けした俺を見てくれ。俺は都市の住人だが、さっきまで自然の中にいた。おかげで動物のようなたくましい肉体と健康な精神の持ち主というわけだ。どうだい。自然にふれもしないで、人工的な都市生活を送っていたのではとてもこうはいくまい」[*8]……「肌を焼く」という行為は、余暇とお金をもつ都市の白人ブルジョワの、見せびらかしの記号だということになります（黒人にとって肌を焼くことは特に意味をもちません）。しかも肉体労働者のまだら模様の日焼けと差別化を図るべく、均一に肌を焼くことに労力が注がれるのです。

消費社会の記号論

１９８０年代の日本と言えば、経済的繁栄を背景に、消費文化花盛りでした。車、ディスコ、リゾート（海・山・スキー）……２０００～10年代の日本を１９８０年代回帰させたのはバブリーな価値観をもったその手の世代でしょう。おニャン子クラブの再来のようなＡＫＢ48をはじめとした百花繚乱（りょうらん）の女性アイドルたちは、一人一人の個性が認められているようでいて全体に埋没し、結局は（当然ですが）消費される存在であるように思えました。オタク・カルチャーに潜む保守性、男性中心主義も含めて、なんだか社会全体と連動して時代を逆行しているような印象をもちました。

> 人びとはけっしてモノ自体を（その使用価値において）消費することはない。――理想的な準拠としてとらえられた自己の集団への所属を示すために、あるいはより高い地位の集団をめざして自己の集団から抜け出すために、人びとは自分を他者と区別する記号として（最も広い意味での）モノを常に操作している……消費者は自分で自由に望みかつ選んだつもりで他人と異なる行動をするが、この行動が**差異化の強制**やある種のコードへの服従だとは思ってもいない……各個人は差異の秩序のなかでポイントを稼ぎ、秩序そのものを再生産し、したがってこの秩序のなかでは常に相対的にしか記録されない定めになっている……こうした**相対性**の強制は、それに準拠してコードへの差異的登録が無限に続くというかぎりで決定的である。この強制だけが消費の基本的性格、つまり**限度がない**という性格を解明できる。（『消費社会の神話と構造』）[*9]

そんな消費文化花盛りの1980年代に流行したのが、消費文化の記号論です。こうした仕事の先駆はベンヤミン［1892―1940］でしたが、彼に影響を受けたフランスの哲学者**ジャン・ボードリヤール**（Jean Baudrillard）［1929―2007］は**『消費社会の神話と構造』**[*10]において、商品は他者との差異を示す記号であると述べました（文中にある「コード」とは記号を解読する構造的価値法則のこと）。例えば「ベンツに乗る人」がいるのはなぜか……と考えてみましょう。以前ベンツに乗っていた人に、なぜ乗っているのか尋ねてみたところ、「ベンツは頑丈で、事故に遭ったとしても身体を守れる」と力説していたのを覚えています。もちろんそういう理由もあるのかもしれませんが、実際は「私はベンツに乗れるくらいのお金をもっている、あなた方とは違う」という差異を示す記号なのだと思います（別にひがんでいるわけではないが）。高級腕時計やブランドバッグも同様です。機能性だけでいえば、安いデジタル時計やリュックサックであっても問題ないわけです（「無用の用」と言ったら失礼だが、後者の方が逆に長持ちだったりもする）。ちなみに1980年代の日本文化を牽引した西武グループ（セゾン・パルコ文化）の代表だった堤清二（つつみせいじ）［1927―2013］は、この『消費社会の神話と構造』などに影響されて「無印良品」ブランドを立ち上げたのでした。

それでも生活に必要最低限のモノが行き渡ってしまい、私たちが消費を止めてしまったら困ります。資本主義経済は人間の欲望を無限に喚起し、永遠に消費させ続けなければならない運命にあるからです。そのためには差異を永遠に作り出す必要が生じるのです。色違いのサングラスやハイヒールをなぜそんなに沢山所有するのか……疑問に思うことがあるかもしれませんが、自分にしかわからない微妙な差異こそが重要なのです。中流家庭に何気なく置かれている「ピアノ」や、高度経済成長期における本棚の「百科事典」にどんな意味合いがあったのかを考えてみてもいいでしょう。これも「ピアノ」や「百科事典」を置けるくらい裕福で知的であることを示す記号に過ぎなかったのかもしれません。いわゆる「見せびらかしの消費」です。全く弾かれていないピアノを飾りのように置いている家って今もありますよね。ちなみにフランスの社会学者の**ピエール・ブルデュー**（Pierre Bourdieu）［1930―2002］は、ピアノや骨董、蔵書、あるいは学歴や**ハビトゥス**（言葉遣い、仕草など）を**文化資本**と捉え、それらが世代間で再生産されると考えました。学歴の再生産は単純な貨幣資本の多寡のみによってなされるのではなく、教養的な文化資本の有無によってなされる、ということなのです。

> ルネッサンス以降、価値法則の変動過程に平行して、シミュラークルの三つの領域があいついで出現した。——「模造」はルネッサンスから産業革命までの「古典的」時代の支配的図式である。——「生産」は産業革命時代の支配的図式である。——「シミュレーション」はコードによって管理される現段階の支配的図式である。第一の領域のシミュラークルは自然的価値法則に、第二の領域のシミュラークルは商品の価値法則に、そして第三の領域のシミュラークルは構造的価値法則に、それぞれ対応している。（『象徴交換と死』[*11]）

ボードリヤールはブランド品のような他者との差異化を図るための記号を**シミュラークル**［simulacre］（「表象、イメージ」の意）と呼びました。「古典的」時代のシミュラークルは現実に対応した「模造」であり、大量生産を可能とした産業革命後の資本主義社会においては複製技術によって、記号的価値をもつ商品の再生産が行われました（アウラをもつオリジナルとコピーがそれぞれ存在した）。しかし、現代のシミュラークルはもはや現実の実在（オリジナル）との対応を欠いています。私たちはシミュラークルを作り出す**シミュレーション**によって、オリジナルとコピーの区別がつかない、現実以上に現実的な**ハイパーリアル**の現代を生きているのです。2001年9月11日の米国同時多発テロがおこった時、崩れ去るニューヨーク・ワールドトレードセンターのツインタワーをテレビ中継で見て、「まるで映画みたいだ」という感想を多くの人がもちました。現実と虚構の区別がつかない現代はまさに「ハイパーリアル」なのです。

ちなみに1999年に大ヒットした米国映画『マトリックス』はボードリヤールの『シミュラークルとシミュレーション』を下敷きにして構想されたといいます。『シミュラークルとシミュレーション』の中では、ディズニーランドが第三の領域のシミュラークルの完璧なモデルとされています。それによれば、「ディズニーランドとは、《実在する》国、《実在する》アメリカすべてが、ディズニーランドなんだということを隠すために、そこにあるのだ（……社会体こそ束縛だ、ということを隠すために監獄がある、というのと少し似ている）」[*12]そうです。ディズニーランドを取り囲むロサンゼルスや米国は「もはや実在ではなく、ハイパーリアルとシミュレーションの段階にある」[*13]のです。もはや固定的な実在などない……というこの見立ては、後述するポスト・モダンと連動しています。

アンチ・オイディプス

21世紀の今再び注目を集めているのはフランスの哲学者**ジル・ドゥルーズ**（Gilles Deleuze）［1925―1995］です。自宅のアパルトマンから身を投げて自殺するという最期を遂げた彼は、年下のフランスの精神医学者**フェリックス・ガタリ**（Félix Guattari）［1930―1992］（ラカン派の精神医学を学んでいた）と共に『資本主義と分裂症』の第一部・第二部をなす『アンチ・オイディプス』と『千のプラトー』を著しています。ドゥルーズはニーチェ［1844―1900］[*14]やベルクソン［1859―1941］といった理性にくみ尽くせない非理性的な生命の衝動を本質と考える「生の哲学」の系譜に位置する哲学者です。本人は望まなかったようですが、デリダ同様、ポスト構造主義の哲学者とみなされることがあります。そして精神医学者のガタリが加わったことで、資本主義社会に生きる人間の欲望を精神医学のレベルで分析するユニークなアプローチが生み出されました。

1972年に出版された『**アンチ・オイディプス　資本主義と分裂症**』に貫かれているのは、分裂症（スキゾ）的な無意識の欲望を否定せず肯定し、資本主義の抑圧から解放させることでした。ここでいう**分裂症（スキゾフレニー）**とは現在統合失調症と呼ばれている精神疾患ですが、近代資本主義社会以来多く見受けられるように感じられるのは気のせいでしょうか。資本主義によって人間本来のうずまく欲望が内部にため込まれ、分裂症を引き起こしているのかもしれません。ちなみに「欲望」をドゥルーズ＝ガタリは「**欲望する諸機械**」と呼びました。人間はテレビがあるから、「テレビが観たい」と欲望するわけです。機械仕掛けの道具に欲望が付属しているというわけです。欲望する機械の中で人間は、あらゆる欲望する器官に先立つ「**器官なき身体**」（フランスの俳優・詩人アントナン・アルトー（Antonin Artaud）［1896―1948］[*15]の言葉）となります。これは、欲望を発散させた分裂病的な生のあり方です。

『アンチ・オイディプス』というタイトルに示されている通り、ドゥルーズ＝ガタリはフロイトのオイディプス・コンプレックスにアンチを唱えました。「欲望する主体の中で、いかにして欲望が自分自身の抑制を欲望することになるのか」[*16]、これはスピノザ［1637―1677］が発見したパラドックスです。フロイトは近代の主人公である意識（自我・主体）に対する無意識の概念を提唱し、無意識下に抑圧されたリビドー（性衝動）が神経症の原因になると考えました。何だかんだフロイトは、無意識のリビドー＝もともとあった近親相姦の欲望を、超自我の働きによって抑圧する方が文明的であると考えていたということです。フロイト派の精神分析に潜む家族主義は無意識の人間の欲望を「オイディプスの枠の中に閉じ込め……欲望的生産を破壊し、患者が……パパ－ママを消費するように強制」してしまいました。[*17]現代の資本主義社会を動かしているのは分裂症的な私たちの欲望です。しかしその欲望も自由であるようでいて、資本主義の公理系によって巧みに利用され、閉

ドゥルーズ

じ込められ、ひたすら資本増殖に向けられてしまうのです。バブル経済などは、閉じ込められた欲望が一時的に漏れ出した現象でしょう。抑圧された自由に広がる欲望を抑圧し続ければ、当然妄想狂の**パラノイア**（**偏執症**）に陥り、ファシズムに向かってしまいます。無意識の欲望を抑圧して、理性的なるものに服従する欲望をもち、そうでないものを理性に従わせるような社会は、それこそファシズム社会でしょう。

このようにドゥルーズ＝ガタリは「欲望する諸機械」を抑圧し、飼い慣らす資本主義や、戦争機械（定住民ではなく、ノマド的な遊牧民が武器を発明した）を飼い慣らす国家を批判したのです（「欲望機械」や「戦争機械」は「器官なき身体」であり「リゾーム」）。時代背景でいうとフランス１９６８年の五月革命の原理は欲望の解放でした。同時代的には、近代以来の資本主義や社会主義に代わる新しい生き方・倫理を提示した本だったといえるでしょう。

> リゾームには、構造、樹木、根などにおいて見出されるような点ないし位置といったものはない。線があるだけなのだ……リゾームは任意の一点で切れたり折れたりしてもかまわない。それ自身のしかじかの線や別の線にしたがってまた育ってくるのだ。蟻を相手にしていると際限がないのは、それが動物的リゾームを形作っていて、その大部分が破壊されてもたえず再形成されるからである。どんなリゾームも数々の切片線を含んでいて、それらの線にしたがって地層化され、領土化され、組織され、意味され、帰属させられている。けれどもまた脱領土化の線も含んでいて、これを通してたえず逃走してもいるのである。（『千のプラトー』*18）

「リゾーム」（**根茎**）という概念があります。これは、西洋の系統樹的な「ツリー」型の思考に対置されるものです（「リゾームは始まりも終点もない……樹木は血統であるが、リゾームは同盟」）。[*19] 西洋の思考は理性に基づいて物事を分類・抽象化し、１つの体系を作り上げるスタイルをもちます。西洋哲学の完成者だったヘーゲル［１７７０－１８３１］の弁証法的統合の発想や、他者と区別された私・自我という確固たるアイデンティティ（自我「同一性」）体系を作り上げようとする発想にも、西洋的「ツリー」型の思考が見て取れます。しかし赴くままの自由な欲望を抑えながら「これが私である」として作り上げられたアイデンティティなどは、あくまで仮構のものでしょう。そうした「ツリー」に対して「リゾーム」は、差異を弁証法的に統一することなく、根茎のように自由に伸び広がっていく思考です。[*20] 固定的・絶対的な存在の同一性を否定し、差異と反復で生成変化する流動的運動の中で物事を捉えるドゥルーズには、後述するポスト・モダン的発想が見て取れます（「**差異**」への着目はポスト構造主義の思想に通底している）。

日本においてポスト・モダン思想が市民権を得た１９８０年代（ニューアカデミズム、いわゆる「ニューアカ」ブームがあった）には、浅田彰（あきら）［１９５７－　］（『逃走論――スキゾ・キッズの冒険』）によって、「スキゾ」と「パラノ」が流行語となりました。１９８３年の『ブルータス』に掲載された１９８０年代的な「かるーい」文章を見てみましょう。「《パラノ人間》から《スキゾ人間》へ、《住む文明》から《逃げる文明》へ……守るべきものを山ほど背負って深刻ぶってるオジサンたちも、そろそろ何もかも放り出して逃走の旅に出たらどうだろう……いまや《面白くっても大丈夫》なんだから、ね」「《主体としての自己の歴史的一貫性》なんかにしがみついているんだけど、その家の地下室あたりでは、必ずやトラウマってやつが、大昔のふかーい心の傷あとが、腐臭を放っているんだ」[*21]……同じく浅田の『構造と力』の名フレーズで言えば、「シラケつつノリ、ノリつつシラケる」[*22]のが「スキゾ・キッズ」です。また、遊牧民を意味する「ノマド」という言葉も21世紀の今も生きています。ツリー的な企業組織のオフィスに出勤せず、自宅やカフェでスマホ片手に仕事をする……近未来的なワークスタイルとしても用いられている言葉です。

ノマド的生活者とは、必ずしもだれか動く人というわけではありません。すなわち、その場でのさまざまな旅行、強度における種々の旅行というものもあるわけで、歴史上においても、ノマド的生活者は移民のしかたで移動する人々とはかぎらず、反対に動かない人々こそそうでしたし、コードを逃れながら同じ場所に居つづけるためにノマド的生活をとりはじめる人々もいたのです。今日の革命的な問題は、党派や国家装置の、専制的で官僚的な組織化に陥ることなく、いくつかの局部的な闘争のまとまりを見出すことであるのはよく知られています。(『ノマドの思考』)*23

ここにいう「コード」とは欲望を一定方向に制御することです(コード化の大きな道具とされたのは、「法(ロウ)と契約と制度」)*24。ノマドというと移動生活者という動的なイメージがあるのですが、そうしたコードを逃れながら、定住させられることなく、同じ場所に居続け、動かないことこそノマド的生活者だと言うのです。ドゥルーズ＝ガタリが提示したリゾーム的・スキゾ的な、定住しないノマディックな生き方——パラノイアに陥る定住から逃走する——は何だか現代性を帯びているように思えます。

脱構築

この民族中心主義は、逆に自分は反＝民族中心主義だと**想いなしているの**であって、解放的進歩主義の意識における民族中心主義なのだ。実際、言葉(ラング)からはっきりと文字(エクリチュール)を切離し、それを下位、外部に置き……**にもかかわらずみずから「文字(エクリチュール)なき民族」と呼び続けている**民族が用いているあらゆる言葉(ラング)にその

> 本来的言葉（ラング）の格位を、つまり人間的で充溢的に意味する話声言語（ランガージュ）という格位を、取戻してやるのだと思っている。同じような曖昧さがレヴィ＝ストロースの意図にも影響を及ぼしているが、これは偶然ではない。
> （『根源の彼方に――グラマトロジーについて（上）』）*25

同じくポスト構造主義を代表するフランスの哲学者に**ジャック・デリダ**（Jacques Derrida）［1930―2004］がいます。デリダはフランス領のアルジェリアに生まれたユダヤ系フランス人です（本名は「ジャッキー（Jackie）」でフランス的・キリスト教的なファーストネーム「ジャック」に改名した）*26。そのデリダにかかれば、レヴィ＝ストロース［1908―2009］でさえ、西洋の**パロール**（音声）**中心主義**が見られる点を批判されてしまいました。西洋の音声中心主義は新約聖書『ヨハネによる福音書』の冒頭「初めに言があった。言は神と共にあった。言は神であった……万物は言によって成った」*27や本を残さなかったソクラテス［B.C.470?―B.C.399?］に見られる通りです。まず話し言葉であるパロールが上位にあり、それを書きとめたエクリチュール（文字）は下位に置かれます。レヴィ＝ストロースの『悲しき熱帯』におけるナンビクワラ族のエピソードによれば、文字を知らない彼らに文字の書き方を教えたところ、それを利用しようと考えた首長が、メモを見ながら白人の贈り物に対する返礼の品を読み上げる振りをしたと言うのです。レヴィ＝ストロースは西洋文明のもたらした文字が支配の道具になったことを指摘したのですが、デリダはそこに、文字よりも無垢な未開人の音声言語を優位とみなす、西洋のパロール中心主義の影を見たのでした。

デリダ

デリダのキーワードを1つ取り上げるとすれば「**脱構築**」（英語でいうと**ディコンストラクション**［deconstruction］）でしょう（ハイデッガー［1889―

1976］の「destruktion（解体）」の訳語）。プラトン［B.C.427－B.C.347］以来西洋哲学における形而上学の基礎となっている階層秩序的二項対立（「イデア（理想）界／現実界」のような）を暴き、その秩序を転倒させました。階層秩序的二項対立とは例えばその他にも「内部／外部」「自己／他者」「同一性／差異」「根源／派生」「起源／反復」「真理／虚偽」「善／悪」「生／死」「精神／物質（肉体・身体）」「主観／客観」「知性的／感性的」「時間的／空間的」「自然／文明」「人間／動物」「男／女」「西洋／東洋」「現実／虚構」「オリジナル／コピー」「哲学／文学」「意味（シニフィエ）／記号（シニフィアン）」「パロール（話された言葉）／エクリチュール（書かれた言葉）」……などのことで、前者が後者に優越するものとされました。[28] こうした二項対立から見出せるのは「ロゴス中心主義」（究極の起源＝これ以上分割不可能なロゴスに真理を基礎付ける）、「音声中心主義」（パロールをエクリチュールより優位とみなす）、「存在－神－目的－始原論」（目的・根源となる神的存在を想定する）、「男根（ファロス）中心主義」（男性を女性より優れていると考える）、「西洋中心主義」（西洋・ヨーロッパを中心とみなす）……なのです。その中でデリダは例えば、パロール（話された言葉・スピーチ）優位の上でなきものとされるエクリチュール（書かれた文字・ライティング）という二項対立を脱構築し、パロールの中にもエクリチュール性（パロールに先立つ「原エクリチュール」）があることを指摘しました。プラトンがパロールの本質を説明しようとして「魂における真理の文字（エクリチュール）」と表現してしまったり、ガリレイ［1564－1642］が「自然の書物は数学的記号で書かれている」と述べたのもその一例です。ここからは、劣位に置かれたものが優位に置かれたものの可能性の条件になっていることが読み取れるでしょう。

　この例と同じように、「同一性／差異」の二項対立で考えれば、同一性は「差延（さえん）」の一効果だと言うことができます。「差延」とは何か……「差延とは〜である」という固定的な定義をすり抜けようとするデリダ独特のこの造語はなかなか曲者（くせもの）です。**差延**［différance］の動詞形「différer」には「差異づける」と「延期する」という二つの意味があります。「差延［différance］」とは、「差異［différence］」と発音上は区別できませんが、エクリチュール＝書かれた文字にすることで意味をもつ、原エクリチュール的な差異化、つまり「ズラし」の運動です（「différance〔差延」のaは能動性および受動性に関する……不決定を指」し、「そういう対立によってまだ支配されておらず、まだいずれの側へも割りふられていないものを指」します）。[*29] 目の前にあるモノ（A）の同一性を成り立たせるには、それに先立つ（B）の存在（B＝A）や、A＝Aという反復が必要です。つまり、そうした「差異と反復」という「差延」（ズラし）の運動に先立って同一性が現前することはあり得ません。つまり形而上学で追求される固定的な根源なるものも、「差延」という「ズラし」の運動に過ぎず、究極の根源なるものは存在し得ないことになるのです。今ここで音声として話された言葉＝パロールも、新聞に書かれた文字＝エクリチュールを時間的間隔を置いて読んだ「差延」という「ズラし」の運動として捉えられるわけです。よって決定論的・固定的な構造主義に対し、階層秩序的二項対立の決定不可能性を訴えることで、デリダはポスト構造主義へと足を進めたのです。「精神／物質」「同一性／差異」などという根源的存在を否定することは、そうした二元論に回収され得ない「差延」の運動に着目するきっかけを作りました。

さらに、プラトン以降の西洋哲学の完成者ヘーゲルについて、このように述べています。

> ヘーゲル的観念論の眼目は、古典的観念論の二元的諸対立を止揚する〔relever〕こと、なんらかの第三項においてそうした二元的諸対立の矛盾を解消すること、まさにこのことにあるのですから。その際、くだんの第三項はアウフヘーベンしにやってくるわけです。つまり、交代＝昇給〔relevant〕させることによって、観念化することによって、ある種の想起的(アナムネジック)内面性（*Erinnerung*）において昇華することによって、差異をなんらかの〈自己への現前性〉のなかに監禁する〔*internant*（内化する）〕ことによって、否定しにやってくるのです。（『ポジシオン』[*30]）

こうしたヘーゲル的モチーフはもちろん唯物弁証法のマルクス主義にも見出されるのだといいます（唯物論はまさに「精神／物質」という階層秩序的二項対立を前提としていた）。ここまで見ていくと、デリダがニーチェ［1844―1900］からハイデッガーに至る形而上学批判、つまり「反哲学」の流れをくんでいることがわかると思います。

このようなデリダの脱構築の営みを嫌う、ヒステリックなプラトン主義者は今でも世界にごまんといます。デリダの思想が、私たちが生きる社会における自明の「善／悪」の基準を揺るがし、意識的・無意識的に欧州を価値基準とする世界をアナーキーな相対主義に陥れると考えるからでしょうか。1992年にケンブリッジ大学がデリダに名誉博士号を授与しようとした際、全学投票に先立って19人の大学人が『タイムズ』誌に反対声明をしたためる（「デリダ氏の仕事は明確さ、厳格さにおいて一般に受け容れられている水準には達していない」）[*31]という事件もおこりました。これも、「哲学／文学」の境界線を脱構築するデリダの営みに哲学的権威が過剰に反応した一例だと思われます。

ちなみにデリダをはじめとする後述するポスト・モダン系の思想家は1994年のソーカル事件で批判の目に晒されます。ソーカル事件とは、物理学者・数学者でニューヨーク大学教授のアラン・ソーカル（Alan Sokal）［1955―］が、カルチュラル・スタディーズ系の『ソーシャル・テクスト』誌に小難しい数式を散りばめたデタラメの哲学論文を投稿し、それがあろうことか、掲載されてしまったという事件です（ポスト・モダン系の哲学者の論文にはしばしば理解不能な数式が載っていた）。結局そうした哲学論文の発信者も受信者も知ったかぶりをしていただけじゃないか……と、哲学者の鼻を明かす悪意のあるユーモア（敵意？）だったのでした。それにしても、小難しい哲学用語やそれを語る議論についていけなかった哲学コンプレックスをもつ人々が思った以上にたくさんいたのでしょう（もちろん常人に近寄り難いような難解な哲学用語を駆使して抽象的議論を続けてきた哲学者にも責任の一端はある）。彼らはこの一件で鬼の首を取ったように感じたようで、以後ポスト・モダン思想自体が十把一絡げに唾棄すべきものとされてしまったことが、ただただ残念でなりません。

注

＊1　ラカンは、一つの身体としてのまとまった感覚をもたない乳幼児が、鏡に映る像を内面化させることで身体の統一性を獲得すると言い、その段階を鏡像段階［mirror stage］と名付けた。

＊2　ロラン・バルト『物語の構造分析』（花輪光訳、みすず書房、1979年）。

＊3　ロラン・バルト『モードの体系――その言語表現による記号学的分析』（佐藤信夫訳、みすず書房、1972年）。

＊4　ロラン・バルト『神話作用』（篠沢秀夫訳、現代思潮社、1967年）。

＊5　ロラン・バルト『表徴の帝国』（宗左近訳、筑摩書房、1996年）。

＊6〜8　ジョン・フィスク『抵抗の快楽――ポピュラーカルチャーの記号論――』（山本雄二訳、世界思想社、1998年）。

＊9　ジャン・ボードリヤール『消費社会の神話と構造』（今村仁司・塚原史訳、紀伊国屋書店、1995年）。

＊10　「コード」は情報理論で用いられた用語で、記号論に応用された。情報の発信者は伝達する情報を信号に変換（コード化）し、情報の受信者はその信号を解読（デコード）する。解読された情報がメッセージである。

＊11　ジャン・ボードリヤール『象徴交換と死』（今村仁司・塚原史訳、筑摩書房、1992年）。

＊12〜13　ジャン・ボードリヤール『シミュラークルとシミュレーション』（竹原あき子訳、法政大学出版局、1984年）。

＊14　「マルクスとフロイトはおそらく私たちの文化の曙でしょうが、ニーチェはまったく別物です。ひとつの反―文化（コントル・キュルチュール）の曙なのです。現代社会がコードといったものにもとづいて機能しているのではないことは明らかです……マルクス主義の成り行きやフロイト主義の成り行きを考えるならば、それらが逆説的に一種の再コード化の試みに、陥ってしまっていることがわかります……マルクス主義の場合には国家による再コード化（「あなたは国家によって病気になっているが、やがて国家によって回復するだろう、それは同じ国家ではないだろう」であり、フロイト主義の場合には家族による再コード化（家族によって病気になっているが、家族によって回復するだろう、それは同じ家族ではないだろう）ということになります……ニーチェにとっては、コード化されるにまかせず、またこれからもされるにまかせることのないような何かを通過させることが問題なのです」（G・ドゥルーズ『ノマドの思考』）（『ニーチェは、今日？』本間邦雄訳、筑摩書房、2002年）。

＊15　「ヴァーチャル・リアリティ」もアルトーの造語だった。

＊16〜17　G・ドゥルーズ／F・ガタリ『アンチ・オイディプス』（市倉宏祐訳、河出書房新社、1986年）。

＊18〜19　G・ドゥルーズ／F・ガタリ『千のプラトー』（宇野邦一・小沢秋広・田中敏彦・豊崎光一・宮林寛・守中高明訳、河出書房新社、1994年）。

＊20　浅田彰『逃走論――スキゾ・キッズの冒険』（筑摩書房、1984年）。

＊21　浅田彰『構造と力　記号論を超えて』（勁草書房、1983年）。

＊22〜23　G・ドゥルーズ『ノマドの思考』（『ニーチェは、今日？』）（本間邦雄訳、筑摩書房、2002年）。

＊24　リゾームは接続することと切断することを共に肯定する原理であった。「多くの論者は、接続の原理を優先し……接続の拡大を目的化しがちであった。これは、アントニオ・ネグリ&マイケル・ハートの唱道した、グローバルな「帝国」に抗する「マルチチュード」（多種多様の人々）の連帯という政

治綱領につながる。ネグリ&ハートの理論は、ドゥルーズ&ガタリに大きく依拠している」（千葉雅也『動きすぎてはいけない――ジル・ドゥルーズと生成変化の哲学』河出書房新社、2013年）。

＊25 ジャック・デリダ『根源の彼方に――グラマトロジーについて（上）』（足立和浩訳、現代思潮社、1972年）。

＊26 高橋哲哉『デリダ――脱構築』（講談社、1998年）。

＊27 共同訳聖書実行委員会『聖書　新共同訳』（日本聖書協会、1987年）。

＊28 高橋哲哉『デリダ――脱構築』（講談社、1998年）。

＊29 ジャック・デリダ『記号学とグラマトロジー』（『ポジシオン　増補新版』）（高橋允昭訳、青土社、1992年）。

＊30 ジャック・デリダ『ポジシオン』（『ポジシオン　増補新版』）（高橋允昭訳、青土社、1992年）。

＊31 ジェフ・コリンズ『デリダ』（鈴木圭介訳、筑摩書房、2008年）。

61章　現代思想（7）（サイード、リオタール）

オリエンタリズム

私が大学院生の時、ゼミでしばしば取り上げられていたのが**エドワード・サイード**（Edward Said）［1935―2003］です。ちょうど大江健三郎［1935―　］との往復書簡が朝日新聞に掲載されていた頃です。2人の放つ、まさに「知性なるもの」に圧倒されてしまったことを覚えています。「サイード」がアラブ系の独特な名字であるのに対し、ファースト・ネームは英国的な「エドワード」である点は重要です。サイードは英国占領下のエルサレムに生まれ、エジプトで育ったキリスト教徒のパレスチナ人でした。「西洋」的な教育を受けながら、「東洋」人としてのアイデンティティ意識を抱いていた……この「故国喪失者（エグザイル）」の極めてマージナルで、定義不能な立ち位置が理解できますでしょうか。ユダヤ教国イスラエルのパレスチナ人といえば、イスラーム教徒のアラブ人だと誰しもが考えるでしょう。ちなみに補足しておくとナチス・ドイツによるホロコーストを経た戦後、とうとう流浪（ディアスポラ［diaspora］）の民であったユダヤ人は約束の地パレスチナに帰り、イスラエルが建国されました（英国の三枚舌

サイード

外交が背景にあった)。しかし長らくユダヤ人が追われていた間、パレスチナの地にはイスラーム教徒のパレスチナ人が定住していたのです。よって双方は対立し、第1〜4次中東戦争が勃発します(パレスチナの地はユダヤ教・キリスト教・イスラームの聖地であるエルサレムも擁していた)。結局ユダヤ教国のイスラエルは、イスラーム教徒のパレスチナ人をガザ地区やヨルダン川西岸地区に押し込め、空爆や自爆テロの応酬を現在も繰り広げているわけです。キリスト教徒だったサイードは、親イスラエルの米国(ハリウッド映画もユダヤ系産業だった)に移住し、コロンビア大学の英文学・比較文学の教授を務めました。

> オリエンタリズムは「東洋(オリエント)」と(しばしば)「西洋(オクシデント)」とされるものとのあいだに設けられた存在論的・認識論的区別にもとづく思考様式なのである……オリエンタリズムとは、我々の世界と異なっていることが一目瞭然であるような(あるいは我々の世界にかわりうる新しい)世界を理解し、場合によっては支配し、操縦し、統合しようとさえする一定の意志または目的意識……そのものである。なによりも、オリエンタリズムとは言説(ディスクール)である。(『オリエンタリズム 上』)*1

サイードが批判したのは近代の主体である西洋の、東洋に関する紋切り型の観念＝**オリエンタリズム**〔Orientalism〕です。そもそも「東洋」は「西洋(オクシデント)(西(ウェスト))」の〈われわれ〉から見た「東洋(オリエント)(東(イースト))」の〈かれら〉です。世界地図で経線の基準である本初子午線が英国の旧グリニッジ天文台に人為的に置かれている理由を考えてみてもいいでしょう。「オリエンタリズム」はもともとは単なる「東洋趣味」といった意味合いでしたが、これをサイードは西洋の文化的支配を可能にさせる一装置と捉えました(「オリエンタリズムとは、オリエントを支配し再構成し威圧するための西洋の様式(スタイル)なのである」)。*2 つまりそれは、西洋(主体)に見られる、東洋(客体)を非合理的(感情的)・非文明的・愚鈍・幼稚・嘘つき・下品・エキゾチックかつミステリアスで、異質な他者であるとみなす言説(ディスクール［discours］）のことです。そうみなすことで覇権＝ヘゲモニー（イタリアのマルクス主義思想家アントニオ・グラムシ（Antonio Gramsci）［1891–1937］が用いた概念）を握る西洋は合理的・文明的・明晰で成熟しており、誠実で高貴な存在としてアイデンティティを確立できた、というわけです。そうした西洋の「無知な非西洋人に文明の何たるかを教えてやろう」という驕ったまなざしは、東洋あるいはアフリカ、中南米の植民地支配を正当化することとなりました（近代日本はその西洋のまなざしを内在化させ、朝鮮や台湾をはじめとする植民地支配を行った）。サイードは、フーコー［1926–1984］がある種の権力の下で語られるとした言説を文学やニュース報道の中から分析する手法で、植民地主義や帝国主義の影響を暴き、解体しようと試みたのです。サイードの『オリエンタリズム』や『文化と帝国主義』は、文化・歴史・政治・経済に見られる植民地主義・帝国主義の残滓を暴き、批評する**ポスト・コロニアリズム**［postcolonialism］の理論的支柱となりました。

セルフ・オリエンタリズム

例えば日本が、西洋からどのようなオリエンタリズムのまなざしに晒されているか、考えてみましょう。ゴッホ［1853–1890］が浮世絵を模写したジャポニズムの時代から実はさほど変わっていない部分があります。例えばハリウッド映画における日本の表象というと「ハラキリ」「ゲイシャ」「キモノ」「ちょん髷」「ニンジャ」（忍者がいまだにいると思って日本に来る米国人もいる）、そして「キツネ目」（似顔絵では必要以上に目を細く描かれる）といった古典的イメージがあります。最近では「カワイイ」文化やアニメーション大国としてのイメージも強まってはきましたが、映画などに出て来る日本人がハチマキをしめて空手をやっており、しかもそれを演じているのは中国人俳優……という例もいまだに見受けられます。日本人は気にするのですが、西洋では日本人・中国人・韓国人の区別がほぼついていないと思います。さらに、「勤勉でワーカホリックな日本人サラリーマン」というイメージも１９８０年代のハリウッド映画によく登場します。当時の米国にとって日本は経済的脅威だったからでしょう。しかも何を考えているかわからない「自己主張しない日本人（Ｎｏと言えない日本人）」の不気味さと機械化された身体が、エキゾティシズムとないまぜになって表象されているんです。ちなみに「日本人は勤勉」というイメージは高度経済成長期に流布された捏造である（企業に従順なるままに勤労奉仕させている実情を「勤勉性」と肯定的に名付けることで、隠蔽したのではないか――現実に労使双方にもたらされた実益ゆえ、日本人はそれを受け入れた――）＊3 と私は考えているんですが、いまだにそんな日本イメージをもつ西洋人はいます。ミュージシャンの友人が車で地方をツアーしている途中、スペイン人のヒッチハイカーを車に乗せたそうです。そのスペイン人に「日本語で何か知っている言葉はある？」と聞いたところ、「カロウシ（過労死）！」と答えたそうですから。働き過ぎで死ぬなんて、彼の国ではまず考えられないことだったのでしょう。

ちなみに西洋で活躍する日本人の中にはあえてそうしたオリエンタリズムのイメージを利用する人も多く見られます。例えば西洋で活躍する日本人女性モデルやデザイナー、画家の中には、あえてキツネ目メイクで黒髪直毛にする人もいます。エイジアン・ビューティーそのもののオリエンタリズムのイメージに合致しているため、西洋では歓迎されるからです。これはオリエンタリズムを受け入れた上での、ある種の文化戦略です。

一方、「現代の日本人は西洋人のまなざしを内在化させている」と見る向きもあります。これは「セルフ・オリエンタリズム」と呼ばれています。例えば京都・奈良を観光する時、金閣寺や禅寺の枯山水の日本庭園を眺める私たちは、それらを「エキゾチックなもの」として捉えているのではないでしょうか。あるいは私たちが普段着ることのない「着物」に身を包んだ時に感じられる気持ちは、エキゾチックな民族衣装を試着する西洋人のそれとそう変わらないのではないでしょうか。そもそも１９７０年には国鉄（現・ＪＲ）による「ディスカバー・ジャパン――美しい日本と私」というキャンペーンがあり、中央都市の住民が地方都市をエキゾチックに再発見するまなざしが生まれていました。昨今学校教育などで重要視されている日本の伝統文化なるものにもそうした地に足の付かない、よそよそしいセルフ・オリエンタリズムが感じられるのは気のせいでしょうか。

多文化主義（マルチカルチュラリズム）

伝統文化といいましたが、そもそも「文化（＝教養）」とは「洗練化と高尚化をうながす要素をふくむ概念である」[*4]とサイードは言います。それはアイデンティティの源泉として「「われわれ」と「彼ら」を区別し」、「そこにはいつもなんらかの外国人恐怖（ゼノフォビア）がふくまれ」、旧植民地の「文化と伝統への「回帰」は……宗教的・民族主義的原理主義を生み出」すことにもつながるわけです。[*5] しかしサイードは言います。「いかなる文化も単一で純粋ではな」く、「すべての文化は雑種的（ハイブリッド）かつ異種混淆的（ヘテロジーニアス）で、異様なまでに差異化され、一枚岩的ではない」[*6]と。

こうしたサイードの認識と共に20世紀後半に広まったのが**多文化主義**（**マルチカルチュラリズム**［multiculturalism］）です。1つの国家の中で異質な複数文化の共存を認め、その不平等を是正していく立場です。多民族の移民国家である米国は長らく「人種のるつぼ（メルティング・ポット［melting pot］）」と称されてきました。様々な人種が溶け合って1つの米国を形成するという意味です。しかしそれでは、個性をもった複数文化が1つの米国に吸収されてしまいます。そこで「民族のサラダボウル」をうたう**文化的多元主義**［cultural pluralism］が登場したのです（同化・融合されることはないにせよ、トマトもレタスも、結局はサラダにされてしまう、という批判は存在する）。

リベラルな理想主義に支えられた多文化主義は、複数文化のタコツボ化（と相互の無関心化）を生じさせる文化相対主義の欠点を補うものとして期待されました。例えばフランス語圏（ケベック州）を抱えるカナダにおける英語・フランス語の公用語化はその先駆ですし、「単一民族国家」という妄想がはびこっていた日本でも1997年にアイヌ文化振興法が成立しています。米国におけるアファーマティブ・アクション（積極的差別是正措置）の浸透もこの文脈ですし、白人・男性中心主義の教科書の改訂も行われました。私が中学生だった頃の英語の教科書の登場人物といえばといえばWASP（ホワイト・アングロ－サクソン・プロテスタント［White Anglo-Saxon Protestant］）の「ボブ」や「メアリー」と相場が決まっていましたが、現在ではアフリカン・アメリカン（黒人）、ヒスパニック、アジア系が登場するようになりました。「英語を話すのは金髪碧眼の白人だけではない」というわけです。またディズニー映画にも非西洋のプリンセスが登場しました。1992年の『アラジン』のジャスミンに始まり、ネイティブ・アメリカンのポカホンタス、チャイニーズのファ・ムーラン、2009年『プリンセスと魔法のキス』のアフリカ系のティアナまで……今までの白雪姫（なにしろ「スノー・ホワイト」）やシンデレラに見られる白人・金髪碧眼イメージを必死に改訂しようと努めるのです。このままの勢いでいけば、いつか「かぐや姫」がプリンセスになるかも……と期待しましたが、リベラル離れの現代からすると難しいかもしれません。

リベラル離れといいましたが、残念ながら21世紀に入って多文化主義の綻びが目に付き、その失敗を指摘する「揺り戻し」が起きつつあります（2010年には保守派のドイツ首相アンゲラ・メルケル（Angela Merkel）［1954－ ］が多文化主義は「完全に失敗した」と述べた）。移民の受け入れや複数文化の尊重に目配りするあまり、国家のアイデンティティ育成を怠ってきた、というわけです。欧米の移民排斥や保護貿易主義もその流れとして捉えられます。フランスはフランス革命の国らしく、政教分離（ライシテ［laïcité］＝世俗主義）を重んじています。フランスは旧植民地にムスリム圏を抱えていたため、多くのムスリム（イスラーム教徒）が移り住んでいます。しかし、公共の場所である学校でムスリムがスカーフを着用することを許しません。2004年には公立学校においてヒジャーブ（ムスリム女性のスカーフ）や大きな十字架（キリスト教）、ヤムルカ（ユダヤ教の帽子）など宗教的シンボルの着用を禁じる法律が成立し、2011年には公共空間でのブルカ（ムスリム女性のヴェール）を禁じる法律も成立しました。これは国家としてのアイデンティティに同化させることを重視する、移民国家フランスの方策です。しかしそれはムスリムの憎悪を煽る結果となりました。なんと2015年にムハンマドの風刺画を掲載したフランスの週刊誌シャルリー・エブドの本社が襲撃され、12名の死者が出るテロ事件がおこってしまうのです。

こうした欧州のキリスト教文明とイスラームの衝突でいえば、冷戦終結後の２００１年9月11日におこった米同時多発テロと、それ以後の米国の愛国保守主義化やイスラーム排斥運動、そしてそれに対峙した晩年のサイードの憂慮が思い出されるのです。サイードが『イスラム報道』[*7]（原題の「Covering Isram」はイスラム「報道」とイスラム「隠蔽」のダブル・ミーニング）で指摘した石油供給者・非理性的・非人間的・反米・闘争的で髭（ひげ）のテロリストとしてのイスラーム（ハリウッド映画でイスラーム教徒がテロリストの悪役として登場するステレオタイプを想起してほしい）というまさに典型的なオリエンタリズムのまなざしが、現代のトランプ政権の米国で再生産されたことを苦々しく思わずにはいられません。

１９７９年、１９９５年、２０１６年は時代の結節点だった

その時代を生きる人々にはなかなか実感がないかもしれませんが、時代の結節点というべきものは確かに存在します。例えば英国のＥＵ離脱やトランプ現象に代表されるポピュリズム（大衆迎合主義）が話題になった２０１６年は、間違いなく時代の結節点でしょう。この動きは戦後の冷戦体制が終結し、理想主義に支えられたリベラリズムだけでは世界を維持できないと考えた人々の本能的・現実的な危機意識に支えられていたようにも感じます。その前年の２０１５年は日本にとって意味ある年でした。偶然にも戦後70年、昭和90年（人間のライフサイクルで考えれば世代が一周したことになり、日本国憲法を無効化する動きが出てきたことも偶然ではない）、そしてバブル崩壊後、日本が初めて底知れぬ将来への不安に陥った１９９５年から20年……１９９５年はウィンドウズ95が発売されたＩＴ元年でもあり（実質的な「情報革命」の年）、オウム真理教による地下鉄サリン事件や阪神・淡路大震災がおこった激動の一年でした。この年に社会学者の宮台真司［１９５９－　］は、「私たちに必要なのは、「終わらない日常を生きる知恵」だ」[*8]と呼びかけているんです。絶対にやってくるはずの素晴らしい未来ではなく、終わりな

き日常とは一体何なのか……。

そのヒントは1979年にあります。1979年はこれまた時代の結節点でした。米国の社会学者エズラ・ヴォーゲル（Ezra Vogel）［1930—2020］が破竹の経済成長を遂げた日本をして「ジャパン・アズ・ナンバーワン」と称えた年です。この年、中国の最高指導者・鄧小平［1904—1997］は日本に倣って改革開放政策を採り、人民公社を解体し、市場経済を導入しました。一方英国ではサッチャー政権が新自由主義（ネオリベラリズム）の経済政策を採用しています。また、亡命先のフランスから帰国したホメイニー師（Khomeinī）［1902—1989］がイラン革命を遂行した年でもありました。つまり「社会主義経済の崩壊」「経済の新自由主義（市場原理主義）化」「現代のイスラム国（IS）につながる宗教原理主義の台頭」という現代社会を象徴するキーワードの種が蒔かれた年だったということです。[*9] 奇しくも私は1979年に生まれ、変化のまだら模様の中を時代と並走してきた実感があります。ポピュラー音楽でいえば、前年にデビューしたサザンオールスターズが「いとしのエリー」で国民的バンドにのし上がったのも1979年でした（私の同い年のいとこはそこから「エリ」と名付けられた）。1990年代に「J・POP」（Jリーグに始まる日本回帰の流れです）というドメスティックな音楽ジャンルの中枢として回収される怪物バンドの誕生です。ソニーがウォークマンを販売し、音楽を聴きながら街を闊歩するという新しいライフスタイルを提案したのも1979年でした。[*10]

ポスト・モダンの到来

> 今日の文化・社会——すなわち……ポスト・モダンの文化——においては……大きな物語は……その信憑性をすっかり喪失してしまっているのである。（『ポスト・モダンの条件』）[*11]

同じく1979年に、『ポスト・モダンの条件』で「**ポスト・モダン**」（もともとは建築学用語で「脱近代・モダン以後」を意味する）の到来を指摘したのは、フランスの哲学者**ジャン＝フランソワ・リオタール**（Jean-François Lyotard）［1924－1998］（マルクス主義者で、1968年の五月革命に加わった）です。リオタールが1979年に信憑性を失ってしまったと感じられた「**大きな物語**」という「メタ物語に対する不信感」[*12]……それは一体何を指しているのでしょうか。

> 十九世紀・二〇世紀の思考と行動は、ひとつの「理念」によって規定されていた（カント的な意味での「理念」だ）。その「理念」とは、解放のそれだ。それはさまざまな歴史哲学と呼ばれるもの、その下にたくさんの事件を整理しようと人が試みるさまざまな大きな物語の、それぞれにしたがって、たしかにまったく異なったやり方で、みずからを論証する。原罪の愛によるあがないというキリスト教的物語、認識と平等主義による無知と隷属からの解放という啓蒙主義の物語、具体的なものの弁証法による普遍的理念の実現という思弁的物語、労働の社会化による搾取・疎外からの解放というマルクス主義的物語、テクノ＝インダストリアルな発展を通じての貧困からの解放という資本主義的物語。（『こどもたちに語るポストモダン』[*13]）

「大きな物語」の信憑性喪失……これは西洋が生み出し、多くの国が依拠した「近代」（この時代区分も「近代」に生まれた）という合理主義的なシステムの中で、人々がよいものだと固く信じていた物語が失われ衰退した、ということです。哲学の世界においても、近代の哲学、もっといえば絶対的な真理探求という哲学という営みそのものが終焉・解体される相対主義的現状について述べてきましたが、これがまさにポスト・モダン状況です。

モダン（近代）を印づけたキリスト教、啓蒙思想、ヘーゲル的な弁証法、社会主義、資本主義……もっと簡単にいえば、努力して良い高校・大学に入れば、良い会社に入って、幸せな人生を送れるはずである……という右肩上がりの成長の語りが「大きな物語」の典型です。日本でこうした「大きな物語」が機能したのは高度経済成長期です。東京タワーの建設を日本の成長に重ね合わせ、東京オリンピックに沸き立ち、公約の所得倍増を実現させた1960年代の日本……『ALWAYS 三丁目の夕日』（2005年）という映画がありましたが、現代ではもはやノスタルジー商品として消費されている感があります（「レトロ居酒屋」も花盛りだ）。しかしそうした語り（大きな物語）が成立したのは、近代以来、アジア・アフリカなどの第三世界の収奪を背景とする資本主義経済の（永続的であるかのように思えた）単線的進歩が背景にあったまでのことです。国家や企業の運命共同体として「ウィンウィン」の関係が築けたからこそ、労働者もモノ言わず勤勉に働いたのです。浦沢直樹［1960— ］が世紀を跨いで描いた大作マンガ『20世紀少年』にも、近代の「大きな物語」が機能していた高度成長期の日本とその変容が描かれていました。万博（世界万国博覧会）にも充満していた単線的な進歩主義のムードは私も辛うじて理解できます。鉄腕アトムやドラえもんに描かれた「科学で人間は幸せになる」という夢（『アトム』は「原子力」の夢）……人類はいずれ宇宙旅行に行き、空飛ぶ車が街を飛び交う……そんないつか来るはずの未来を、幼い頃の私は固く心に信じていました。

リオタール

しかしリオタールは非情にも宣告しました。「大きな物語」は終焉した、と。東大・京大卒の将来を保証されたエリートがレールから脱落し、非科学的なカルト宗教（オウム真理教）にのめりこみ、テロ行為を引き起こしたのが1995年でした。宮台真司が同年の著書で呼びかけた「終わりなき日常を生きろ」*14には、日本における「大きな物語」のいよいよの終焉、ポスト・モダンの本格的到来が含意されていたのです。21世紀になってもノスタルジックな「東京オリンピック再び」や「大阪万博」「アベノミクスの成長戦略」などという、新たな「大きな物語」に依然としてすがり、明るい未来を皆で享受しようという涙ぐましい惹句が躍ったのは（当座の利益はもたらすかもしれないにしても）どれだけ時代錯誤で悪い冗談か、ということが理解できると思います。しかし気持ちとしては、わからなくもないんです。私自身「ロックは世界を変える」などという「大きな物語」をいまだに固く信じているわけですから。

リオタールは、「大きな物語」が終焉した後には「小さな無数の物語」が遍在する、と言いました。皆で楽しむ紅白歌合戦やテレビ番組のような大衆文化・メディアの衰退（10代・20代のテレビ離れも指摘された）やインターネット文化に見られるように、めいめいの嗜好（言語ゲーム）に基づく各自の世界に埋没・耽溺し、タコツボ化する価値相対化の状況はまさに「小さな無数の物語」の遍在でしょう（社会のオタク化は「小さな物語」と符合する）。哲学のような万人普遍的な真理の探求はもはや終焉した、と目されるのも致し方ありません。哲学の失効は、欧州のニヒリズム状況を眺めたニーチェ［1844―1900］が既に気付いていたことではありますが。

「大きな物語」の果てに

社会学者の大澤真幸［1958―］は見田宗介［1937―］の戦後史の時代区分[15]を引用しつつ、「世界最終戦争」とされた第二次世界大戦後（1945年）から連合赤軍事件（1972年）までを「理想の時代」、阪神・淡路大震災やオウム真理教による地下鉄サリン事件がおこった1995年までを「虚構の時代」、そしてそれ以降を「不可能性の時代」と分類しています。[16]手が届きそうな「理想」から「不可能性」の時代へ……この隔たりが感じ取れますでしょうか。「理想の時代」とは絶対的普遍理念、つまりリオタールのいう「大きな物語」が機能した時代と対応します。その後の「虚構の時代」はポスト・モダンの相対主義の時代です。しかしその虚構から再び絶対性の信仰に反転する契機がオウム事件でした。オウム事件以後の「不可能性の時代」は、虚構どころではなく現実から遥かに遠ざかり「現実以上に現実的なもの」[17]に逃避する時代です。「現実以上に現実的なもの」は「極度に暴力的であったり」、「宗教的あるいはナショナリスティックな熱狂」として現れます。[*18] ポスト・モダンの相対主義がもたらした「多文化主義」的性質をそもそもっていた寛容なイスラーム世界から登場したイスラム国のような「原理主義」の台頭もそのように説明することができます。

一方、評論家の大塚英志（えいじ）〔1958─　〕の議論を受けた批評家の東浩紀（あずまひろき）〔1971─　〕は2001年に『動物化するポストモダン　オタクから見た日本社会』を著し、1995年以降のポスト・モダン的な消費のあり方を「物語消費」から「データベース消費」へ、と表現しました。[*19] オタク系文化がその代表ですが、作品の背後にある物語よりもキャラクターが重視されるようになり、さらにその奥のキャラクターを生み出す（「萌え要素」のような）広大なオタク系文化のデータベースが整備され、消費されるようになったのです（それに伴い、物語を生み出す作家の役割は縮小した）。[*20] さらに東は大澤の議論を受けて「虚構の時代」以降を「動物の時代」と呼んでいます。「動物化」とは「欠乏─満足」という欲求（欲望は欠乏が満たされても消えない）の回路──「冷静な判断力に基づく知的な鑑賞者（意識的な人間）とも、フェティッシュに耽溺する性的な主体（無意識的な人間）とも異なり、もっと単純かつ即物的に、薬物依存者の行動原理に近い」──のことです。[*21] これも「現実以上に現実的なもの」への逃避です。「ポストモダンの人間は、「意味」への渇望を社交性を通しては満たすことができず、むしろ動物的な欲求に還元することで孤独に満たしている。そこではもはや、小さな物語と大きな非物語のあいだにいかなる繋がりもなく、世界はただ即物的に、だれの生にも意味を与えることなく漂っている。意味の動物性への還元、人間性の無意味化、そしてシミュラークルの水準での動物性とデータベースの水準での人間性の解離的な共存」[*22]……東はこのように述べ、それ以降はまさにポスト・モダン状況を反映し、「大きな物語」を打ち立てる哲学者・思想家は存在感を失い、当然そうした「大きな物語」を巡る「論争」不在の時代となりました。[*23]

「だめだこりゃ」、そして「しょうがない」

それにしても、リオタールは時代の予言者だったように思えます。情報化社会の到来によって「知の習得が精神の形成（Bildung〔教養〕）、さらには人格の形成と不可分であるという古い原理は、すでに、そして今後一層、衰退し、顧みられなくなるだろう」……それ自身を目的とすることをやめ、生産・消費され、貨幣同様、流通するようになった知は「国家＝国民の生産能力を支えるものとしての重要性を確保し続け……発展途上国との格差が将来において拡大し続けるだろう」……「将来においては、情報を支配するために争い合うということは充分考えられる」……「経済のモメントは《多国籍企業》という名で一般に呼ばれる資本流通の新たな形態の創出によって」、知の特権を維持していた「国家のモメントの安定性を脅かしはじめている」[*24]……世界市場化というグローバリゼーション状況や新自由主義的資本主義の発展（と社会主義の衰退）、それに伴って生じる格差社会化、情報社会化、知の階層秩序（ヒエラルキー）の頂点にあった大学の古典的学問領野の解体・越境と、（思弁的ではなく）技術的な知の伝達機関化……リオタールが指摘したのはまさに今、私たちが直面している現状そのものであることに驚かされます。

「大きな物語」の進歩的価値に対抗する「脱成長」（脱原発や再生可能エネルギーの活用も含む）や「スローライフ」といった「理念」を追求する欲望も存在しますが、「理念」である限りは「大きな物語」です。今後はそれも「小さな物語」に留まらざるを得なくなるでしょう。しかし依然として「右翼・左翼」「西洋・東洋」といった言説が一向になくならないことから見ると、いまだ近代の「大きな物語」にとらわれる（あるいはとらわれたい）人々は後を絶たないのでしょう。また日本に関していえば、ポスト・モダン云々以前に、果たして近代（モダン）化できていたのか、という疑問すらも湧いてきます。地方政治も中央政治もいまだにムラ社会の男性論理で動いているように思えますし、２０１４年に集団的自衛権行使容認の閣議決定がなされ、立憲主義がなし崩しにされていったことなども絶望的兆候に思えました。立憲主義および民主主義なるものの意義が（西洋的な意味で）「正しく」理解されてこなかった現状を目の当たりにすると、曲がりなりにも社会科・公民科の教員として無力感を覚えてしまう部分もあるのです。無力感を感じるのは当然です。戦後ＧＨＱ（連合国軍総司令部）によって作られた社会科・公民科は、一面的には「自由」「平等」という普遍的近代理念、つまり「大きな物語」を信じさせる教科でもあったからです。それでは一体どうすればいいのでしょうか。どん詰まりの「大きな物語」の果てに、ついつい口をついて出てくるのは、「だめだこりゃ！」の一言です。もはやコントのような出来事ばかりおこるこんな時代に、『ドリフ大爆笑』のいかりや長介［１９３１―２００４］が放った「だめだこりゃ」は強烈な一言に思えます。突き放すようでいて、断絶もせず、あきらめもせず、「次行ってみよー」という。

そして思い通りの現実ではなかったとしても「しょうがない」と受け止めることも大切です。「しょうがない」を後ろ向きの言葉だと思ってもらうと困ります。希望が叶わなかったとしても、他人が期待通りの結果を出してくれなかったとしても、国家や企業が自分の身を助けてくれなかったとしても、あるいはかけた労力やお金に見合った見返りが得られなかったとしても……「しょうがない」のです。人間、一人で生きていくことができない限りは「しょうがない」……「しょうがない」はちっぽけな人間の有限性を受け止めつつ、その生のありようを前向きに肯定し、他者と連帯するために必要な言葉だと思っています。

私たちのまとまりをもった「人間」としての意識は、科学・情報通信技術の発達や人工知能（ＡＩ）化でこれからますます変容していくことでしょう。ヴァーチャルなインターネットやスマホによって緩やかに他者とつながり、主体性を獲得しているようでいて、監視化や個人情報のデータベース化を安全・利便の対価として許すようにもなってきている私たち。そして自由を叫んで規律化に反抗するどころか、積極的に規律化されたいとさえ願うようになってきている若者たち（かつては授業の本筋から逸れる「自由な」雑談を生徒は好んだが、近年は度の過ぎた雑談には眉をひそめる）。そんな時代のムードがありますから、規律化や管理化に抵抗する旧来の社会運動（労働組合や左翼運動）はシンパシーを得られなくなってきています。「オレ」「あたし」の主張で世界を変えようとする「ロックな生き方」が「カッコよくも何ともない」時代になってきたということです。

遡れば１９６０年代米国のヒッピーの平等主義・リベラリズムの流れをくむインターネット文化は、私たちを自由へと解放してくれたようでいて、でこぼこの人間を横並びにする側面があったように思います。私たちは情報データベースの海を泳ぐ中でいよいよ動物的にマシーン化し、視野狭窄も併発し（部分検証にばかり拘る科学的思考の欠点だと思う）、さらには強い刺激ばかりで感性が麻痺し、不感症になってきたような印象をもっています。近代以来「人間（ヒューマン）的」とされた思考の形式から、少しずつ離れていっていることがわかります。

ちなみに私は「やる気スイッチ」などというものを押されるようになったら人間おしまいだと思っています（笑）。人間はスイッチのついた機械ではありません。自ら考え、内省できる、批判精神をもった主体なのです。そういう私は、ヒューマンで近代的な「人間」の価値にいまだ拘っているということでしょう。私たちの「人間」意識を変容させているこうした現状を、フーコーに倣って近代的な「人間の終焉」といっても差し支えありません。しかしだからといって私たち人間そのものは、死んだわけでも滅んだわけでもありません。「モダン（近現代）」「ポスト・モダン」「ポスト・ポストモダン」という時代のまだら模様の中で、私たち「人間」が何を捨てて何を残していくのか……「人類は単線的に進歩する」という近代的常識を疑った上でそれを吟味する必要があるでしょう。さらに相対主義の不安の中で極端な主張に無批判に飛びつくのではなく、リオタールが言ったように共約不可能な「差異」を積極的に受け入れる感受性を養う必要があるのではないでしょうか。「駄目なことの一切を時代のせいにはするな　わずかに光る尊厳の放棄　自分の感受性くらい　自分で守れ　ばかものよ」[*25]……こんな時代だからこそ、詩人・茨木のり子［1926–2006］の言葉を思い出してみてほしいのです。

注

＊１～２　エドワード・Ｗ・サイード『オリエンタリズム　上』（板垣雄三・杉田英明監修、今沢紀子訳、平凡社、１９９３年）。

＊３　「広く受け入れられている勤勉さの基準の一つは、雇い主の視点でのものであって、雇い主の望むように働くかどうかを問題にしている……勤勉さとは、広い意味では「決められた時間決められた仕事をする」こと……この仕組みでは、働く側からすると、生活のため、収入を得るためにやることだから、これに全力を尽くす必要はない。だから、近代の社会では、そうした労働者たちの努力を最大限引き出すために、賃金制度などについてさまざまな誘因（インセンティブ）を与えることになる」（武田晴人『日本人の経済観念――歴史に見る異端と普遍』岩波書店、２００８年）。

＊４～６　エドワード・Ｗ・サイード『文化と帝国主義　１』（大橋洋一訳、みすず書房、１９９８年）。

＊７　エドワード・Ｗ・サイード『イスラム報道――ニュースはいかにつくられるか』（浅井信雄・佐藤成文訳、みすず書房、１９８６年）。

＊８　宮台真司『終わりなき日常を生きろ　オウム完全克服マニュアル』（筑摩書房、１９９８年）。

＊９　クリスチャン・カリル『すべては１９７９年から始まった　21世紀を方向づけた反逆者たち』（北川知子訳、草思社、２０１５年）。

＊10　ウォークマンやテレビゲーム（任天堂）、アニメーション（『ドラゴンボール』『ポケモン』）など「文化的無臭性」（アメリカ文化と違い、それを消費しても日本らしさを殊更感じない）をもつ無国籍な日本文化は１９９０年以降世界的に輸出されていく（岩渕功一『トランスナショナル・ジャパン――ポピュラー文化がアジアをひらく』岩波書店、２０１６年）。

＊11～12　ジャン＝フランソワ・リオタール『ポスト・モダンの条件――知・社会・言語ゲーム』（小林康夫訳、水声社、１９８６年）。

＊13　ジャン＝フランソワ・リオタール『こどもたちに語るポストモダン』（管啓次郎訳、筑摩書房、１９９８年）。

＊14　「「終わらない日常」を生きるとは、スッキリしない世界を生きることだ。何が良いのか悪いのか自明でない世界を生きることだ。私たちが今日生きているのは、すべてが条件次第・文脈次第で評価されるしかないような複雑なシステムである。にもかかわらず、条件や文脈は不透明だから、何が良いのか悪いのかが、よく分からなくなってくる。そういう混濁した世界のなかで相対的に問題なく生きる知恵が、いま必要とされているのではないか」（宮台真司『終わりなき日常を生きろ　オウム完全克服マニュアル』筑摩書房、１９９８年）。

＊15　見田宗介『社会学入門――人間と社会の未来』（岩波書店、２００６年）。

＊16　大澤真幸『増補　虚構の時代の果てに』筑摩書房、２００９年）。

＊17～18　大澤真幸『不可能性の時代』（岩波書店、２００８年）。

＊19～22　東浩紀『動物化するポストモダン　オタクから見た日本社会』（講談社、２００１年）。

＊23　その後も時代論は、評論家・宇野常寛の『ゼロ年代の想像力』（早川書房、２０１１年）などで継続されている。

＊24　ジャン＝フランソワ・リオタール『ポスト・モダンの条件――知・社会・言語ゲーム』（小林康夫訳、水声社、１９８６年）。

＊25　茨木のり子『自分の感受性くらい』（『茨木のり子詩集』）（岩波書店、２０１４年）。

62章　現代思想（8）（現代の正義論）

正義・正しさとは何か

「正義」「正しさ」とは何か……アリストテレス〔B.C.384―B.C.322〕も論じていたように、哲学・倫理学の重要なテーマの1つです。アリストテレスは公平原理である部分的正義と、（部分的正義を定める）法を守らない者を裁くことで実現する全体的正義によって、正義が実現すると説きました。「正義」「正しさ」は、「いいこと」と「わるいこと」の基準・倫理とも重なり合います。「最大多数の最大幸福」という功利主義（帰結主義）や、結果ではなく善意志に基づいているかという動機を重んじるカント主義（動機主義）は既に紹介しました。こうした正義論は21世紀に入り、再びブームを巻き起こします。ブームのきっかけは、米国の政治哲学者でハーバード大学教授の**マイケル・J・サンデル**（Michael J. Sandel）〔1953―〕による、履修者が延べ1万4000人を超えるという人気講義「Justice（正義）」でした。ハーバード大学におけるソクラテス・メソッドの講義、「ハーバード白熱教室」がNHKで2010年に放映され、そのライブ感覚の授業が一大センセーションを巻き起こしました。著書『これからの「正義」の

サンデル

話をしよう　いまを生き延びるための哲学』も大ベストセラーとなっています。それにしてもその内容は時代感覚とフィットしていたように思います。民主主義というソフィスト的な究極の相対主義の下で、「正義のヒーロー」は何だか居心地が悪くなったように思えましたし、２００１年9月11日の米同時多発テロ後、「正義」を振りかざす米国のジョージ・W・ブッシュ（George W. Bush）［１９４６―　］大統領がイラン・イラク・北朝鮮を「悪の枢軸」と名指しし、大量破壊兵器を保有していることを理由にイラク戦争に踏み切った際は、さすがに「正義とは何だろう」という疑問が世界中の人々の心に浮かんだのです（しかもイラクが保有しているとされた大量破壊兵器は「見つからなかった」）。

「リベラル」の正義論

サンデルは「政治」哲学者でした。アリストテレスが人間をゾーン・ポリティコン（ポリス的動物）と定義したように、社会（ポリス）の中で生きるのが人間です。人間はそれぞれ様々な考えや立場をもっていますから、その利害調整のために「政治」の営みが必要となります。そこで直面するのが、政治的な「正義」「正しさ」とは何か、という問題です。また、有限資源を無限の欲望でいかに分配するか……という「経済」の営みにおいても、その分配の仕方をめぐる、経済的な「正義」「正しさ」に直面するでしょう。それについては、アダム・スミス［１７２３―１７９０］的な自由競争・自由放任をよしとする古典派自由主義と、その問題点を修正すべく私的領域を減じて国家を国民の自由のために積極的に介入させるニューリベラリズム／ソーシャルリベラリズム（社会自由主義）という考え方がありました。国家が積極的に経済活動に介入する、というのは既にお話したケインズ［１８８３―１９４６］的な福祉国家（大きな政府）のことです。自由の国・米国では、現在ソーシャルリベラリズム（社会自由主義）は社会主義的なニュアンスで捉えられており、これがいわゆる「**リベラル**（**リベラリズム**）」の思想とみなされています。

ロールズ

ちなみに、「リベラル」には「自由主義」という意味がありますから、ややこしいのですが、アダム・スミス的な古典派「自由主義」と混同しないよう注意が必要です。「リベラル［liberal］」は「奴隷に雑務を背負わせた自由民［liber］は気前がよい」という意味合いが含まれた言葉です。

１９７０年代初頭の米国で、**公正さ**［fairness］という観点から社会における**公正としての正義**［justice as fairness］を打ち立てたのは、米国の政治哲学者**ジョン・ロールズ**（John Rawls）［１９２１―２００２］です。彼は広島の原爆投下を米軍人として目撃しており、１９９５年の論文では米国で正当化されている原爆投下を「道徳的悪行」として批判しています。ロールズが画期的だったのは、資本主義・民主主義社会を支配していた功利主義の正義に疑義を呈した点です。功利主義の問題点は「最大多数の最大幸福」によって、社会全体の幸福が少数者の個人の幸福よりも優先されてしまう点でした。ロールズの『**正義論**』は現在の米国の「リベラル」政党の代表である民主党の思想的基盤となっています。オバマ［１９６１―］前大統領や、ヒラリー・クリントン（Hillary Clinton）［１９４７―］の民主党です。ちなみに日本の立憲民主党も党綱領で「正義と公正を貫き、個人の自立を尊重しつつ、同時に弱い立場に置かれた人々とともに歩む」「公正な分配による人への投資なくして持続可能な成長は達成できない」と謳っていますから、ロールズ的なリベラル政党と位置づけられるでしょう。

無知のヴェール

ロールズは万人が合意できる公正としての正義の原理を打ち立てるにあたって、「原初状態」を前提としました。「**原初状態**［original positron］」とは社会契約説における「自然状態」に対応しています。ロールズが「原初状態」と考えたのは、**無知のヴェール**〔the veil of ignorance〕です。社会契約を結ぶにあたって、境遇・地位・社会的身分・資産・能力・知性・体力・性別・人種・年齢などの自分に関する情報を知らない、つまり無知のヴェールに覆われていると仮定し、選択できる正義の原理を公正としての正義とみなそう、と考えたのです。例えば女性が不遇な立場に置かれた社会ならば、もし自分が女性だったと考えて選択できる正義の原理は何か……あるいは黒人が不遇な立場に置かれた社会ならば、もし自分が黒人だった考えて選択できる正義の原理は何か……つまり、高齢者や障がい者など、自分が社会的に恵まれた立場にいないことを前提として、万人が納得できる正義の諸原理を打ち立てようとしたのです。日本の旧民主党政権が2010年に実施した「子ども手当」（15歳以下の子どもに一律に給付金を支給する現・児童手当）や、米国初の公的医療保険制度であるオバマケア（2010年成立）も無知のヴェールを前提とした所得再分配の発想です。もちろん、無知のヴェールに覆われた上での私的利益の追求は認められます。これなら、「正義の感覚を発揮できる合理的な存在者」である「道徳的人格」を有する「すべての個人にとって公正なものとなる」でしょう。*1

正義の二原理

第一原理

各人は、平等な基本的諸自由の最も広範な全システムに対する対等な権利を保持すべきである。ただし最も広範な全システムといっても〔無制限なものではなく〕すべての人の自由の同様〔に広範〕な体系と両立可能なものでなければならない。

第二原理
社会的・経済的不平等は、次の二条件を充たすように編成されなければならない。
（a）そうした不平等が、正義にかなった貯蓄原理と首尾一貫しつつ、最も不遇な人びとの最大の便益に資するように。
（b）公正な機会均等の諸条件のもとで、全員に開かれている職務と地位に付帯する〔ものだけに不平等がとどまる〕ように。（『正義論　改訂版』）*2

ロールズは無知のヴェールに覆われたと仮定して選択できる**正義の二原理**を提示しました。それによると、まず**第一原理**とされたのは「**平等な自由原理**」です。これは、基本的人権や義務を平等に分配する正義です。例えば18歳以上の国民全てに選挙権を与えたり、教育・勤労・納税の義務を負わせたりすることです。とはいえ、こうした権利や義務の分配は、他者の自由などの権利を侵害しない範囲で、という留保がついています。これはとりあえず誰しもが納得できる正義の原理なのではないでしょうか。少数者の個人の言論の自由を保障してあげることで、社会全体の幸福を優先する功利主義の問題点もカバーできています。

続いて**第二原理**では、不平等がやむをえず正義にかなう条件が述べられています。まず（b）の方から見ていきましょう。これは、「**公正な機会均等原理**」と呼ばれるもので「全ての人に均等に機会を与えた上で生じた不平等はやむを得ない」ということです。全く同じ雇用条件で公正な就職活動を行い、Aさんは採用になったけれど、Bさんは不採用になった……機会の平等（形式的平等）を実現した上で、結果の平等（実質的平等）が実現できなくてもやむを得ない、ということです。それに対して（a）は「**格差原理**」と呼ばれるもので、たとえ不平等があったとしても、とりわけ社会で最も不遇な者の状況が改善できるのなら、その不平等は正義にかなうということです。これこそがロールズのリベラリズムの面目躍如です。「他の人びとが富み栄えるために、一部の人びとの〔相対的利益の〕持ち分が減るような事態は〔功利主義からすれば〕得策かもしれないけれども、正義に反して」おり、「逆に、少数の人びとがより多くの便益を稼ぎ出したとしても、そのことでそれほど幸運ではない人びとの境遇が改善されるなら、その〔分配〕状態は不正義ではない」のです。*3

積極的差別是正措置

この格差原理は例えば、現代日本でいえば所得の多い人ほど高い税率で徴収する累進課税に取り入れられていますし、国立大学教員のポストに数が少ない女性を優先的に採用する（クオータ制）などのポジティブ・アクションという施策にも反映されています。ポジティブ・アクションは、米国では**アファーマティブ・アクション**と呼ばれています（「アファーマティブ〔affirmative〕」は「肯定的」の意）。奴隷として歴史的に差別を受けてきたアフリカン・アメリカン（黒人）やネイティブ・アメリカンなどの少数民族、さらに女性、障がい者などを優遇する**積極的差別是正措置**のことです。例えば州立大学の教員を採用する際、アフリカン・アメリカンの教員数が少なかったとするならば、白人の公募者と同じ位の業績だったらアフリカン・アメリカンの公募者を採用する、ということです。「ズルいじゃないか」「逆差別だ」と怒る白人がいるかもしれませんが、「もしあなたがアフリカン・アメリカンだったらどう思いますか、無知のヴェールに覆われたと仮定して……」という話になるわけです。つまり同じスタートラインに立たせる機会の平等（形式的平等）のみならず、結果の平等まで実現させよう、ということです。かなりレベルの高い話ですね。まさにこれが恵まれた「自由民」による、気前のよい「リベラル」の発想です。

この格差原理に基づくと、リベラルは当然福祉国家を採用することになります。社会で最も不遇な者の状況が改善できるのなら、国家が経済活動に介入し、公共の税金を使って不遇な者とそうでない者との格差を改善すればいいのです。しかしこれを「ズルい」と考える人もいます。それは後述するリバタリアン（自由至上主義者）です。個人的・社会的自由を重んじるリバタリアンにとっては、例えば米国の公的医療保険制度であるオバマケアも、努力して儲けた財産が国家に税金として没収され、それが再分配されてしまう……自由に「公正」をもちこまないでもらいたい、とリバタリアンは考えるのです。あるいは仮に所得の低い家庭の生徒が東京大学の入試で優遇されることになったら……[*4]リバタリアンはやはり反対するでしょう。とはいえ東大生の両親の平均年収は高いことが知られています（2018年の調査では、約6割の世帯年収が950万円以上）。子どもは豊かな家庭を選んで生まれて来られるわけではありません。よってリベラルは無知のヴェールに覆われたと仮定して、優遇策を公正としての正義だと考えるでしょう。

日本で在日韓国・朝鮮人に対するヘイト・スピーチを行っていた人たちの中にもリバタリアンがいたはずです。2016年に成立した規制法に対して、「個人の自由に国家が介入すべきではない」との立場から反対を表明していたからです。また、在日には「特権」があり、その甘い汁を吸っているのはズルい……と彼らが口をそろえて主張したのも、その「特権」（ただし彼らのいう「特権」はおおむね妄想の産物）が自由競争の阻害になると考えたからでしょう。もちろんそれ以上に、自民族中心主義者としての色が濃いようにも思えますが。

市民的不服従

ところで、ロールズが『正義論』を出版した文脈は、1960年代に高まった公民権運動でした。キング牧師〔1929―1968〕が牽引した公民権運動は、アフリカン・アメリカンにも白人と平等な公民権＝市民権〔civil rights〕を与えるよう国家に迫る運動でしたが、それを正当化するべく、ロールズは『正義論』の中で**市民的不服**

従について述べています。ロールズによると市民的不服従とは、「通常は政府の法や政策に変化をもたらすことを達成目標として為される、公共的で、非暴力の、良心的でありながらも政治的な、法に反する行為」[*5]です。「法に反する」というところに引っかかった方もいるかもしれませんが、共同体の多数派の正義感覚に呼びかけ、正義に背く法や政策に異議申し立てをする行為は、1つには主張を示す手段として交通規正法や不法侵入法などに問われる可能性がまずあります。さらにもう1つは、正義に背く法や政策に反対している時点で法に反しているということです（もちろん裁判所が、その法や政策を憲法違反だと判断するかもしれないが）。無知のヴェールに覆われたと仮定して万人によって選択された公正としての正義の原理は、憲法を拘束し、さらにその憲法が法律を拘束しています。その法律が公正としての正義に背く不正義である場合は、市民的不服従を行使できるのです。

ちなみにロールズ的なリベラル派による現実社会への異議申し立てで特筆すべきなのは、ポリティカル・コレクトネス（PC）でしょう。日本では（侮蔑語のニュアンスもありますが）、「ポリコレ」などと呼ばれ、一般的になっています。ポリティカル・コレクトネスは「政治的正しさ」を意味し、マイノリティに配慮して、公正・公平・中立で差別や偏見を含まない言葉・用語に呼びかえていこうとするものです。例えば、黒人［Black］はアフリカン・アメリカン［African American］、インディアンと呼ばれたアメリカ大陸の先住民はネイティブ・アメリカン［Native American］と呼びかえられました。あるいは未婚の女性を意味する「Miss」や既婚の女性を意味する「Mrs」という敬称は避けられて「Ms」に統一され、「警察官［policeman］」は全員男とは限りませんから「police officer」と呼び習わされるようになりました。あなたがもしこうした敬称で傷つく女性だったらどう思うか、という「公正としての正義」の原理に基づく改称です。日本でも、女性の仕事としての偏見があった「スチュワーデス」は「キャビン・アテンダント（CA）」という中性的名称で定着しましたし、「看護婦」も「看護師」と改められました。偏見があった病名も「らい病」から「ハンセン病」へ、「精神分裂病」から「統合失調症」へ、さらにクレヨンの色まで「肌色」から「うすだいだい」へ……クレヨンはやり過ぎだと思った人もいたかもしれませんが、あなたがもし「お前の肌の色は肌色じゃないな」といわれたらどう思うか……これも無知のヴェールに覆われたと仮定して、という話です。

ただ、このポリティカル・コレクトネスをして「言葉狩りである」「世の中を息苦しくしている」と考えるリバタリアンも当然存在し、例えば２０１６年の米国大統領選挙に当選したトランプ［１９４６―　］は、ツイッターで公然と人種・民族差別、女性蔑視発言を繰り返していました。

リバタリアニズム

前述しましたが、リベラルの採用する福祉国家による所得の再分配に反対しているのがリバタリアンです。例えばロールズ批判を展開した米国の政治哲学者**ロバート・ノージック**（Robert Nozick）［１９３８―２００２］は、個人的・社会的自由を重んじる代表的なリバタリアンで、『アナーキー・国家・ユートピア』において個人の自由を守るべく国家の役割を最小限にする最小国家を説いています。国家を置いても個人の自由は守れる、という考え方は、自由を重んじる無政府主義・アナーキズム［anarchism］と区別して、小国家主義（ミナーキズム［minarchism］）と呼ばれます。いわゆる福祉国家（大きな政府）に対する夜警国家（小さな政府）です。ノージックはロック［１６３２―１７０４］が唱えた生命・自由・財産の自己所有権を引き合いに出し、所得の再分配という財産権の侵害に反対しました。個人の所有する身体とそれを使った労働によって得られた生産物は、個人の所有物であるはずだと考え、ミナーキズムによるユートピアを実現しようと考えたのです。

この政治における**リバタリアニズム**（**自由至上主義**）は、経済におけるネオリベラリズム（新自由主義）と重ねて理解される場合があります。この辺りの用語の差異は、時代や国の文脈によって一義的に定義できないので、細かい議論は省略します。ネオリベラリズムはケインズ的な福祉国家を批判し、民営化・規制緩和・公共事業縮小など政府の経済活動への関与を弱める市場原理主義に基づく政策を主張しました。マネタリズムを説いた米国の経済学者フリードマン〔1912―2006〕やオーストリアのハイエク〔1899―1992〕らが代表的論者で、1980年代に米国のレーガン〔1911―2004〕政権（レーガノミクス）や英国のサッチャー〔1925―2013〕政権（サッチャリズム）に採用され。日本もネオリベラリズム化していることは既に触れました。ネオリベラリズムというと政治的な保守主義と結びつくイメージがありますが、リバタリアニズムは経済的にはネオリベラリズムと主張が重なるものの、妊娠中絶や宗教上の理由による国旗拝礼拒否を認め、ポルノ規制に反対するなど政治的な保守主義と対立する傾向があります。

ちなみにネオリベラリズム花盛りとなった一方で、先進資本主義諸国ではリベラル（リベラリズム）の退潮が目立ちます。福祉国家を実現するためには財政支出拡大が避けられず、それに対する批判を食い止められないからです。それではリベラルでもネオリベラリズムでもない、第三の道を果たしてうまく機能させられるのか……「第三の道」とは、英国労働党のトニー・ブレア（Tony Blair）〔1953―　〕が首相時代に採用したラディカルな中道左派路線で（ブレーンだった英国の社会学者アンソニー・ギデンズ（Anthony Giddens）〔1938―　〕が提唱した）、リベラルな社会民主主義に新自由主義を取り入れる政策でしたが、最終的に従来の保守／革新・リベラル双方から批判を浴びてしまいました。二元論から脱却する「第三の道」にはまだまだ課題がありそうです。

コミュニタリアニズム

また別の観点からロールズを批判する向きもあります。米国の哲学者**アラスデア・マッキンタイア**（Alasdair MacIntyre）〔1929―　〕や「ハーバード白熱教室」のサンデルが採る**コミュニタリアニズム**（共同体主義）の立場です。*6 ここではサンデルを紹介しましょう。

> 功利主義的な自己が欲求の総計と定義されるだけなのに対して、カント主義的な自己は選択する自己であり、それがつねに持っている欲求や目的からは独立した存在である。ロールズはこう書いている。「自己はみずからが主張する目的に先立つ。最優先の目的でさえ、多くの可能性のなかから選ばなければならないからだ」（『公共哲学』）[*7]

サンデルはカント主義者が想定する目的や欲求に先立つ自己と、ロールズが想定する自己を重ね合わせ、「中立な枠組みとしての国家という理想のなかで表現される自己のビジョン」[*8]であると説明しました。その上で、「権利に基づくリベラリズムを批判するコミュニタリアンに言わせれば、われわれはそうした独立した存在、目的や愛着から完全に切り離された自己の担い手と考えることはできない……われわれは……コミュニティ特有の目的や目標に組み込まれざるをえない」[*9]と考えました。つまり、ロールズが考えた自己は無制約な自由を与えられて独立し、選択できる自己ではありますが、私たちはあくまでも「家族や町、部族や国家、政党や運動」といったコミュニティの物語に埋め込まれた**位置ある自己**（situated self）なのです。[*10] ロールズが思い描くような**負荷なき自己**［unencumbered self］[*11]ではあり得ないのです。これはリベラル派のロールズはもとより、ノージックのようなリバタリアンの主張とも意見を異にしていることがわかります（ロールズやノージックの個人は「原子論」的）。

リベラル派やリバタリアンの個人主義は、私たちが所属する共同体（コミュニティ）を衰退させました。そこでサンデルは大きな政府によって実現される中立的な公正としての正義ではなく、自身の所属する共同体の具体的状況における**共通善**［common good］を、公共的な討議を通じて見出すことが大切であると説いたのです。リベラル派は「共通善の政治は、特定の忠誠、義務、伝統に頼らざるをえないため、偏見と不寛容への道を開く」[*12]……と全体主義への不安を口にするのですが、サンデルに言わせれば伝統的な共同体の衰退によって「ばらばらにされ、居場所を失い、フラストレーションを抱えた自己の困惑」がむしろ全体主義を準備するのです。ちなみにサンデルはトランプ現象を受け止めて、「世界の国々が協力し、行き過ぎた資本主義を規制する国際合意を作ること」「国家が公共財を充実させて、「地域・国家に帰属している」という安心感を国民に与えること」「家族から出発し、地域社会の結び付きを強め、倫理観を養う。公教育を強化し、社会福祉を充実すること」の重要性を説いた上で、「トランプ氏は人々の怒りと恨みを理解したが、人々の連帯感を生み出し、資本主義の果実が皆に行き渡るような社会が今、必要なことは理解していない。社会の繋がりとは何か、正しい社会とは何か、社会はどうすれば纏まるのか、ニューテクノロジーの時代に労働の尊厳をどうやって回復するのか。そして、こうした問題に際し、国家の役割は何か——。民主主義が脅かされている今日、正義を含めて、社会全体で議論することが一層重要になっている」(読売新聞2017年1月3日付朝刊)と述べています。[*13]

潜在能力(ケイパビリティ)の開発

最後にインドの経済学者**アマルティア(アマーティア)・セン**(Amartya Sen)〔1933—〕による、別の視点からのロールズ批判を紹介しましょう(ロールズは批判ばかりされているようだが、それだけ極めて重要な議論の下敷きを提供した)。センは9歳の時に、200万人超の餓死者を出したベンガル大飢饉(1943年)を経験しています。そしてインドの貧困への疑問が経済学を志すきっかけとなったのです。ところで「不滅の人」という意味の「アマルティア」という名前は、アジア初のノーベル賞受賞者だったインドの詩人ラビンドラナート・タゴール(Rabindranath Tagore)〔1861—1941〕の命名でした。1998年にはセン自身もノーベル経済学賞(経済学賞としてはアジア初)を受賞しています。

「真の機会均等」を捉える適切な方法は「潜在能力の平等」でなければならないということである……ここで重要なのは……ロールズのアプローチとの対比である……同一の基本財を持っている二人の人間でも、善（望ましいもの）と考えること（それは両者の間で一致する場合もあるし、そうでない場合もある）を遂行する自由は全く異なっているということも起こりうる。基本財によって平等（さらに言えば効率性）を評価することは、自由の程度の評価よりも自由の手段を優先することになる。（『不平等の再検討　潜在能力と自由』）[*14]

センは、ロールズ的な一律の財の再配分（モノの平等）という「結果」だけではなく、「個人の生き方の選択肢の幅」を重視すべきであるという「**潜在能力アプローチ**」を厚生経済学に提起しました。つまり社会の中で不遇な地位に置かれている者――例えば所得の低い者――に、一律に手当を支給したとしても、それをパチンコなどのギャンブルに使われてしまっては、元も子もありません。そうではなく、何を選択できるか（「ある状態になったり、何かをすること」）[*15]という**機能**［functionings］の豊かさを実現することが重要なのです。その機能の総体を**潜在能力**（**ケイパビリティ**）と表現しました。「be capable of～（～できる）」という英語表現に見える「ケイパビリティ［capability］」です。例えば同じ「空腹」という結果であったとしても、ダイエットで食べることをしないのと、飢餓で食べるものがないのは、「食べる」という選択肢があるか、ないか、という大きな違いがあるわけです。その選択肢（例えば「適切な栄養を得ているか」「健康状態にあるか」「避けられる病気にかかっていないか」「早死していないか」「幸福であるか」「自尊心をもっているか」「社会生活に参加しているか」）[*16]の幅を広げることが重要なのです。

センはとりわけ教育の重要性を認識していました。識字能力や計算能力を身につけることで社会的チャンスが増え、法的権利を行使するとともに政治的発言の機会を増やし[*17]、生活の質が向上すると考えたのです（センは日本の発展の礎として、明治の初等教育の急速な普及を評価している）[*18]。現在日本の識字率は義務教育によってほぼ１００％

に近い（99%）のですが、一方で紛争地域となっているアフリカの南スーダンでは27%にしか達していません（アフリカには識字率が低い国が多く見られる）。そこで金銭的・物資的にアフリカ諸国を支援し、沢山の医薬品を届けたとしても、その薬瓶の文字が読めなければ、風邪薬なのか、腹痛薬なのか、見分けがつかないでしょう。また教育を受けていれば、支給された手当をギャンブルなどに使うことはせず、子どもの教育に充てようと考えるかもしれないのです。そうした意味で教育は**人間の安全保障**［human security］に欠かせません。「人間の安全保障」とは「人間一人ひとりに着目し、生存・生活・尊厳に対する広範かつ深刻な脅威から人々を守り、それぞれの持つ豊かな可能性を実現するために、保護と能力強化を通じて持続可能な個人の自立と社会づくりを促す考え方」（外務省ホームページ）のことです。現代において平和とは「国家の安全保障」のみならず、「人間の安全保障」を意味しており、中でも教育は潜在能力を広げる重要な役割があるのです。実際センは国連の「人間の安全保障委員会」に議長として関わり、国際連合開発計画（UNDP）の人間開発指数（HDI［Human Development Index］）という指標の作成に関わりました。人間開発指数は保健、所得、そして教育という人間開発の3つの側面に関する平均達成度を測る指標です。２０１５年の人間開発報告書を見ると、日本は１８８カ国中20位（1位はノルウェー）でした。２００１年に日本は１６２カ国中9位だったことと比較すると（上位国は２００１年も２０１５年もほぼ変化していません）、格差社会化が進行した影響を見て取ることができます。

21世紀の新たな思想

20世紀後半、国際政治の大きな枠組となっていた東西冷戦が終結しました。これは資本主義を掲げる西側諸国の勝利、とまとめられるような単純なものではなく、大国の対立の影に隠れていた地域紛争を表面化させました。ヒト・モノ・カネ・情報が国境を越えて行き交うグローバリゼーション（グローバル化）の進展も、世界が一つに結ばれるなどといった明るい未来だけを示すものではなく、格差社会を進行させるなど負の側面も表面化しています（地域・民族のつながりが失われるという危機感から、グローバリゼーションの反動としてのローカリゼーション・宗教原理主義の台頭も目立つ）。グローバリゼーションの推進に一役買ったインターネットの世界は、ＧＡＦＡ（グーグル、アマゾン、フェイスブック、アップル）のような巨大資本に席巻され、ＡＩアルゴリズムによる掴める情報の差異が、社会の格差と分断を押し広げているのです。また、２００１年の米同時多発テロ以降、米国を中心とする世界秩序にも限界が見え、世界経済も安定性を維持しているとは言い難い状況です。民族紛争の激化や宗教対立、そして国境を超えて拡がったイスラム国の台頭は、西洋近代の人工的な構築物である国民国家の限界を示すもののようにも思えました。さらに、西洋近代の理性中心主義に対して、感情によって世界が動かされる時代にもなってきました。２０１６年の米国大統領選挙におけるトランプ現象・サンダース（バーナード（バーニー）・サンダース（Bernard "Bernie" Sanders）［１９４１－　］）現象は、まさにそうした感情の政治・ポピュリズム［populism］（大衆迎合主義）であったように思えます。理性に基づく普遍理念を称揚し、感情に耳を傾けることを怠ったツケが回ってきたのかもしれません。近代以降の多くの国民国家が採用してきた資本主義・民主主義の機能不全が指摘されている今こそ、21世紀の新たな思想の必要性が求められているのです。

ＳＮＳ上でフェイクニュースが横行し、嘘が現実になるような「何でもあり」の現代（ポスト・トゥルースの時代）はディストピアだと思えるかもしれません。絶対普遍の真理を探求する哲学の営みも、ポスト構造主義以降、「絶対的真理などない」という相対主義に圧倒されてしまったように見えます。世界の中心にあった人間も、ＡＩなどによって脇に追いやられる勢いです。ところで21世紀に入り、哲学の世界ではポスト・ポスト構造主義とでもいうべき思潮が現れています。フランスの哲学者カンタン・メイヤスー（Quentin Meillassoux）［１９６７－　］に代表される思弁的実在論［Speculative realism］の主張によると、カント［１７２４－１８０４］以来の相関主義（人とモノの相関的関係を捉える）は人間中心主義的なものとして斥けられます。よって実在とされるのは、カントが認識の対象から除いた物自体を数理的に記述したもの、ということになります。確実性のない不安定な時代にあって、確かな実在を捉えようとした唯物論です。しかし人間中心主義を脱し、人間のあずかり知らぬ世界があると捉えることは、世界のすべては「偶然性の必然性」だと認めることに繋がります。それに反論したのは『なぜ世界は存在しないのか』を書いたドイツのマルクス・ガブリエル（Markus Gabriel）［1980― ］（ドイツ観念論の流れをくむ哲学者）です。彼によれば、すべてを包摂する領域としての世界は存在しません。しかし、1つの「山」を観察している複数人が様々な視点から「山」という対象を認識する際、それぞれの人間が認識した「山」は偶然などではなく、現実の確かな実在です。一方、思弁的実在論者（唯物論者）が認める観察者不在の「山」もまた、確かな実在なのです。このようにマルクス・ガブリエルは、自然科学に還元できないものを排除する自然主義を批判し、すべてを包摂する世界は存在しないけれども「世界以外のすべては存在する」[*19]という新しい実在論［New realism］を構想しました。西洋近代的な普遍システムに一律で「右ならえ」する発想が行き詰った現代にあって、人それぞれの「山」を確かな実在として認めていく考え方は、多様性（ダイバーシティ［diversity］）を許容し、近代／ポスト・モダンを乗り越えていく発想であるように思えます。先の見えない不安定な時代に「確かなもの」を見出そうとする哲学の営みは、現在進行形なのです。

注

＊1～3　ジョン・ロールズ『正義論　改訂版』（川本隆史・福間聡・神島裕子訳、紀伊國屋書店、2010年）。

＊4　サンデルは、黒人やヒスパニックなどマイノリティの学生を優遇した（成績や入試の点数が低い生徒を合格させた）テキサス大学ロースクールの事例を取り上げている（マイケル・サンデル『これからの「正義」の話をしよう　いまを生き延びるための哲学』鬼澤忍訳、早川書房、2010年）。

＊5　ジョン・ロールズ『正義論　改訂版』（川本隆史・福間聡・神島裕子訳、紀伊國屋書店、2010年）。

＊6　「リベラル―コミュニタリアン論争」は、「リベラルは個人を重視し、コミュニタリアニズムはコミュニティを重視する」という議論になっているが、サンデルはそうした「多数派主義」的なコミュニタリアンの立場に立つことを否定している。「サンデルが重視するのは「正義の原理が、競合する善の間で中立的でありうるかどうか」という論点であり、いわゆる「正の善に対する優位性」の妥当性である。そして、「正は善に相関していて、善か

ら独立していない」というのがサンデルの主張である」（小林正弥『サンデルの政治哲学　〈正義〉とは何か』平凡社、２０１０年）。
＊7～13　マイケル・サンデル『公共哲学』（鬼澤忍訳、筑摩書房、２０１１年）。
＊14～15　アマルティア・セン『不平等の再検討　潜在能力と自由』（池本幸生・野上裕生・佐藤仁訳、岩波書店、１９９９年）。
＊16　アマルティア・セン『危機を超えて――アジアのための発展戦略――』（『貧困の克服――アジア発展の鍵は何か』）（大石りら訳、集英社、２００２年）。
＊17　アマルティア・セン『人間の安全保障』（東郷えりか訳、集英社、２００６年）。
＊18　アマルティア・セン『危機を超えて――アジアのための発展戦略――』（『貧困の克服――アジア発展の鍵は何か』）（大石りら訳、集英社、２００２年）。
＊19　マルクス・ガブリエル『なぜ世界は存在しないのか』（清水一浩訳、講談社、２０１８年）。

63章　現代のヒューマニズム（1）

「20世紀の」ヒューマニズム

西洋思想の最後に、現代のヒューマニストたちを紹介したいと思います。「**ヒューマニズム**［humanism］」はもともとラテン語の「フマニタス［humanitas］（人間性）」という言葉に由来します。ここでいう「ヒューマニズム」とは、ルネサンスのヒューマニズム（人文主義）とは異なり、「**人道主義**」という意味です。未曾有（みぞう）の被害をもたらした2つの世界大戦、植民地支配、全体主義・ファシズム、ユダヤ人の大量虐殺（ホロコースト）、原子爆弾投下、冷戦、人種差別、貧困……科学技術の発展や文明社会の進歩の裏で禍々（まがまが）しい人類の性（さが）を露呈させた20世紀です。20世紀のヒューマニズムは暴力・疎外・抑圧・不正といった非人間的状況からの解放を訴えました。「20世紀」と前置きしたのは、「人間とは何か」という33章での問いと関連しますが、「21世紀」のヒューマニズムはもしかすると全く違った内容になる可能性があるからです。とはいえ私は「20世紀」のヒューマニストたちの問題意識が「21世紀」の現代にも共有されうる内容であると信じています。

トルストイと農民

まずは『戦争と平和』や『アンナ・カレーニナ』で知られるロシアの文豪**レフ**（**レオ**）**・トルストイ**（Leo Tolstoy）［1828－1910］です。トルストイの生まれはロシアの名門貴族（伯爵家）でした。トルストイが2歳の時に亡くなった母は仏・独・英・伊の4カ国語を操り、ロシア語を書くこともできた（当時のロシアの貴婦人はフランス語で日常会話を交わしており、ロシア語が書けない者も多くいた）教養ある女性でした。ロシア人なのにフランス語……何だか優雅さを気取っていたようで面白いです。トルストイは大学にも入るのですが全くなじめず中退し、地主になる道を選びます。当時のロシアは皇帝の専制が布かれ、宗教改革を経験していないロシア正教会の聖職者や貴族は特権階級として君臨し、農奴制が残存していました。[*1] 若きトルストイは無知で貧しい農民の生活を改善する理想を抱いて地主業を始めるのですが、農民たちに信頼されることはありませんでした。[*2] クリミア戦争従軍後にペテルブルグで文壇デビューしましたが、その後もトルストイは農民のために尽くし、1861年の農奴解放令と前後して農民のための学校も開設しています。

トルストイ

晩年のトルストイは勤勉で質素なロシア農民として生きる道を選びます。論文『さらば我ら何をなすべきか』（発禁処分となった）では土地私有の反対、軍隊や税金の廃止を訴え、平等社会の実現を構想しています。[*3] 文明を批判し、原初的な自然に帰ろうとするその理想主義的思想にはルソー［1712－1778］の影響もうかがえます。[*4] また、キリスト教の隣人愛に基づく無抵抗・非暴力、そして相互扶助を訴える倫理・宗教運動であるトルストイ主義は国内外に伝播し、アナーキスト（無政府主義者）のクロポトキン［1842－1921］や後述するガンディー［1869－1948］などに影響を与えています。非暴力でいえば日露戦争に反対する論文「反省せよ！」（『ロンドン・タイムズ』）が日本の『平民新聞』上に翻訳され、社会主義者の非戦論に大きな影響を与えました（与謝野晶子〔1878―1942〕が非戦の詩『君死にたまふこと勿れ』を書くきっかけにもなった）。「戦争反対」という発想自体、当時は新しいものでした。そして、白樺派の武者小路実篤〔1885―1976〕はトルストイの影響から理想主義的な自治的農業ユートピア「新しき村」を建設しています（トルストイ同様、白樺派は日本の貴族階級＝華族）。トルストイ自身、自らの恵まれた出自には常にやましさがあったようで、最後は土地を家族に分配し、1881年以降の著作権を放棄します。そして亡くなる年、82歳で満を持して家出を決意するのです。しかし終の住処を見つける間もなく、小さな駅で体調が悪化し、そのまま帰らぬ人となりました。

戦闘的ヒューマニズム

> 全世界において私たちの第一の義務は、道徳的高等法院、良心の裁判所の創設を促し、人間の権利の侵害を警戒し、それがどこから来ようとも、陣営の区別はなく、裁断を下すのである。（『戦いを超えて』）*5

反戦思想でいえば、人類初の大量破壊兵器が用いられた世界戦争である第一次世界大戦に際して「絶対平和主義」を掲げて反戦を主張した**ロマン・ロラン**（Romain Rolland）〔1866―1944〕*6もいます。国内が愛国心に沸き返る中で唱えた「**絶対平和主義**」には反発もありました。「今回の伝染病的な戦争によって、もっとも弱点を示した二つの精神力は、キリスト教であり、また社会主義である。これらの相反する宗教的又は非宗教的世界主義の使徒たちは、突如としてもっとも熱烈な国家主義者になった」[*7]……なかなか辛辣な批判です。

ロランは、自身が尊敬していたドイツの作曲家ルートヴィヒ・ヴァン・ベートーヴェン（Ludwig van Beethoven）〔1770−1827〕（19歳の時にフランス革命がおこり、その影響を受けたという）をモデルにした『ジャン・クリストフ』で知られるフランスの作家で、1916年にノーベル文学賞を受賞しています。耳が聴こえなくなるという作曲家としての致命傷を負ったベートーヴェンの生き様はロランの精神的な支えとなりました。ベートーヴェンは死んだ弟が残した甥カルルの後見人となるも、親身な愛情とは裏腹に不実な甥（ベートーヴェンの死の床にも駆けつけることはなかった）はピストルによる自殺未遂をおこします。ロランの『ベートーヴェンの生涯』にはそんな絶望の淵にあってベートーヴェンが『歓喜の歌』（交響曲第9番第4楽章）を書いた、というエピソードが述べられています。[*8]

学生時代のロランはトルストイの『戦争と平和』を読んで手紙を書き、トルストイは全く無名のロランに返事を送ったそうです。[*9] ロランはそれにいたく感激するんです。そんな立派なトルストイの姿に学んだロランは大正教養主義の時代に読まれた『出家とその弟子』の作者・倉田百三（ひゃくぞう）〔1891−1943〕と交流をもち、そのフランス語版の序文を書いています。また、ロランは後述するガンディーを1923年の著書で欧州に紹介した人でもありました。

> 戦争は来つつある。戦争は八方から来つつある。戦争はすべての国民をおびやかしている……警戒せよ。万人よ、立ち上れ。われわれはすべての国民、すべての党派、善意のすべての男および女に呼びかける……万人に関係があるのである……われわれは共同の敵に向って結束せねばならない。戦争に立ち向え。戦争をとどめよ。（『革命によって平和を』[*10]）

ロシア革命（1918年）で具現化された社会主義の理想を信じていたロランです。1936年にフランスで反戦・反ファシズムの人民戦線内閣（社会党と急進社会党の連立内閣で、フランス共産党は閣外で協力した）が成立すると、移り住んでいたスイスからフランスに戻り、それを支援します。その後人民戦線が瓦解し、1939年に第二次世界大戦が勃発すると、1940年にパリはナチス・ドイツに占領されてしまいました。晩年のロランは平和の敵と戦う「**戦闘的ヒューマニズム**」の立場を貫き、フランスの対独レジスタンス運動にも共感を寄せていました。

生への畏敬（いけい）

私は小学生の頃、図書館で児童向けの偉人伝を借りて読むことに凝っていました。いろいろ読みましたが、「シュヴァイツァー」だけは「何だかつまらなそうだな」と思って読まなかった、という記憶があります。今思えばもったいないことをしたと思うのですが（笑）、子ども受けしないその高度な思想性は、大人になってから読んだ方が心を打つような気もします。

シュヴァイツァー

アルベルト・シュヴァイツァー（Albert Schweitzer）〔1875―1965〕は当時のドイツ・アルザス（現フランス）出身の医者・哲学者・神学者・音楽学者（バッハ研究家でパイプオルガン奏者でもあった）です。既に紹介したフランスの実存主義哲学者・文学者サルトル〔1905―1980〕はシュヴァイツァーのいとこの息子にあたります。牧師の子として生まれ、音楽家や神学者としても有望だったシュヴァイツァーですが、医者となってアフリカに渡り、「密林の聖者」として医療・伝道活動に従事しました。78歳の時にはノーベル平和賞を受賞し、晩年は反核運動も行っています。

学校に上がった頃のシュヴァイツァー少年のエピソードです。ロバを引く隣村のユダヤ人マウシェを追いかけ、友人と一緒にからかいました。しかしマウシェは、当惑しながらもやさしく振り返って微笑んだのだといいます。シュヴァイツァー少年は「迫害のなかにあってじっと黙っていることが、どんなことであるかを……マウシェから はじめて学」びました。[*11] それに気付いてからは、マウシェに対して丁重に挨拶をしたそうです。また、友人と取っ組み合って力比べをしていて、彼を負かしたときにこう言われたんです。「くそっ、おれだって、おまえみたいに毎週二回肉スープを食わせてもらえりゃあ、おまえぐらい強くなれるんだ！」。[*12] そこで、自分が境遇の良い、牧師のぼうやであることを自覚します。そこで21歳になると「三十歳までは説教家の職務と学問と芸術とに生きようと決心」し、「学問と芸術の分野においてて自分のもくろんでいることをなしとげたら、それからさきは、人間として直接奉仕するなんらかの道にふみだそう」と考えるのです。[*13] アフリカ渡航と伝道活動はその実践でした。

> 水と原始林……！　だれがこの印象を筆に現わしえよう？　夢を見ているような気持ちだった。どこかで想像図として見たことのある太古の風景がまのあたりにある。どこまでが川で、どこからが岸なのか、見分けがつかない……いよいよほんとうにアフリカなのだ！（『水と原始林のあいだに　赤道アフリカの原始林における一医師の体験と観察』）[*14]

シュヴァイツァーが初めてアフリカに渡った１９１３〜17年の経験を１９２０年にまとめた『水と原始林のあいだに』によれば、ニワトリ小屋を診療室にして医療活動を始め、現地では当初呪術師（ガロア語で「オガンガ」）として扱われたそうです。

《生への畏敬》veneratio vitae こそ、わが生きんとする意志の最も直接的で、しかも同時に最も深い所為である……生への畏敬は、私に道徳的なものの根本原理を与える。すなわち善は、生の維持、促進、高揚であり、悪は、生の破壊、毀傷、阻害である。世界の肯定、すなわち私の周囲にあらわれる生きんとする意志を肯定することは、私が自己自身を他の生に捧げることによってのみ可能である。（『文化と倫理　文化哲学第二部』）*15

「**生への畏敬**」……この倫理的神秘主義・宗教的世界観に突如シュヴァイツァーが達したのは、オゴーウェ川を遡り、河馬(カバ)の群を見たときだったといいます。*16 植物・動物・人間……全ての命あるものに存在する「生きんとする意志」。その尊い生に畏敬の念をもち、その生に苦しみがあればそれを助けようと無限の責任感で献身することこそが、倫理的人間なのです。シュヴァイツァーはデカルト〔1596―1650〕の「我思う、ゆえに我あり」という近代的思考の出発点を「無内容にして作為的な思考法」*17 であるとして批判しています。デカルトの物心二元論に基づく機械論的自然観（人間理性・精神の優位に基づいて自然や肉体を支配し、機械的に操作する）が近代科学・文明を発展させた一方で、環境破壊や生命の操作などの倫理的問題を生んだことが想起されます。また、ショーペンハウアー〔1788―1860〕の厭世(えんせい)思想や彼が影響を受けたインド思想に見られる「生への意志の否定」に対し、「生への意志の肯定」――「漠然と生きることを止め、生を真の価値にもたらさんがために、畏敬の念をもって自己（および他者）の生に献身する」*18 こと――を説いたのです。

アガペー（神の愛）の実践者

２０１６年にカトリック教会の「聖人」となった修道女**マザー・テレサ**（Mother Teresa）〔１９１０—１９９７〕はオスマン帝国領コソボ州（現マケドニア）のスコピエに生まれました。両親はアルバニア人（正教徒やイスラーム教徒が多い地域ながらカトリック信者だった）で本名は「アグネサ・アンティゴナ・ゴンジャ・ボヤジ」といいます。なかなか覚えられそうもない名前です。一般的には親しみやすい修道名テレサに修道女マザーを冠して「マザー・テレサ」という敬称で呼ばれています。約１５０センチメートルという小柄なマザーはキリスト教のイエスが説いた神の愛（アガペー）の偉大な実践者です。なにも新しい何かをしようとした人ではありません。清貧を貫き、民族・宗教・思想・身分・年齢を越えて、持てる全てを惜しげもなく与える「無償の愛」を忠実に実践した……その一点でのみ偉大なのです。父はアルバニアの愛国者運動に身を投じて、マザー９歳の年に亡くなりました。「バルカンの火薬庫」と呼ばれたように民族紛争が絶えず、第一次世界大戦の火種になるバルカン半島の当時の政情が想像されます。ちなみにマザーの思想の根っこには、ローマ人・スラヴ人・ブルガリア人・セルビア人そしてオスマン帝国に征服された被征服民として抵抗を続けてきたアルバニア人の「ベサ」という考えが認められるそうです。*19「ベサ」とは「どんなに犠牲を払おうと神に誓った言葉は守られる」という考え方です。「あなたを家に泊めます」と言ったからには、相手が敵だとわかったとしても、必ず家に泊めてかくまう約束を果たす、ということです。

私たちは、人々と出合うために、自分から出かけて行かねばなりません。遠くに住む人にも、近くにいる人にも、物質的に悩む人々のところにも、精神的貧しさを味わっている人のところにも。（『マザー・テレサ　愛と祈りのことば』）[20]

マザーは1929年にインドに渡り、教育活動に従事します。そして神の召命（しょうめい）に従い、1948年に貧しいカルカッタのスラム街に入り、貧しい人々のためにサリーを身にまとって献身的に働きました（1949年にはインド国籍を取得する）。1950年には女子修道院「神の愛の宣教者会」を設立し、その後もホスピス「死を待つ人の家」や孤児院「聖なる子どもの家」、さらにはハンセン病やエイズ患者、未婚の母のためのホームを作りました。[21]ハンセン病患者の「言いようのない悪臭を放つうみの流れる体に触れる」ことは、「聖体でいただくキリストと同じキリストの体に触れているのだとの確信なしには……その勇気はあり得ない」[22]とマザーは包み隠さず正直に告白しています。1979年にノーベル平和賞を受賞しますが、その賞金19万ドル余りは1銭たりとも受け取らず、貧しいカルカッタの人々に全額寄付されました。ユダがイエスを裏切るきっかけになったお金への執着をマザーは戒めていたのです（「執着心から捨てられないものの何と多いことでしょう。すべてをイエスに差し出すためには、所有物は少ない方がよいのです」）[23]。マザーの仕事を見学した英国人女性が「百万ポンドをやると言われても、私にはできません」と言ったとき、マザーは「私にもできません」と答えたそうです。[24]女性は「自分に共感してもらえた」と思ったようですが、マザーが言いたかったのは「お金のために働くなんてことは、私にはできない」ということだったのです。

マザー・テレサ

ヒンドゥー教国のインドにおける慈善活動でしたが、マザーはキリスト教カトリック信仰を押し付けるようなことはしませんでした。そんなマザーに対するインドの人々の思慕や敬意の念は、亡くなった時に異例の「国葬」（インド建国の父ガンディー、そして初代首相ジャワハルラール・ネルー（Jawaharlal Nehru）〔1889―1964〕に次ぐ「国葬」）に処されたことにも現れています。亡くなった際の遺品は「着古したサリーとカーディガン、古びた手さげ袋と、すり切れたサンダル」*25だけだったそうです。

私の教え子から教えてもらったお話です。教え子のお母さんはマザーに会うために1993年にインドに渡り、マザーハウス（マザー・テレサの家）を訪ねたそうです。この話を聞いた時、私はとても感動しました。当時マザーハウスには医師や看護師も含めて世界中の人々がボランティアのために集まっていました。教え子のお母さんは礼拝に参加した際、マザー本人を見ることができたそうです。お母さんは「この世で一番大きな苦しみは一人ぼっちで、誰からも必要とされず、愛されていない人々の苦しみです」*26というマザーの言葉の意味を活動を通じて肌で感じたといいます。ボランティア活動をした「死を待つ人の家」には、インドのカーストで最下位に置かれた貧しい人々が集まっていました。施設に入る前は1人1人、信仰や食事や埋葬方法を尋ねたのだそうです。死の直前にあっても、その信仰や嗜好に配慮し、動物のような扱いを受けてきた彼らが人間らしく愛されたと感じられるように、神の元へと送り出したい……そんなマザーの考えがそこにはあったのです。

マザーには現在称賛と共に批判も少なくありません。何だか人間の醜い本性を見せつけられるようですが、イエスに寄り添った理想的な聖人の振る舞いなどこの世にあるはずがない、と思いたい人たちは沢山いるのです。ここにも理想主義と現実主義の対立があるわけです。貧困問題に対処するにしては活動が小さく、必要な政府の力を借りようとしない、さらに治療技術も時代遅れだ、という批判がありました。しかしマザーはこうも言っています。「数に興味はありません。大切なのは人間です。私は誰にも頼ろうとは思いません。私が頼りとしているのは、唯一人、イエスだけです」「私の使命は一人ひとりに個人として仕え、一人ひとりを人間として愛することだと思っています……もし、社会機構の変革を神が望んでいると確信する人々がいれば、それは、その人たちが、そのように神に持ちかけていったらよいことなのです」*27と。

マハトマ（偉大なる魂）

インドといえば、独立の父とされるのが**モーハンダース・カラムチャンド・ガンディー**（Mohandas Karamchand Gandhi）です。詩聖タゴール〔1861―1941〕の命名とされる「**マハトマ（偉大なる魂）**」という敬称も知られています。アカデミー賞を受賞した1982年の英印合作映画『ガンジー』〔1923―2014〕監督）はガンディーそっくりの主演俳優の名演技も相まって、彼の歩みをじっくり理解できる素晴らしい内容でした。

ガンディーはカーストではクシャトリヤ（貴族・王族）の生まれで、恵まれた境遇でした（それを鼻にかけて、素行も良くなかった）。そんな鼻持ちならないガンディーはエリートとして教育を受け、植民地の宗主国・英国に渡って弁護士となります。その後南アフリカで弁護士稼業を始めるのですが、そこで有色人種として差別を初めて体験するのです（南アフリカは「アパルトヘイト」という人種隔離政策を布いていた）。被差別意識に目覚めたガンディーは、インド系移民の権利回復運動を始め、インド帰国後は「**非暴力・不服従**」を唱えてネルー（後のインド初代首相）と共に宗主国・英国からの独立・自治運動（スワラージ）を指導しました。高率の塩税や製塩禁止法に反対して約380キロメートルを歩いた「塩の行進」や国産品を愛用する「スワデーシ」も知られています。

ガンディー

それにしても「非暴力・不服従」は、なかなか新しい抵抗手段です。「殴られたら、殴り返す」のが普通だと思いますが、ガンディーは独立運動を指揮して街頭演説を行い、警察に捕まり殴られたとしても、一切抵抗しないんです。かといって服従することもしません。殴られても、ニコニコ笑っているんです。暴力を使って抵抗せず、かといって服従もしない……これが「非暴力・不服従」

です。かなり不気味な戦い方です。ガンディーを捕まえてきた警官は上司に問われます。「こいつは何をした?」、しかしそう問われても、暴力で抵抗したわけではないので、「何もしていません」というほかないんです。結局、「だったらなぜ捕まえてきた!」という話になり、釈放されます。そしてまた街頭演説を行って逮捕されて……という繰り返しです。

ガンディーの思想

わたしたちの戒律の三番目にくるのは、ブラフマチャリヤ（brahmacharya［純潔・禁欲・浄行］）です……完全なるブラフマチャリヤ［無私］なくしては、アヒンサーの成就はありえないことがわかります。アヒンサーとは、あまねく万人への愛［博愛］を意味します。一人の男が一人の女を、一人の女が一人の男だけを愛するとしたら、二人以外の世の人びとに、何が残こされるでしょう……。（『獄中からの手紙』）*28

ガンディーはまず真理を探求するための禁欲（自己抑制）を行いました。これを**ブラフマチャリヤー（自己浄化）**といいます。これはインドの伝統思想に由来するもので、ジャイナ教の五戒（ごかい）の中に不淫（ふいん）（ブラフマチャリヤー）があったことを思い出してみてください。ガンディーによれば、ブラフマチャリヤーを完全に行うことで、不殺生（ふせっしょう）（アヒンサー）が成就するのだといいます。

いっさいの執着心から解き放たれて自由になることが、神を真理として悟ることです……アヒンサーはあくまでも手段であり、真理が目的です……わたしたちが手段に心を払えば、早晩、目的に到達できることは必定です。そして、ひとたびこれを実行しようと決意したなら、最後の勝利は疑うべくもありません。
（『獄中からの手紙』）*29

一切の生きとし生けるものへの愛情……この**アヒンサー**（**不殺生**）もジャイナ教の五戒の中にありました。仏教にも取り入れられているインドの伝統思想・不殺生（虫一匹殺さない）からガンディーは非暴力という発想を得たのです。ブラフマチャリヤーとアヒンサーという2つの実践を通じて至るべき目標は**サティヤーグラハ**（**真理把持**）です。ガンディーによれば「「サッティヤー（satya［真理］）という語は、実在を意味する「サット（Sat）」という語に由来します」。*30 真理は「神」と言い換えてもよいものです。2つの実践を手段として、最後は神を真理として悟る……その魂（精神）の勝利をガンディーは固く信じていたのです。

ガンディー自身はキリスト教にも理解を示していましたが、かといってクリスチャンでは決してなく、西洋キリスト教文明には批判的でした。*31 そんなガンディーでしたが、最後はインドの宗教対立の犠牲となってしまいます。ガンディーはヒンドゥー教徒とムスリム（イスラーム教徒）の共生するインドを夢想したのですが、結局ムスリムはパキスタンを建国して、分離独立がなされることになりました（今でも印パは互いに核武装する程の緊張関係である）。最後まで両教徒の融和を模索し、断食などを行っていたガンディーですが、その混乱期に狂信的なヒンドゥー教徒に銃口を向けられ、惜しくも亡くなるのです。撃たれた際ガンディーは「額に手を当てる」しぐさをしたそうです。それはイスラームで「相手を許す」ことを意味するしぐさだったのでした。

注

＊1　川端香男里『人類の知的遺産52　トルストイ』（講談社、１９８２年）。
＊2〜3　八島雅彦『人と思想　トルストイ』（清水書院、１９９８年）。
＊4　川端香男里『人類の知的遺産52　トルストイ』（講談社、１９８２年）。
＊5　ロマン・ロラン『戦いを超えて』（『ロマン・ロラン全集18　社会評論集』）（宮本正清訳、みすず書房、１９５９年）。
＊6　ロマン・ロランには「人間性の勝利を肯定する楽天主義者・戦闘的ヒューマニスト」「厭世的リアリスト」「歴史家・革命運動家（反戦活動とマルクス主義への接近）」「神秘的信仰家（スピノザとベートーヴェンへの信仰）」という四つの顔があった（村上嘉隆・村上益子『人と思想　ロマン・ロラン』清水書院、１９７０年）。
＊7　ロマン・ロラン『戦いを超えて』（『ロマン・ロラン全集18　社会評論集』）（宮本正清訳、みすず書房、１９５９年）。
＊8　ロマン・ロラン『ベートーヴェンの生涯』（片山敏彦訳、岩波書店、１９６５年）。
＊9　村上嘉隆・村上益子『人と思想　ロマン・ロラン』（清水書院、１９７０年）。
＊10　ロマン・ロラン『革命によって平和を』（『ロマン・ロラン全集18　社会評論集』）（蛯原徳夫訳、みすず書房、１９５９年）。
＊11〜13　シュヴァイツァー『生い立ちの記』（『シュヴァイツァー選集1』）（国松孝二訳、白水社、１９６１年）。
＊14　シュヴァイツァー『水と原始林のあいだに　赤道アフリカの原始林における一医師の体験と観察』（『シュヴァイツァー選集1』）（浅井真男訳、白水社、１９６１年）。
＊15　シュヴァイツァー『文化と倫理　文化哲学第二部』（『シュヴァイツァー選集7』）（氷上英廣訳、白水社、１９６１年）。
＊16〜18　アルベルト・シュヴァイツァー『わが生活と思想より』（竹山道雄訳、白水社、２０１１年）。
＊19　和田町子『人と思想　マザーテレサ』（清水書院、１９９４年）。
＊20〜23　マザー・テレサ『マザー・テレサ　愛と祈りのことば』（ホセ・ルイス・ゴンザレス・バラド編、渡辺和子訳、ＰＨＰ研究所、２０００年）。
＊24　和田町子『人と思想　マザーテレサ』（清水書院、１９９４年）。
＊25〜27　マザー・テレサ『マザー・テレサ　愛と祈りのことば』（ホセ・ルイス・ゴンザレス・バラド編、渡辺和子訳、ＰＨＰ研究所、２０００年）。
＊28〜30　ガンディー『獄中からの手紙』（森本達雄訳、岩波書店、２０１０年）。
＊31　「ガンジーは、キリストのことを知った時、興味を抱きました。しかし、キリスト信者たちに会って、がっかりしたそうです」「ガンジーがかつてこう言いました。「もしもキリスト信者たちが、その信仰を忠実に生きていたら、インドにはヒンズー教を信じる者たちは一人もいなくなってしまうだろう」と」（マザー・テレサ『マザー・テレサ　愛と祈りのことば』ホセ・ルイス・ゴンザレス・バラド編、渡辺和子訳、ＰＨＰ研究所、２０００年）。

64章　現代のヒューマニズム（2）

「私には夢がある」

……いつの日か、ジョージアの赤い丘で、元奴隷の息子と元奴隷所有者の息子が、兄弟愛の同じ食卓につくのです。私には夢がある。いつの日か、不正と抑圧の熱で暑くうだる沙漠のミシシッピ州でさえ、自由と正義のオアシスに変貌するのです。私には夢がある。私の四人の子供たちがいつの日か、肌の色ではなく、人格の中身によって判断される国家に住むようになるのです。私には今日、夢があるのです。（『私には夢がある（M・L・キング・ジュニア）』*1）

米国の**公民権運動**［civil rights movement］の指導者として、ガンディー［1869―1948］やキリスト教の影響を受け、「非暴力と愛の結合」を訴えたのは**キング牧師**（Martin Luther King Jr.）［1929―1968］です。黒人（アフリカン・アメリカン）差別に抵抗した公民権運動の指導者にはマルコム・X（Malcolm X）［1925―1965］（イスラーム系の黒人至上主義的運動であるＮＯＩ（ネーション・オブ・イスラム）に入信したが、後に離反し暗殺される）もいましたが、彼が白人から過激なレッテルを貼られたのと対照的です（プロボクサーのカシアス・クレイ（Cassius Clay）［１９４２―２０１６］は、ＮＯＩに入信してモハメド・アリ（Muhammad Ali）と改名した）。キング牧師の運動は「非暴力」を前面に押し出したからこそ、白人の支持を取り付けることができました。

アメリカ黒人の歴史

北米大陸の歴史については54章で少し触れました。ネイティブ・アメリカンの土地を白人入植者が奪うことで成立したのが米国です。その米国に今も黒人が住んでいる理由は奴隷貿易です。アフリカ大陸から奴隷商人により、プランテーション農家の労働力として売られていったのです（南米北米・キューバ・ハイチ・西インド諸島などを合わせるとその数は約５０００万人ともいわれる）。[*2] アフリカの黒人たちが白人に対して従順だったわけではありません。アフリカの部族抗争などに敗れた人々が奴隷とされたのです。奴隷船の絵も残されていますが、ぎゅうぎゅうにすし詰めにされた船内（１２０トンの船に４８０人を乗せたり、座らせたまま詰め込まれることもあった）は悪臭まみれで、衛生状態も悪かったそうです。[*3] 鎖につながれた黒人奴隷は鎖から逃れ、船上で白人に抵抗することもあったようですが、互いに恐怖に慄（おのの）く中、白人はそんな黒人を殺して心臓や肝臓を取り出して他の者に食べさせたり、女を鞭（むち）打って短刀で切り刻んだりしたのだといいます。[*4] そうして連れて来られた黒人は台に載せられてオークション（競売）で家畜のように売られていきました。親子が離れ離れになることだって当然あったのです（フォーク歌手のボブ・ディラン（Bob Dylan）

キング牧師

［1941—　］の代表曲「風に吹かれて（Blowin' in the Wind）」は、「競売はたくさんだ（No More Auction Block）」という黒人霊歌（ニグロ・スピリチュアル）のメロディを借用したもの）。黒人は家畜と同じ藁敷きの豚小屋のような所に住まわされ、綿摘みなどにこき使われ、食事は白人のゴミのようなものが与えられました。米国の伝統的なソウルフード（黒人料理）に臓物（モツ）がみられるのはそうした理由です。

「ハングマン［hangman］」というゲームがありますが、これは特別な意味合いを想起させます。ハングマンは黒人を木に吊るす絞首刑のことなのです。また、KKK（クー・クラックス・クラン）という白人至上主義団体は黒人を脅かす三角頭巾の白装束を着て、おどろおどろしいリンチを行っていました。米国ではこうした黒人のリンチや絞首刑が娯楽だった時期があります。白人の老若男女がにっこり笑いながら、リンチされて木にぶら下げられた黒人と記念撮影をしている写真が沢山残されているんです。「黒人男性が白人女性と一緒にいる」というシチュエーションは白人男性にまず疑われ、リンチの対象となりました。ちなみに、「白人男性が黒人女性と一緒にいる」という組み合わせは不問とされました（同じく有色人種として米国で差別を受けた歴史がある日本人に置き換えてカップルの組み合わせを想像してみてほしい）。ちなみにフランス・マルティニークの黒人詩人エメ・セゼール（Aimé Césaire）［1913—2008］に学んだ、同じくマルティニーク出身の思想家・精神科医フランツ・ファノン（Frantz Fanon）［1925—1961］は『黒い皮膚・白い仮面』の中で、「黒い皮膚の女と白人の男」「黒い皮膚の男と白人の女」の精神を分析しています。そこでもファノンは「歴史的に、白人の女と寝るという罪を犯したニグロは去勢されるということを私たちは知っている」*5と述べています。

白人と黒人から産まれた子どもの肌の色はチョコレートのように（黒人文学で用いられる比喩）色のグラデーションが出るのですが、現代の米国に数え切れないほどの混血がいるのは、白人のプランテーション農園主（男性）が黒人奴隷（女性）に多くの子どもを産ませていたからです（一滴でも血が混じれば「黒人」とみなされた）。いずれにしても、黒人男性が白人女性と一緒にいたり、白人の引いたある種の境界・カラーラインを侵犯する行為はリンチの対象です。市中引き回しの末、木にぶら下げられ、裸でガソリンをかけられ、火がつけられることもありました。米国の黒人女性ジャズ歌手ビリー・ホリデイ（Billie Holiday）〔1915―1959〕に「奇妙な果実［Strange Fruits］」という代表曲があります。「南部の木には奇妙な果実がなっている」……もちろんそれは、南部の奴隷州で木にぶら下げられた黒人の死体のことです。重苦しいムードで淡々と黒人差別を糾弾する、ジャズ史上忘れ難い一曲です。ビリー・ホリデイ自身、ジャズ歌手として大成した後に麻薬に溺れ、晩年は黒人であることを理由に病院をたらい回しにされた挙げ句、亡くなっています。ビリーほどの大歌手でさえ、そんな最期だったのです。

2009年に衝撃の死を遂げた米国のスーパースター、マイケル・ジャクソン（Michael Jackson）〔1958―2009〕もそうした黒人差別を経験している世代です。ジャクソン・ファイブの一員として幼くしてエンターテインメント界で大成功を収めましたが、きっとレストランに入れば「黒んぼ（ニグロ［negro］）は出て行け」などと言われた経験があったはずです。公民権法成立前の米国では、レストランや水飲み場も白人と黒人は別々で（有色人種用の入り口「COLORED ENTRANCE」があった）、賃貸住宅や洗濯屋には「FOR WHITE ONLY」という立て札がありました。1980年代に「スリラー」をヒットさせて人種や国籍を超えた世界のスーパースターとなり、自宅「ネバーランド」に遊園地や動物園を作るまでになったマイケル……彼があらゆる富を手に入れた末にやろうとしたことは、自らの皮膚の移植手術だったのでした。「白人になりたい」というマイケルの痛切な想いも含めて、彼の音楽をしっかりと受け止める必要があると思います。

ローザ・パークスの勇気

アラバマ州モンゴメリー（黒人奴隷を抱えるプランテーション農家が多かった米国南部に位置する）での出来事です。1955年のある日、仕事帰りの黒人女性ローザ・パークス（Rosa Parks）〔1913―2005〕は公営バスに乗っていました。当時黒人は後方に隔てられたバスの座席に座ることができましたが（前方の白人席との中間席に座ることもできた）、白人が乗ってきた際は譲るルールになっていました。聞くだけで腹立たしいルールです。いわゆる南部諸州に存在した黒人差別的な法律「ジム・クロウ法」の一つです。１８９６年には「分離すれど平等［Separate but equal］」などという、黒人分離を正当化するとんでもない最高裁判決までもが出されていたのです。

白人乗客がどんどん乗って来た時、中間席に座っていたローザは運転手から「立て」と命じられます。日頃の人種差別は、ローザの心の中でもう限界に達していました。ローザは席を立つことを拒否するのです。結局運転手は警察に連絡し、ローザは逮捕されます。しかし「見えない人間」（黒人文学者ラルフ・エリソン（Ralph Ellison）［１９１４—１９９４］の小説のタイトル）とされた42歳のたった1人の女性の勇気につられ、不満を抱いていたその他大勢の黒人たちが立ち上がったのです。彼らが始めた乗車拒否のバス・ボイコット運動がきっかけとなり、全米に非暴力の公民権運動の波が巻き起こります。モンゴメリーの教会の牧師だったキングはその運動のリーダーとなりました。

１９６３年、約20万人の人々が集まったワシントン大行進ではキング牧師による有名な「私には夢がある（アイ・ハヴァ・ドリーム）」演説が行われます。フォーク歌手のボブ・ディランやフォーク・トリオのピーター・ポール＆マリーも集会に参加していました。演説の様子はＹｏｕＴｕｂｅでも観ることができるのですが、黒人のみならず多くの白人の若者が参加していたことがわかります。１９６０年代の若者たちは親世代の旧い価値観に対抗し、人種差別や男女の壁を打ち破っていきました。その演説の内容はただただ心を打つのですが、キング牧師の歌うかのような抑揚（日本の「こぶし」のような「メリスマ」）にも惹き付けられます。そしてその声に応答する聴衆とのやり取りも素晴らしいのです。アメリカ黒人の世俗音楽（リズム＆ブルーズ

ローザ・パークス

［R&B］）はもともと黒人教会が発祥です。リズム&ブルーズやソウル、ラップといった黒人音楽は、その意匠を借りたロックという白人音楽にも受け継がれるのですが、高揚した説教師（プリーチャー）と信者が「そうだよな?・」「イェー」といった風に掛け合いをやるのが特徴です。これを「コール&レスポンス」といいます。キング牧師の演説にも「コール&レスポンス」から生まれる一体感が感じ取れます。

白人が黒人奴隷に与えたキリスト教は、被差別民であるイスラエル民族（ユダヤ人）の思想を根っこにもっていました。そうした被差別民・ユダヤ人の宗教への、黒人側からのシンパシーも当然あったわけですし、白人たちも黒人のキリスト教信仰や黒人霊歌の演奏を大目に見てうるさく言わなかったこともあり、キリスト教は黒人に定着したようです。

深い河よ。私の故郷はヨルダンの彼方、主よ。あの深い河よ。私はあの野外集会所へ行きたいのです。あの福音の宴に侍りたくないのか。すべてが平安である約束の地へ。
Deep River, my home is over Jordan, Deep River, Lord, I want to cross over into campground. Oh, don't you want to go to the gospel feast, That promised land where all is peace?（『ニグロ・スピリチュアル　黒人音楽のみなもと』）*6

黒人霊歌の歌詞も興味深いです。奴隷労働から逃げ出したい気持ちを、切々と隠喩に篭めているんです（この歌を歌った奴隷は「ディープ・リヴァー」を何とかして渡って、野外集会所のクエイカーの集まりに出席できれば、故郷のアフリカに帰れるチャンスがあると確信していたとしか考えられない」）。*7 黒人にとっての野外集会所はイスラエル民族にとっての約束の地・カナンでした。こうした黒人音楽の隠喩の伝統はブルーズやロックの定番でもあります。例えば性的隠喩でいえば、RCサクセション『雨あがりの夜空に』における「こんな夜におまえに乗れないなんて」などにも見られます。

ワシントン大行進の翌1964年、とうとう公民権法が成立し、黒人は白人と同等の市民権を与えられます。キング牧師はノーベル平和賞を受賞するのですが、1968年に凶弾に倒れてしまいました。実は米国では、黒人差別のタブーにメスを入れると殺される……という忌まわしい歴史があります。奴隷解放宣言を出した第16代大統領エイブラハム・リンカーン（Abraham Lincoln）〔1809―1865〕も観劇中に射殺されました（リンカーン自身は奴隷所有者で、奴隷解放宣言は南北戦争を優位に進めるための策略だった）。また、米国で最も人気のある大統領、「JFK」ことジョン・フィッツジェラルド・ケネディ（John Fitzgerald Kennedy）〔1917―1963〕はダラスで遊説中、夫人とオープンカーに乗っていたところを遠方から狙われ、射殺されてしまいました。暗殺の真相は今も闇の中ではありますが、キング牧師に共感し、公民権法成立に尽力したことが理由の1つであると考えることはできます。そう考えると、2009年の黒人（有色人種）初の大統領オバマ〔1961―〕の誕生は米国の歴史の中でも意義ある出来事でした。ただオバマは奴隷の子孫というわけではなく、アフリカのケニア人の父をもつアフリカ系でした。オバマが大統領選挙期間中、防弾ガラスの前で演説をしていたことも思い出されます。そんなオバマの任期が終わり、トランプ〔1946―〕政権下で再び黒人差別が横行し、ブラック・ライヴズ・マター（BLM）運動が全米を激しく揺さぶったことを思うと、人間が過去の歴史から学ぶべきことは多いと感じます。

科学者の社会的責任

ユダヤ人の両親の下でドイツに生まれた**アルベルト・アインシュタイン**（Albert Einstein）〔1879―1955〕は相対性理論を生んだ物理学者に留まらず、卓越した思想家、世界を道徳的に導く理想主義者として、科学の営みを相対化する大局的な視野をもっていました。何しろアインシュタインが発言したテーマは、人間の理性の能力、自由、宗教、資本主義と社会主義、反ファシズム、反米大国主義、原子力兵器の開発、軍縮、世界平和からユダヤ人問題まで多岐にわたっています。現代の科学者は専門・タコツボ化があまりにも進み過ぎてしまいました。ノーベル物理学賞を受賞した物理学者・湯川秀樹［1907―1981］も「科学者の数の急激な増大に反比例して、個々の学者のスケールが小さくなり、思想が貧しくなりつつある今日、そして科学文明自身のあり方が根本から問い直されている今日、アインシュタインの学問と思想を、原著を通して知ることには、大きな意義がある」*8と述べています。

アインシュタインは哲学者の**バートランド・ラッセル**（Bertrand Russell）［1872―1970］と共に核廃絶運動を展開し、晩年の1955年には「**ラッセル・アインシュタイン宣言**」を11人の科学者の連名で提出しました（湯川秀樹も加わっている）。これを受けて1957年には科学者による核廃絶会議である**パグウォッシュ会議**がカナダで開かれています。アインシュタインは米国を中心とする連合国の原爆製造（そして日本への原爆投下）に間接的に関わったことに責任を感じていました。何しろアインシュタインは原子力の根本原理の発見者でした。ユダヤ系だったアインシュタインはナチス・ドイツによる原子力の軍事的利用を食い止めるため、亡命先の米国で原子力の工業的利用を調査する委員会を立ち上げる際、ルーズベルト大統領［1882―1945］に原爆の有害性を説く親書を送っていました。しかしルーズベルトはそれを見る前に亡くなりました。それ以上の関わりはなかったのですが、自らの理論が広島・長崎の原爆投下につながったことをニュースで知り、原子力の世界政府による国際管理と平和利用の必要性を感じたのでした。

アインシュタイン

晩年の舌を出したひょうきんな写真と共に、忘れられない言葉もあります。「いっさいを科学的に記述することは可能だろうが、そんなことをしても無意味だろう……ベートーヴェンのシンフォニーを波動の圧力の変動として記述するようなものだ」。[*10] そしてもう一つ！「哲学は、他の科学のすべてを生み、それに才能をさずけた母親のようなものです。したがって、裸で貧しいからといって哲学をさげすんではなりません。むしろ、子どもたちを俗物根性におちいらせないために母親のドンキホーテ的理想が一部なりとも子どもたちのうちに生きつづけることを望むべきです」。[*11]

政治家として未来に責任を負うこと

政治家の言葉が軽薄になった、といわれて久しいです。特に日本の場合、議会での演説にしても答弁にしても（当然座付き作家や答弁資料を作る官僚がいるわけだが）、それをただ棒読みするのは聞いていているだけで恥ずかしい気分になってしまいます。そうした台本が無ければ無いで、漢字が読めなかったり、失言やその訂正ばかりだったりと、本当に気が滅入ってしまいます。しかし政治家の質は選んだ国民の質ですから、自戒が必要です。経済的繁栄など目先の淡い期待だけで票を投じれば、引き換えに失うものも多いということでしょう。

> 問題は過去を克服することではありません。さようなことができるわけはありません。後になって過去を変えたり、起こらなかったことにするわけにはまいりません。しかし過去に目を閉ざす者は結局のところ現在にも盲目となります。非人間的な行為を心に刻もうとしない者は、またそうした危険に陥りやすいのです。（『荒れ野の四十年』[*12]）

これは、西ベルリン市長の後に西ドイツ大統領として東西ドイツ統一を経験した**リヒャルト・フォン・ヴァイツゼッカー**（Richard von Weizsäcker）〔１９２０―２０１５〕の**『荒れ野の四十年』**演説の一節です。キリスト者として、物理学を修めた哲学者を兄にもつ政治家として、卓越した名文家として……ヴァイツゼッカーの兼ね備えた気高い人格が滲み出た演説は実に格調高いものです。この演説が西ドイツ議会で行われたのはドイツ敗戦40周年の１９８５年5月8日のことでした。敗戦後40年――まだこの時点では東西ドイツは分断されたままだった――のドイツの歩みと、（ナチス・ドイツが多大な被害を与えた）ユダヤ人が信仰する聖典『旧約聖書』の「荒れ野の四十年」（古代イスラエルの民は約束の地に入って40年、荒れ野に留まった）を重ね合わせているのです（『荒れ野の四十年』という演説のタイトル自体は岩波書店の総合雑誌『世界』の編集長が命名した）。強制収容所における大虐殺で命を失った多くのユダヤ人、ロマの人々、優生学に基づいて殺された精神病者や同性愛者、ヒトラーのナチスに対するレジスタンスの犠牲者、ドイツ人の犠牲者、そして女性の苦難に思いを馳せながらヴァイツゼッカーが伝えたかったのは「真実の歴史を謙虚に直視すること」です。「罪の有無、老幼いずれを問わず、われわれ全員が過去を引き受けねばなりません。だれもが過去からの帰結に関わり合っており、過去に対する責任を負わされております」[*13]……「救いの秘密は心に刻むこと」というユダヤ教の格言を引きながら、ヒトラーの罪を、ドイツの罪を、ドイツ人が心に刻むことを説いているのです。

日本の首相が２０１５年に行った「戦後70年談話」と比べてみるとどうでしょう。「日本では、戦後生まれの世代が、今や、人口の八割を超えています。あの戦争には何ら関わりのない、私たちの子や孫、そしてその先の世代の子どもたちに、謝罪を続ける宿命を背負わせてはなりません」……こんな言葉を紛れ込ませる必要がどこにあったのでしょうか。なんだか本当に恥ずかしい気持ちにさせられてしまいます。もちろん当時のドイツにも同様「戦後世代に戦争責任はない」と言った人はいます。首相のヘルムート・コール（Helmut Kohl）〔１９３０―２０１７〕もその一人です。何しろヴァイツゼッカーに同意しない保守派議員約30人が欠席する中、『荒れ野の四十年』

演説は行われたのです。

ちなみに戦前、現在の北朝鮮と同じような立ち位置にあったドイツと日本です。ヴァイツゼッカーはそれを踏まえた上で、大統領退任後の１９９５年、日本で演説『水に流してはならない――ドイツと日本の戦後五十年』を行っています。そこでは日本とドイツの戦後の相違（原爆投下の有無が一番大きな違い）を、丁寧かつ日本の人々の尊厳に配慮した適切な言葉選びで触れている点が特筆すべきです。ドイツでは戦後議会制民主制が発展し、労使のパートナーシップや憲法裁判所が機能し、官僚・軍部・産業界・地主の特権は消滅しました。[*14] 一方の日本は軍事行動からは背を向け、市場経済・民主主義を重視しましたが、宗教的な基盤や天皇制、旧来の国家体制は大幅に維持されてきたというのです。[*15] 確かに米国の助力によって経済的繁栄がもたらされたため、見えづらくなってしまいましたが、天皇制が微妙なバランスにより残存し、戦前復古を待ち望む者たちを延命させることになりましたし、財閥解体などの経済の民主化も不十分で、政治の世界では土着の権力構造がいまだに継承されています。21世紀に入り、米国の相対的影響力が薄れていくに従い、再び元通りの日本に舞い戻っていく現状を目の当たりにする今こそ、ヴァイツゼッカーが鋭く指摘したように「真実の歴史を謙虚に直視すること」が重要だと思われるのです。ヴァイツゼッカーは日本の言い回しを引き、「もし仮に、われわれドイツ人が「過去を川のように流してしまえ」Let the past flow away like the river（＝水に流す）という原則に従っていたならば、何も解決できず、外交面での孤立を長引かせ、内政面では硬直状態を助長していただろう」[*16]と言っています。21世紀の新しい東アジアの秩序を構築するにあたって、傾聴すべき声ではないでしょうか。

根をもつこと

根をもつこと、それはおそらく人間の魂のもっとも重要な欲求であると同時に、もっとも無視されている欲求である。また、もっとも定義のむずかしい欲求のひとつでもある。人間は、過去のある種の富や未来へのある種の予感を生き生きといだいて存続する集団に、自然なかたちで参与することで、根をもつ。自然なかたちでの参与とは、場所（リュー）、出生、職業、人間関係を介しておのずと実現される参与を意味する。人間は複数の根をもつことを欲する。自分が自然なかたちでかかわる複数の環境（ミリュー）を介して、道徳的・知的・霊的な生の全体性なるものをうけとりたいと欲するのである。（『根をもつこと（上）』）[*17]

シモーヌ・ヴェイユ

フランスの**シモーヌ・ヴェイユ**（Simone Weil）［1909－1943］は、アンリ四世校の高等師範学校準備学級でアラン（Alain）の名で知られる哲学者エミール＝オーギュスト・シャルティエ（Emile-Auguste Chartier）［1868－1951］に学んだ女性哲学者です（アランは『幸福論』や『定義集』でおなじみ）。高等師範学校に入学したヴェイユは政治活動に積極的に関わりますが、共産党員になることを考えたことはなかったそうです。[*18]

22歳でリセの哲学教師となったヴェイユは組合運動にのめり込み、1934～35年に未熟練工として8カ月間働くという経験をします。金属的な騒音、電燈、ベルト・コンベアー、堅く冷たい鉄材、タイム・レコーダー、チクタクと時計のような労働、単調な仕事、考えることも許されず押し付けられる命令……「労働のよろこびも……生まれると同時に消えてしま」い、「労働者のあいだの友情にせよ、しっかりと結ばれるところまではいか」ない……生産物が重視されて、労働は重視されない状況をヴェイユは「ものが人間の役割を演じ、人間がものの役割を演じる、これこそ悪の根源である」と述べています。[*19] これらの分析は、工場が象徴する近現代的な社会組織（官僚制にも通底する）が心理的に人間を蝕む（むしばむ）という非人間的抑圧を鋭く見抜いていて、共感できる部分が多くあります。私の友人は大学時代、とあるパン工場でアルバイトをしていました。その仕事内容はベルト・コンベアーから流れてくる大量の菓子パンを目視し、ひたすら不良品を探すことでした。これを休憩を挟みながら一日中続けるのです。休憩時間の控え室には大量の菓子パンが山積みにされ、手に取れるようになっていたそうですが、手に取ろうとした人は誰もいなかったそうです。菓子パンなんてもう見たくもない、という感じだったのでしょう。ヴェイユはそうした工場労働者が、「根を失った状態（根こぎ）」であることを思い知り、職業・言語・郷土などの「**根をもつこと**」の重要性を訴えたのです。

ヴェイユは1936年のスペイン内戦（反ファシズムの人民戦線をソ連が支持した）では義勇軍に参加し、第二次世界大戦ではナチスの対独レジスタンスに参加しています（ヴェイユはユダヤ系だった）。最期は弱い身体を擦り切らすほどに執筆活動に熱中し、34歳にして栄養失調と肺結核により亡くなっています。

人間は限定／限界なき自由を夢想することをやめはしなかった。マルクスが想像した共産主義はこの夢想の最新型である。すべての夢想と同じく、この夢想もやはり実現されずに終わった。たとえそれが慰めになりえたとしても、阿片としての慰めにすぎない。自由を夢想するのをやめて、自由を構想する決意をすべき時期がきている。（『自由と社会的抑圧』）[*20]

ヴェイユはレーニン〔1870―1924〕の死後にスターリン〔1878―1953〕によって追放されたソ連の政治家レフ・トロツキー（Lev Trotsky）〔1879―1940〕と1933年に激論を交わし、『自由と社会的抑圧』を書いています。ここでは唯物論になり切れず、理想主義・観念論的なマルクス主義を厳しく批判しています。生産力が無限に向上する共産主義社会の実現は地球の有限資源ではあり得ない、といった指摘などはほぼ予言の書のように思えます。ヴェイユには非人間的になるであろう未来に間違いなく「嫌な予感」があったはずなんです。予言といえば序文にはこのように書いていています。世界恐慌後の左右対立からナチスの到来をもたらしてしまった1930年代と、リーマン・ショックを経てブロック経済圏が再樹立された2010年代の相同を踏まえて見てみましょう。

> 現代とは生きる理由を通常は構成すると考えられているいっさいが消滅し、すべてを問いなおす覚悟なくしては、混乱もしくは無自覚に陥るしかない……権威主義的で国粋主義的な運動が勝利して、およそいたるところで、律儀な人びとが民主主義と平和主義に託した希望がくずれさっているが、これもまた、われわれを苦しめる悪の一部にほかならない。（『自由と社会的抑圧』）[*21]

何だか現代性があるように思えてきます。こうした未来を奪われた状況に際して、1789年（フランス革命）以来の「革命」という「希望をいだかせてきた呪文」がありました。[*22] 当時でいえば社会主義者が夢想した「革命」が「明確な内容を擁するのか」「数多ある嘘のひとつでないのか」を「自問する知的勇気をもつこと」が第一の義務だとヴェイユは語るのです。[23] 序文で「人間にかかわる事象においては、笑わず、泣かず、憤らず、ただ理解せよ」[24]というスピノザ［1637―1677］の言葉を引いたように、打ちひしがれそうな状況にあって、理性的に誠実に現状を把握することが重要なのかもしれません。

「生きがい」と「生きる意味」

上皇后美智子［1934― ］の相談相手もされていたという**神谷美恵子**［1914―1979］は日本の精神医学者です。津田英学塾（現・津田塾大学）で英語を学び、その後東京女子医学専門学校（現・東京女子医科大学）で精神医学を学びました。恵まれた養育環境にあった彼女ですが（聖心女子学院4年生の時には父が国際労働機関〔ILO〕の日本政府代表となり、家族でスイス・ジュネーブに移住し、フランス語も身に付けた）[25]、キリスト教の伝道活動を行う叔父に連れられて賛美歌のオルガン伴奏者として訪問した多磨全生園（東京・東村山市）で人生が変わります。多磨全生園はハンセン病（当時は癩病と呼ばれ、差別や偏見にさらされていた）の療養所でした。「らい予防法」（1996年廃止）によってハンセン病患者は家族と隔離され、そこに収容されていたのです。後にフローレンス・ナイチンゲール記章を受ける三上千代［1891―1978］看護婦との出会いもありました。[26] その訪問時に天からの使命を感じ、後に瀬戸内海の長島のハンセン病療養所・長島愛生園に勤務して研究を行うことになります。[27]

神谷美恵子

長島愛生園での経験を元にして書かれた『生きがいについて』によると、「患者の半数の者が将来になんの希望も目標も持っていな」かったのだといいます。[28] その一方で「将来……人を愛し、己が生命を大切に、ますますなりたい。これは人間の望みだ、目的だ、と思う」[29]と書いた患者さんもいたそうです。恵まれた環境に暮らしているとなかなか感じられないことですが、人間にとって「生きがい」の必要性を痛感したのです。

「**生きがい**」は日本語特有の曖昧で余韻をふくむニュアンスがある言葉で、「生存理由」と言い換えられる言葉です（そこには「はりあい」も含まれる）。[30] 彼女によれば「生きがい」は1・生存充実感への欲求をみたすもの（自然観照・芸術観照・あそび・スポーツ・趣味的活動）、2・変化と成長への欲求をみたすもの（学問・旅行・登山・冒険）、3・未来性への欲求をみたすもの（生活目標・夢・野心）、4・反響への欲求をみたすもの（共感や友情や愛の交流・優越または支配によって他人から尊敬や名誉や服従を受けること・服従と奉仕によって他から必要とされること）、5・自由への欲求をみたすもの（1で述べたもの・偉人・偉大な教師・教祖・スター的存在）、6・自己実現への欲求をみたすもの（文芸活動・織物・料理などの創造のよろこび）、7・意味への欲求をみたすもの（仕事・使命・報恩・忠節・孝行・教祖的役割を持ったひとへの帰依・哲学的信仰・宗教的信仰）の7つに整理することができます（「子どもを育てること」は1・2・3・4・7などを一挙に満たす）。[31] ちなみに最も「生きがい」を感じられるのは、7に含まれている「使命感に生きる人」[32]であるそうです。とりたてて大きな偉業を成し遂げよう、と肩肘張る必要はないのです。慎ましく、どんなささやかな仕事であったとしても、ある種の使命感をもつことが人間の「生きがい」に繋がるのです。

神谷美恵子が参照していたのはオーストリアの精神医学者**ヴィクトール・フランクル**（Viktor Emil Frankl）〔1905－1997〕の著作です。既に紹介したアドラー〔1870－1937〕やフロイト〔1856－1939〕から精神分析学を学んだ人です。フランクルといえば何といっても**『夜と霧――ドイツ強制収容所の体験記録』**でしょう。ユダヤ系だったフランクルは、悲惨なアウシュビッツ強制収容所（絶滅収容所とも称された）での生活を体験し、父母や妻を亡くしました。『アンネの日記』[33]同様、いまだに中高生にも読まれている本です。私はフランスのアラン・レネ〔1922－2014〕

フランクル

監督のドキュメンタリー『夜と霧』と共に、毎度直視できなくなる気持ちを抑えながら、幾度となく目を通し、その度に考えさせられています。

強制収容所の様子はそれこそ筆舌に尽くし難い状況です。欧州中から集められたユダヤ人は鉄道輸送の最中で既に窒息死する者が沢山いました。到着した貨物の底には死体が折り重なっていたんです。生きた者達は裸にされ、所有物は全て取り上げられ、「夜」と「霧」などと分類され、無意味な強制労働（「労働は自由への道」という虚しい標語が躍っていた）や人体実験に動員されていきます。朝から点呼や整列、がんじがらめの規則に拘束され、鞭打ち、爪はがし、耳に水を注ぐなどの刑罰もありました。暇つぶしに処刑されることすらザラだったのです。もちろん鉄条網の檻に囲まれた収容所から逃げ出そうとしても無駄です。鉄条網には高圧の電気が通っていました。力の弱い者は少ない食糧配給を襲撃され、分け前を守ることはできません。そんな狂気の収容所内で所長は優雅な暮らしを送り、所内には動物園や楽団、ユダヤ人の管理を任されたカポ（ドイツの刑事犯）用の売春宿までありました。

最後はナチス親衛隊ヒムラー［1900－1945］の「生産的に処分せよ」という指令により、生産性の高い窯が用意され、毒ガス（チクロンB）のシャワーで約600万人ともいわれる大量のユダヤ人が殺されました。最後は燃やす窯が足りなくなり、死体の山が積み重ねられ、道をふさぎます。この蛮行に世界が気付いたのは（ドイツ国民はうすうす気付いていたはずだが）、1945年に終戦を迎え、連合国軍が収容所に到着した時でした。

そんな死や飢餓の極限状況の中でも、芸術家はあり合わせのものでワニの人形や箱を作るなど創造を絶やさず、自分の生きた証しを残そうとしました。また、目を盗んでナチスに対する抵抗組織を結成しようとした者もいました。過酷な状況にあってユーモアを大切することの重要性もフランクルは説いています。非人間的な正に「地獄」を見たフランクルが体得したのは、未来を信じ、生きていることの意味をもち続けた人が最後まで尊厳を保ち、人間らしく生きたということでした。

> 未来を失うと共に彼はそのよりどころを失い、内的に崩壊し身体的にも心理的にも転落したのであった。
> （『夜と霧――ドイツ強制収容所の体験記録』）＊34

フランクルが収容所で出会ったとある作曲家・脚本家は、夢の中で「（1945年）5月30日に収容所から解放される」という声を聞いたと希望をもって語りました。しかし5月30日が近づいても解放される気配は一向にありません。すると5月29日に突然高熱を発症し、5月30日には意識を失い、5月31日に発疹チブスで亡くなってしまったそうです。＊35「一九四四年のクリスマスと一九四五年の新年との間に……収容所では未だかつてなかった程の大量の死者が出ているのである」＊36……失望と落胆が、収容者を死に追いやったのです。「われわれが人生の意味を問うのではなくて、われわれ自身が問われた者として体験されるのである。人生はわれわれに毎日毎時問いを提出し、われわれはその問いに、詮索や口先ではなくて、正しい行為によって応答しなければならないのである。人生というのは結局、人生の意味の問題に正しく答えること、人生が各人に課する使命を果すこと、日々の務めを行うことに対する責任を担うことに他ならないのである」＊37……他ならぬ自らが置かれた逃げも隠れもできない具体的な状況を引き受け、直視すること……自らを待っている人や（やり遂げていない）仕事に対する自らの責任を意識した人は、最後まで自らの命を放棄することはなかったのでした。

注

＊1　キング・マルコムX・モリスン他『アメリカの黒人演説集』（荒このみ編訳、岩波書店、2008年）。
＊2～4　猿谷要『アメリカ黒人解放史』（サイマル出版会、1981年）。
＊5　フランツ・ファノン『黒い皮膚・白い仮面』（海老坂武・加藤晴久訳、みすず書房、1998年）。
＊6～7　北村崇郎『ニグロ・スピリチュアル　黒人音楽のみなもと』（みすず書房、2000年）。
＊8　湯川秀樹『監修者のことば』（『アインシュタイン選集3――アインシュタインとその思想――』）（井上健・中村誠太郎訳、共立出版、1972年）。

＊9 中村誠太郎『アインシュタイン小伝』（『アインシュタイン選集3――アインシュタインとその思想――』）（共立出版、1972年）。

＊10～11 アリス・カラプリス編『アインシュタインは語る』（林一訳、大月書店、1997年）。

＊12～13 リヒャルト・フォン・ヴァイツゼッカー『荒れ野の四十年』（『言葉の力　ヴァイツゼッカー演説集』）（永井清彦編訳、岩波書店、2009年）。

＊14～16 リヒャルト・フォン・ヴァイツゼッカー『水に流してはならない――ドイツと日本の戦後五十年』（『言葉の力　ヴァイツゼッカー演説集』）（永井清彦編訳、岩波書店、2009年）。

＊17 シモーヌ・ヴェイユ『根をもつこと（上）』（冨原眞弓訳、岩波書店、2010年）。

＊18 冨原真弓『人と思想　ヴェーユ』（清水書院、1992年）。

＊19 シモーヌ・ヴェーユ『工場生活の経験』（『シモーヌ・ヴェーユ著作集2　ある文明の苦悶　後期評論集』）（橋本一明・渡辺一民編、花輪莞爾・中田光雄ほか訳、春秋社、1998年）。

＊20～24 シモーヌ・ヴェイユ『自由と社会的抑圧』（冨原眞弓訳、岩波書店、2005年）。

＊25～26 江尻美穂子『人と思想　神谷美恵子』（清水書院、1995年）参照。

＊27 かつて死の病だった結核で多くの青年が命を落とす中で神谷は罹患するも生還し、その負い目がハンセン病患者のために働く動機になったのだという（柳田邦男『「生きがい」を探し続けた日記』）（神谷美恵子『神谷美恵子日記』角川書店、2002年）。

＊28～32 神谷美恵子『生きがいについて』（『神谷美恵子著作集Ⅰ』）（みすず書房、1980年）。

＊33 アンネ・フランク『アンネの日記　増補新訂版』（深町眞理子、文藝春秋、2003年）。

＊34～37 ヴィクトール・E・フランクル『夜と霧――ドイツ強制収容所の体験記録』（霜山徳爾訳、みすず書房、1971年）。

65章　ユダヤ教

西洋思想の源流

西洋思想の最後に、改めてその源流となった思想に触れておきたいと思います。ユダヤ教・キリスト教、そしてイスラームに連なる**ヘブライズム**［Hebraism］です。欧州文化はヘレニズムとヘブライズムという2つの文化・思想を源流としています。東方オリエントと融合したギリシア的な文化・思想であるヘレニズムは既に紹介しています（ヘレニズムはロゴスに基づく理性中心主義が特徴だった）。

一方、ヘブライズムはユダヤ教・キリスト教の文化・思想のことです。古代ギリシア人はイスラエル民族をヘブライ人と呼んでいました。古代ローマの時代になると、彼らはユダヤ人と呼ばれるようになります。第二次世界大戦後の１９４８年、ユダヤ人の国・イスラエルがとうとう建国されますが、この「イスラエル」（「神が支配する者」の意）は彼らの自称ということになります。ヘブライズムの大まかな特徴としては、一神教、神の啓示、そして神の前での平等などが挙げられます。特にこの一神教は重要です。世界の宗教を見渡しても、アニミズム的な原始宗教から多神教に進むというのが一般的で、一神教はイスラエル民族からしか生まれ得なかった、かなり特殊な発想なんです。イスラエル民族は厳しい砂漠の自然に耐えた遊牧民ですから、「オアシスがあるのは右か左か」……そんな極限状況で祈りを捧げる神は、2人と要らなかったのではないかと想像します。ちなみにユダヤ教・キリスト教・イスラームの神は、その呼び名がそれぞれ「ヤーウェ」・「（父なる）神」・「アッラー」と異なっているものの、全て同じ神です。ユダヤ教徒とキリスト教徒とムスリム（イスラーム教徒）は同じ神様を信仰しているのです。ユダヤ教の唯一神信仰はキリスト教に受け継がれ、キリスト教がローマ帝国の国教になるやいなや、欧州に数多存在した多神教は一気に駆逐されてしまいました。さらに時を経て、その一神教の神がイスラームに受け継がれていくのです。

イスラエル民族（ユダヤ人）とその苦難の歴史

キリスト教の母体になった宗教は**ユダヤ教**です。ユダヤ教の聖典を『**旧約聖書**』[*1]といいます。「旧約［old testament］」とは「神との旧い契約」という意味で、キリスト教の「新約［new testament］」（神との新しい契約）（『新約聖書』）に対置されたものです。ユダヤ教徒にとっての聖書（バイブル［Bible］）といえばあくまでも『旧約聖書』を指します。当初口承で伝えられていたものが紀元前8世紀以降の文字の普及に伴い、文字として残されたと考えられています。

ユダヤ教の唯一神は**ヤーウェ（ヤハウェ）**と呼ばれます。ヤーウェは神が預言者モーセ［B.C.13C］に授けた神聖四文字（テトラグラマトン［tetragrammaton］）「ＹＷＨＷ」で表記されます。この四文字を読むことができるでしょうか……子音だけで発音できませんよね。読めない名前で呼ばせようとした神は、相当シャイなのでしょうか（笑）。それよりも、偉大なる神をちっぽけな人間が言葉で呼ぶなど畏れ多いということでしょう。後述する「十戒」の中には「あなたの神、主の名をみだりに唱えてはならない」[*2]とあります。この「ＹＷＨＷ」にむりやり母音を付けて読むと、ヤーウェ（ヤハウェ）［Yahweh］となります。ちなみにヤーウェはあくまで学問上の呼び名で、ユダヤ人の間では「アドナイ（わが主）」、「ハッシュム（その名）」と呼ばれています。「ＹＷＨＷ」に「adonai（アドナイ）」の母音を足すと「Yahowa」とローマ字表記することができますが、これが日本では「エホバ」と誤読されてしまいました。*3 また「出エジプト記」によれば、神自身は自らを「わたしはある。わたしはあるという者だ」*4（在って在る者〔I am who I am.〕）と呼んでいます。「在って在る者」ですから、絶対的な宇宙の秩序原理を意味していることがわかると思います。相対的・客観的に名前を付けられるものではないということでしょう。

ユダヤ教成立の歴史は『旧約聖書』に刻み込まれています。「創世記」に記された天地創造以来の物語の詳細は後ほど触れたいと思います。これらが史実であるかどうかについては、聖書考古学において研究が進められています。ここでは『旧約聖書』の記述を基にして、イスラエル民族の苦難の歴史を簡単にたどっていきたいと思います（年号は『聖書時代史　旧約篇』*5を参考にした）。ユダヤ教はイスラエル民族が散々辛酸をなめてきたからこそ成立した教えだと思います。

紀元前20～15世紀にかけてのお話です。この頃、イスラエル民族は遊牧生活から定住生活に移りました。それを率いたのはイスラエル民族の父祖**アブラハム**です。定住先は約束の地・**カナン**〔Canaan〕でした。アブラハムは英語ではエイブラハム〔Abraham〕、米国第16代大統領リンカーン〔1809―1865〕のファーストネームでもあります。カナンは現イスラエルのパレスチナに当たる場所です（「パレスチナ」という名称は古代イスラエル人の敵であった「ペリシテ人の土地」の意）。しかしそのカナンが飢饉に見舞われたため、アブラハムの子孫ヨセフ（エジプト副王）の時代にエジプト移住が認められます。移住先のエジプトでは、ヨセフを知らない王（ファラオ）になると、イスラエル民族は迫害を受けるようになりました。

そこで、紀元前13世紀（B．C．1250？）に預言者**モーセ**（Moses）に率いられ、とうとうエジプトを脱出します。これが**出エジプト**、いわゆるエグゾダス〔Exodus〕です（この経緯は『旧約聖書』の「**出エジプト記**」に詳しい）。モーセは途中、イスラエル民族を去らせたことを後悔したエジプトのファラオの軍勢に追われます。目の前には紅海が迫り、もはや背水の陣、危機一髪……といったところで、モーセが杖を高く上げると、紅海が割けてイスラエル民族は地表を歩いて渡ることができました。いわゆる「紅海の奇跡」です。その後、エジプト軍が追いかけますが、モーセが手を差し伸べると今度はずぶずぶと海が元通りになり、エジプトの軍勢は沈んでしまいました。「本当かどうか」などと考えないで下さい。苦難の歴史を歩んで散り散りにされたイスラエル民族が、民族の連帯や神の救済を求め、この物語を「信じている」ということが重要なのです。

「十戒」を授かる

モーセはシナイ山（現在の詳しい場所はわからない）に到着すると、山上の神から「**十戒**（じっかい）」を授けられます。ユダヤ教徒にとって重要な10の戒めで、「**モーセの十戒**」ともいわれます。

1. あなたには、わたしをおいてほかに神があってはならない。
2. あなたはいかなる像も造ってはならない。
3. あなたの神、主の名をみだりに唱えてはならない。
4. 安息日を心に留め、これを聖別せよ。
5. あなたの父母を敬え。
6. 殺してはならない。
7. 姦淫（かんいん）してはならない。
8. 盗んではならない。

9．隣人に関して偽証してはならない。
10．隣人の家を欲してはならない。（『旧約聖書』「出エジプト記」）*6

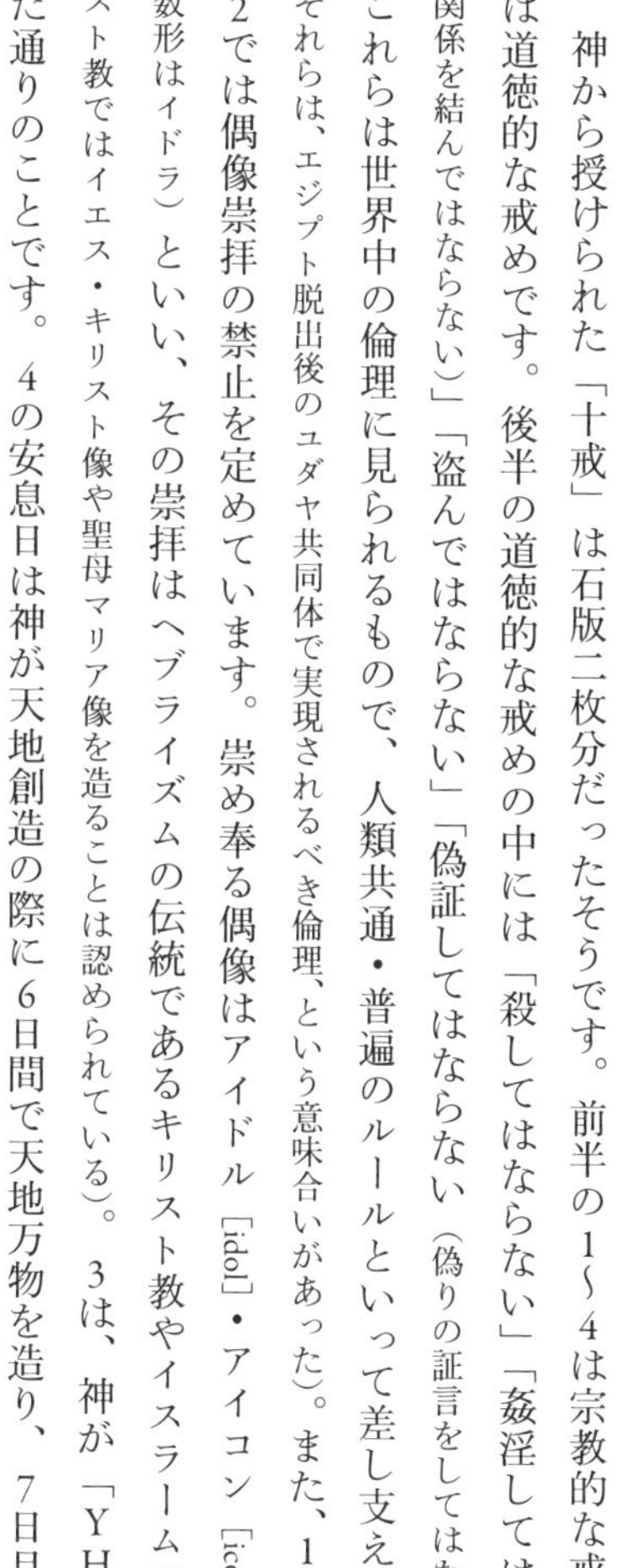

神から授けられた「十戒」は石版二枚分だったそうです。前半の1〜4は宗教的な戒めであり、後半の5〜10は道徳的な戒めです。後半の道徳的な戒めの中には「殺してはならない」「姦淫してはならない（倫理に背く肉体関係を結んではならない）」「盗んではならない」「偽証してはならない（偽りの証言をしてはならない）」とありますが、これらは世界中の倫理に見られるもので、人類共通・普遍のルールといって差し支えないものでしょう（十戒のそれらは、エジプト脱出後のユダヤ共同体で実現されるべき倫理、という意味合いがあった）。また、1では唯一神信仰を強制し、2では偶像崇拝の禁止を定めています。崇め奉る偶像はアイドル［idol］・アイコン［icon］・イドラム［idolum］（複数形はイドラ）といい、その崇拝はヘブライズムの伝統であるキリスト教やイスラームでも禁じられました（キリスト教ではイエス・キリスト像や聖母マリア像を造ることは認められている）。3は、神が「YHWH」という文字を授けた通りのことです。4の安息日は神が天地創造の際に6日間で天地万物を造り、7日目に休んだことに由来します（聖なる日とされた）。現在の日本でも使われている週休日の起源です。ユダヤ教では安息日は土曜日で、聖なる日として労働を許しておらず、会堂シナゴーグ（ダビデの星が目印）で礼拝を行います。ちなみにキリスト教の安息日はローマ帝国時代に日曜日（イエス［B.C.?—A.D.30?］は金曜に処刑され、日曜に復活した）とされており、イスラームではムハンマド［570?—632］がメッカを脱出した金曜日が安息日となっています。

レンブラント「モーセの十戒」

契約と律法を重んじるユダヤ教

神から授かった「十戒」に代表される、ユダヤ教徒として守るべき戒律のことを**律法**（**トーラー**［torah］）といいます。律法学者はラビといい、ラビが伝える口伝律法であるタルムード［talmud］（「研究」「教訓」の意）も、成文律法である律法と共にユダヤ教の聖典として位置を占めています。シナイ山で神から授かった「十戒」はシナイ契約ともいわれます（「〜しない」という契約です、などとくだらないことを言うのはやめておく）。「出エジプト記」には「今、もしわたしの声に聞き従い　わたしの契約を守るならば　あなたたちはすべての民の間にあって　わたしの宝となる。世界はすべてわたしのものである。あなたたちは、わたしにとって　祭司の王国、聖なる国民となる」*7とあります。契約を守るイスラエル民族だけを神は救済してくれるのです。これを**選民思想**といいます。イスラエル民族という選ばれた民だけが神に救済される……これは欧州社会でイスラエル民族が差別を受けた理由の一つにもなりました。ただ、この後述べるように苦難の歴史を歩んだイスラエル民族です。これほどの辛い目に遭っている自分達だけは、せめて神に救ってもらいたい、と思う気持ちは痛いほどわかります。とはいえその救済も、神との契約を守るならば、というお話です。もし契約違反をしでかしたならば、神は「怒りの神」「裁きの神」に変身します。何しろ一族を皆殺しにしてしまう位の激しさをもち合わせているんです。後述しますが、キリスト教の神はそうした激しい性質が薄まり、イスラエル民族に限定されない無差別・平等・無償の「愛の神」「赦す神」へと変容します。

ヘブライ（イスラエル）王国建国

残念ながらモーセは約束の地カナンに入ることを許されませんでした。「ヨシュア記」によればその後、モーセの従者ヌンの子ヨシュア［Joshua］が指導者となり、ヨルダン川を渡り、カナンを攻略したといいます。カナンの直前ではジェリコ（エリコ）の戦い［Battle of Jericho］が繰り広げられました。黒人霊歌となり合唱曲としてもお馴染みの「ジェリコの戦い」です。城壁都市だったジェリコですが、7人の祭司が雄羊の角笛を吹き鳴らし、民が一斉に鬨(とき)の声をあげると城壁が崩れ落ちました。

ということで紀元前11世紀（B.C.1010年？）に、晴れてヘブライ（イスラエル）王国建国と相成ります。2代ダビデ王（David）［B.C.1040―B.C.970］（紀元前1003年即位）や3代ソロモン王（Solomon）［B.C.1010―B.C.931］（紀元前965年即位）の頃が全盛期です。羊飼いだった頃に巨人ゴリアテを倒したというダビデ王（英語ではデイヴィッド）です。ちなみにダビデはアブラハムから数えて14代目なのですがヘブライ語のdは4を、wは6を表しますので、dwd（ダビデ）で4＋6＋4＝14ということになります。[*8]

「サムエル記」によれば、王となってから、水浴びをする家臣の妻バト・シェバ（バテシバ）［Bathsheba］を見初めて関係をもち、子どもを作ってしまいます。ダビデは家臣との間の子どもであるよう見せかけるため、わざわざ家臣を戦場から呼び寄せ、「家に帰って足を洗うがよい」[*9]なんて言うんです。最高に下種(げす)な振る舞いですね。結局その試みが失敗すると、家臣を戦場の最前線に出し、彼を残して退却するよう将軍ヨアブに宛てて書状を出します（その書状をこともあろうに家臣本人にもって行かせた）。当然家臣は亡くなりました。結局ダビデはバト・シェバを妻とし、男の子が生まれるのですが、神の怒りに触れて子どもは7日目に死んでしまいます。この時ダビデは悔い改め、現在では聖人とみなされているのです。「人間は弱いものである」という前提、そして悔い改めて神の御心にかなった者が救われるというのがヘブライズムの伝統です。その後2番目に生まれた男の子が伝説の名君ソロモン王です。

王国の分裂

紀元前926年になると、ヘブライ王国は南ユダと北イスラエルに分裂します。ヘブライ王国はソロモン王の子・レハブアム王（Rehoboam）［B.C.972—B.C.913］の時代に北イスラエルの分裂を許してしまうのです。北イスラエルはその後紀元前722（721）年にアッシリアによって滅ぼされ、南ユダも紀元前587（586）年に新バビロニアによって征服されてしまいました。ソロモン王が紀元前955年にシオンの丘に作ったエルサレム神殿もレハブアムの時代に荒れ果ててしまいます。エルサレム神殿には「十戒」を刻んだ石版をしまった契約の箱（聖櫃（せいひつ）［arc（アーク）］）が収められ、祭司と非祭司のレビ人が管理していたそうです。しかし、これが分裂のごたごたでどこかに消えてしまうんです。ソロモン王とシバの女王［Sheba］の子どもの所に届けられたなどという話もあり、それが正しいとするならエチオピアかイエメンにあるということになります。聖櫃の発掘……というと何だかロマンがありますが、1981年のスティーヴン・スピルバーグ［1946—］監督の映画『レイダース／失われたアーク《聖櫃》』（『インディ・ジョーンズシリーズ』の1作目）にも描かれていました。

紀元前8世紀になると、預言者イザヤ（Isaiah）［B.C.8C—B.C.7C］が登場します。「預言者［Prophet］」とは「神の言葉を預かる者」という意味です。「予言者」ではないので注意して下さい。預言者は他にもエレミヤ［Jeremiah］やエゼキエル［Ezekiel］が知られています。イザヤは「ひとりのみどりごがわたしたちのために生まれた」[*10]と**救世主**（**メシア**［Messiah］）到来の預言を告げます。「メシア」は「油を注がれた者」という意味です。前述のダビデにも、油を注がれるシーンが出てくるのですが、これはイスラエル民族の救い主として神に選ばれし、政治的指導者とする儀式のことです。神が正しい者と正しくない者を裁く最後の審判の日（終末の日）には救世主が現れ、イスラエル民族を救済してくれるのです（「ダニエル書」にはそうした黙示的終末思想が記されている）。

先ほど述べたように紀元前５８７（５８６）年になると南ユダ（アッシリアに服属した後、エジプトに支配されていた）は新バビロニアに滅ぼされてしまいます。その際、エルサレム神殿は無残にも破壊され、イスラエル民族の指導者層や貴族は新バビロニアに連行されてしまいます。俗にいう「（第二次）バビロン捕囚」（英語ではエグザイル［Exile］）です。ちなみに新バビロニアはアケメネス朝ペルシアに滅ぼされ、イスラエル民族は解放されました（アケメネス朝ペルシアはペルシア戦争でギリシアに敗れる）。そして紀元前５１５年には破壊されたエルサレム神殿と同じ場所に第二神殿が再建され、徐々にユダヤ教が成立する運びとなるのです（「律法」に基づくユダヤの秩序確立は紀元前４５８年頃、モーセ五書の最終形態がほぼ完成したのが紀元前３５０年頃）。[*11] 国を追われる苦難の歴史を歩んできたイスラエル民族が神への信仰を一つの民族的紐帯の拠り所にしたことは容易に想像ができます。約束の地・カナンはシリアの支配下に置かれた後、ローマの属州となります。エルサレム神殿はエドム人（ユダヤ教に改宗した）とされるヘロデ大王（Herod）［B.C.73?—B.C.4］によって紀元前20年に拡張され、現存する壁は「嘆きの壁［wailing wall］」と呼ばれています。イエスが誕生したのは、ヘロデ朝のヘロデ・アンティパス（Herod Antipas）［B.C.20?—A.D.36?］（ガリラヤの領主）の治世でした。神の試練が続き、まだまだ救いの見えないイスラエル民族です。救世主の到来が心待ちにされる中、イエスがその救世主ではないかと目されるのです。

ちなみにローマの支配を受けた後、再びイスラエル民族が国家をもつことは１９４８年のイスラエル建国に至るまで、ついぞありませんでした。その間、欧州におけるパーリア（賤民）として差別に晒され、国をもたぬ流浪の民であることを余儀なくされたのです。中世にユダヤ人がキリスト教では禁じられていた利子を取る金貸し業を営んでいたことは既に触れました。近代に入るとロシアではユダヤ人に対する迫害・ポグロムが横行します。エルサレム（パレスチナ）のシオンの丘にイスラエル民族国家を建設しようというシオニズム［Zionism］運動が高まりを見せますが、最後はナチス・ドイツのヒトラー〔1885―1945〕によりホロコースト（約600万人ともいわれるユダヤ人の大量虐殺）という希代の蛮行が遂行されてしまいました。反ユダヤ主義の成立はアーレント〔1906―1975〕による分析を58章で紹介しました。簡単にいえばローマ帝国による国教化で実現した欧州におけるキリスト教支配の中で、イエス・キリストを裏切った民（イエスの十二使徒の一人・ユダ）とされたこと（ゆえにキリスト教徒との結婚やキリスト教徒を奴隷にもつことを禁じられた）や、選民思想をもっていたこと、ユダヤ教徒としての精神的紐帯を保つためにユダヤ人コミュニティを作り、独自の信仰や生活習慣（男子の割礼など）を守ったことが挙げられます（割礼はイスラームの風習でもある）。つまり、欧州社会に溶け込もうとしない、目障りな存在とされてしまったということです。しかし、イスラエル民族としてのアイデンティティをどうしても失いたくなかった気持ちは故郷を負われた流浪の民である彼らの苦難の歴史を思えば痛々しいほど理解できるのです。

「創世記（ジェネシス）」

『旧約聖書』の冒頭「**創世記**〔Genesis〕」を改めて読んでみましょう。日本の『古事記』同様、天地創造の物語からスタートします。初めに神は天地を創造し、「光あれ〔Let there be light.〕」[*12]なんて言うんですね。光は昼、闇は夜と呼ばれた「夕べと朝」……これが第一の日です。そうして6日間で大空、地と海、植物、太陽と星、魚、鳥、動物、そして人間の男女を神にかたどって創造するのです。怒涛の創造でさすがに疲れてしまったんでしょうか、7日目に神はお休み（安息）され、その第七の日を神は祝福し、聖別しました。これが週休日の起源です。

人類の祖は男性のアダム〔Adam〕です。西洋の男性中心主義の根源のようにも思えます。アダムは東方のエデン〔Eden〕の園（楽園〔paradise〕）に住まわされていましたが、神はアダムを深い眠りに落とした隙にあばら骨を一部抜き取り、女を作るのです。アダムは「これこそ私の骨の骨。わたしの肉の肉」[*13]なんて言いまして、女と結ばれるのです（この時は二人とも裸だった）。その女がイブ［Eve］（エバ〔命〕）です。

しかし蛇にそそのかされて、二人は神が絶対に食べてはいけないと言った善悪の知識の木の実（リンゴだったという説がある）を食べてしまいます。人間は「ダメ」と言われれば言われるほど、やりたくなってしまうものなのです（ギリシア神話にも「パンドラの箱」の物語がある）。知恵をつけた人間は途端に裸でいることが「きゃー、恥ずかしい！」となりまして、服（いちじくの葉）を身にまとうようになるのです。騙した蛇は呪われるものとなり、原罪［original sin］（人間の生まれながらの罪）を犯したアダムとイブは楽園追放（失楽園）と相成ります。それでも神は親心でしょうか、二人に皮の衣を作って送り出しています。

アダムとイブの子どもがカイン［Cain］とアベル［Abel］です。兄カインは土を耕す農夫、弟アベルは羊飼いでした。それぞれ農作物と羊を神に捧げたところ、神は羊を選びました。荒野の砂漠地帯の遊牧民の神ですから、羊の方が美味しそうに見えたのかもしれません。しかし兄カインは嫉妬して、弟アベルを襲って殺してしまいます。人類初の殺人事件です。それにしても弟を恨むのは筋違いです。どうせなら恨むべきは神であるような気もします（心変わりした恋人を恨まず、その新しい交際相手を恨むのと似ている）。結局カインは追放されて、エデンの東に住まうことになります。１９５０年代の米国のカウンター・カルチャーの象徴ともいえる映画に『エデンの東［East of Eden］』がありました。早逝したスター、ジェームズ・ディーン（James Dean）［１９３１—１９５５］の初主演映画でしたが、これは聖書のエピソードが下敷きになっていたのです。

箱舟の建設を指揮するノア

アダムが１３０歳になった時、自分にかたどった男の子をもうけ、セト［Seth］と名付けます。そのセトの子孫がノア［Noah］です。ノアは５００歳になった時にセム［Shem］・ハム［Ham］・ヤフェト（ヤペテ）［Japheth］をもうけます。その頃地上には悪が増し、人間は常に悪いことばかりをたくらみ、堕落していました。そこで神は世界を40日間洪水にしてしまいます。しかし神に選ばれたノアは、箱舟を作るよう命じられ、ノアの妻子や嫁、雄雌のつがいの動物、鳥がその中に入ります。地上の全ては洪水に飲み込まれ、ことごとく息絶えました。雨が降りやんで150日たつと、水が減ってアララト山上で箱舟は止まります。外の様子を窺うために、窓を開けてカラスを逃がすのですがカラスは出たり入ったり、役に立ちませんでした。そこで鳩を逃がすと、ちゃんと水が引いたかを確かめて帰ってきました。その7日後に逃がした時は、今度はオリーブの葉をくわえて帰ってきました（これは国連のシンボルマークの由来になっている）。神はノアと彼の息子たちを祝福し、「産めよ、増えよ、地に満ちよ」「人の血を流す者は　人によって自分の血を流される」[*14]と言い、神との契約を立てたならば、二度と洪水で地を滅ぼすことはないと告げました。

バベルの塔

ヨース・デ・モンペル「バベルの塔」
（国立古美術館蔵）

そのノアの子孫、セム・ハム・ヤフェトです。セムは西アジア人の祖、ハムはエジプト人・南アフリカ人の祖、ヤフェトはヨーロッパ人の祖となりました。当時世界中は同じ言葉を使って同じように話していました。しかし東の方から移動してきた人々が天まで届く塔のある町を建設しようと言い出します。有名なバベルの塔［Tower of Babel］です。神の領域にまで達しようとする人間の驕り高ぶった振る舞いに神は当然怒り、1つの言葉だからこのような企てを始めたと考え、言葉をバラバラに散らして混乱させます（「バベル」の由来は「混乱」という意味の「バラル」）。このエピソードが多言語・多文化の由来とされているのです。結局人々は町の建設を中断することになりました（町というのはメソポタミアの古代都市バビロン［Babylon］）。

セムの子孫とされたのは、既に紹介したイスラエル民族の父祖アブラム［Abram］です。アブラムと甥ロト［Lot］は飢饉のためにエジプトに入りますが、美しい妻サライ［Sarai］を妹であると偽ってエジプトに入り、ファラオはサライを召し入れ、アブラムも豊かな暮らしを保証されました。しかし神は妻サライのことで宮廷の人々を病気にかからせ、それが理由でアブラムの嘘（妻を妹と偽った）もばれてしまいます。エジプトを追われたアブラムはカナン地方（パレスチナ）に定住し、甥ロトと別れます（ロトはソドムとゴモラが滅ぼされる前のヨルダン川流域の低地に定住する）。

サラ・スマイル

アブラムと妻サライとの間には子がいませんでした。そこでサライは女奴隷ハガル［Hager］との間に子どもを作るようアブラムに言います。ハガルは子を身ごもるのですが、身ごもった途端、ハガルはサライを軽んじるようになります。サライはアブラムに相談し、ハガルにつらく当たるんです。ハガルは結局男の子イシュマエル［Ishmael］を産みました。その後全能の神が現れてアブラムとの間に契約を交わし、「アブラハム［Abraham］」としてイスラエル民族の父になるよう告げます。そしてアブラハムの子どもから、王となる者が出るというのです（男子は割礼を受け、それが神との契約のしるしとされることも申し渡される）。さらに妻は「サラ［Sarah,Sara］」と呼ぶこと、新たに男の子が授かることも告げるのです。アブラハムはひそかに笑います。１００歳と90歳の夫婦に子どもが産まれるはずがない、と思ったからです。サラもそれを聞くとひそかに笑います。神をも信用しない、「そんなことあるわけないでしょ」という笑いです。すると神は、なぜ笑ったのか、神に不可能はない、と言うのです。

１９８０年代のダリル・ホール＆ジョン・オーツの大ヒット曲に「サラ・スマイル（Sara Smile）」がありました。日本人が普通に聴けば、「サラ（セーラ）という女性が笑ったのかな」といった程度ですが、聖書の意味を踏まえると、心が離れていく別れ間際の女性の、神をも信じぬ「悲しい笑い」というニュアンスが見えてきます。

結局、神の約束通りイサク［Issac］（英語では「アイザック」）という男の子が生まれます（「イサク」は「彼は笑う」という意味）。サラは「神はわたしに笑いをお与えになった」[*15]といって喜びました。しかし微妙な立ち位置になったイシュマエルです。イシュマエルがイサクをからかっているのを見ると、サラはアブラハムに、女奴隷ハガルとイシュマエルを追い出すよう訴えます。砂漠地帯で「出ていけ」と言って追い出すなんて、「死ね」と言っているようなものです。しかしアブラハムにとってイシュマエルは大切なわが子なんです。苦しんだ揚げ句、神が言いました。「サラが言うことに聞き従いなさい……しかし、あの女の息子も一つの国民の父とする。彼もあなたの子であるからだ」[*16]……アブラハムはパンと水を与えて荒れ野に立ち去らせました。結局イシュマエルの子孫がアラブ人となります。そのアラブ人からイスラームが生まれることになるわけです。現在に続くユダヤ教徒とイスラーム教徒の争いは腹違いの兄弟の争いであると説明できるのです。

アブラハム、イサクを捧げる

52章で実存主義の祖キルケゴール［1813—1855］の宗教的実存を紹介しました。絶望や不安の中で神の前にただ一人単独者として立ち、神を情熱的に信じ切ることで本当の自分を取り戻す生き方です。この宗教的実存を説明する際にもち出されたのが、アブラハムが神にイサクを捧げる「創世記」のエピソードです。神はアブラハムに愛する独り子イサクを連れてモリヤの山に登り、焼き尽くして捧げ物とするよう試練を与えます。イサクに薪を背負わせ、アブラハムは火と刃物を手にもちます。イサクは健気（けなげ）に「火と薪はここにありますが、焼き尽くす捧げ物にする小羊はどこにいるのですか」[*17]などと聞くんです。「焼き尽くす捧げ物の小羊はきっと神が備えてくださる」[*18]……そう言ったアブラハムの心は潰れんばかりだったと思います。神に命じられた場所で祭壇を作り、

レンブラント「アブラハムとイサク」
神にひとり子イサクを捧げようとする
アブラハムと、それを制止する天使

薪を並べてイサクを縛り、息子を屠(ほふ)るための刃物を手に取るアブラハムです。その時、天から主の使いが声をかけました。「アブラハム……その子に手を下すな。何もしてはならない。あなたが神を畏れる者であることが、今、分かったからだ。あなたは、自分の独り子である息子すら、わたしにささげることを惜しまなかった」*19……神の声に従ったアブラハムの子孫を神は天の星のように増やし、地上の諸国民はその子孫によって祝福を得ることが約束されました。神の前に立つかけがえのない「個人」がユダヤ教信仰の出発点となり、キリスト教に継承されて西洋文化の礎をなしている点は注目すべきでしょう。

そのイサクの妻がリベカ（レベッカ）[Rebecca]、その双子の息子が兄エサウ[Esau]と弟ヤコブ[Jacob]（英語では「ジェイコブ」）です。毛深い兄は狩人・野の人となり父イサクに愛されますが（イサクは狩りの獲物が好物だった）、母リベカは美男の弟ヤコブを愛し、ヤコブは長子の権利を兄からだまし取ります（それを悔しがって根にもち、一度はヤコブを殺そうとするエサウですが、最後は和解する）。そのエサウと再会するべく旅の途中、ヤコブは神と格闘して勝利し、「イスラエル」という名前を授かるのです。

ヤコブは伯父ラバン[Laban]の子、姉レア[Leah]と妹ラケル[Rachel]と結婚します。ヤコブは容姿端麗なラケルを愛するのですが、子どもが生まれません。レアとラケルの出産を巡る姉妹の骨肉の争いがあり、結局子を授からなかったラケルにもヨセフ[Joseph]（英語では「ジョセフ」）という男の子が生まれます。このヨセフがエジプト副王だった時代にエジプト移住が認められ、そのエジプトでヨセフを知らない王になると、イスラエル民族は迫害を受けたのでした。ここから前述の「出エジプト」（エグゾダス）のストーリーが展開されることになります。

注

＊1　「ユダヤ教側では……『旧約聖書』とは呼ばずに、『律法・預言者・諸冊』と呼んでいる（それぞれの頭文字を組み合わせてTNKともいう）……トーラーは、さらに五分されて、「ベレシース」（初めに）、「シェモース」（名前）、「ワイクラー」（そして呼ばれた）、「ベミドバル」（荒野にて）、「デバリーム」（言葉）という各書の冒頭（に近い）の言葉が書名になっている。私たちには「創世記」、「出エジプト記」、「レビ記」、「民数記」、「申命記」という書名の方が親しいのだが、これらは、ヘブル語で書かれていた『旧約』をギリシア語に翻訳した「七十人訳」（トーラーの部分は紀元前二五〇年頃に完成したといわれている）のタイトルの翻訳で、各書の内容を表している」（荒井章三・森田雄三郎『ユダヤ思想』大阪書籍、1985年）。

＊2　共同訳聖書実行委員会『聖書　新共同訳』（日本聖書協会、1987年）。

＊3　血を避けるべきだとする聖書の記述から、輸血拒否の信仰をもつエホバの証人というキリスト教系の新宗教がある。

＊4　共同訳聖書実行委員会『聖書　新共同訳』（日本聖書協会、1987年）。

＊5　山我哲雄『聖書時代史　旧約篇』（岩波書店、2003年）。

＊6〜7　共同訳聖書実行委員会『聖書　新共同訳』（日本聖書協会、1987年）。

＊8　和田幹男監著『聖書Q&A』（女子パウロ会、1990年）。

＊9〜10　共同訳聖書実行委員会『聖書　新共同訳』（日本聖書協会、1987年）。

＊11　山我哲雄『聖書時代史　旧約篇』（岩波書店、2003年）。

＊12〜19　共同訳聖書実行委員会『聖書　新共同訳』（日本聖書協会、1987年）。

66章　キリスト教

ヨーロッパ文化とキリスト教

近代以降、特定の宗教に対する信仰心は科学への信仰心に取って代わられ、皆が科学教の信者となった瞬間、宗教はうさんくさいものになった……そんな話を既にしてきたと思います（もちろん現在も、特定の宗教に深い信仰心をもっている方はたくさんおられるが）。それでも日本を知るために仏教や神道を知ることが不可欠であるように、欧州文化を本当の意味で理解するためにはキリスト教を外すことはできないと思います。復活祭（イースター）やクリスマスなど生活と関わりの深い年中行事はもちろんですし、日常会話の言い回し、映画・音楽・文学・芸術などにおいても聖書のエピソードを下敷きにした表現やプロットが数多く見受けられます。これらを知らずして欧米の映画や小説などを味わうことは、その魅力を半減させることにもなってしまうわけです。あるいは米国西海岸の都市サンフランシスコ（San Francisco）がカトリック修道士の聖フランチェスコ〔1182–1226〕に由来するように、キリスト教ゆかりの地名も多く見られますし、西洋のファーストネームは「ミカエル」「マリア」「ヨハネ」「ペトロ（ペテロ）」「パウロ」「ヨセフ」「ジョージ」「イライザ」など聖人の名前が一般的です（英語圏ではそれぞれ「マイケル」「メアリー」「ジョン」「ピーター」「ポール」「ジョセフ」「ジョージ」「エリザベス」と呼ばれる）。ちなみに「ミカエル」

はフランス語では「ミシェル」、ドイツ語では「ミシャエル」、イタリア語では「ミケーレ」、スペイン語では「ミゲール」、アラビア語では「ミハイエル」となり、英語圏での愛称は「マイク」あるいは「ミッキー」……ということで、世界一有名なネズミの名前にもなっているわけです。*1

イエス・キリストの教え

キリスト教[Christianity]は**イエス**[B.C.4?—A.D.30?]を救世主として信仰する宗教です。「キリスト[the Christ]」とは「救世主」のことで、ヘブライ語では「メシア[Messiah]」、ギリシア語では「クリストス[Khristos]」といいます。「イエス・キリスト」は、英語では「ジーザス・クライスト[Jesus Christ]」、「Ｏｈ！Ｊｅｓｕｓ！」と言ったら「おお神よ」というニュアンスで「何てこった」という意味で使われます。「イエス」は日本のカトリックでは「イエズス」と訳された歴史がありますが、現在はプロテスタントと共に「イエス」の名称に従っています。

苦難の歴史の中にあったイスラエル民族（ユダヤ人）が、最後の審判の日（終末の日）に救世主（メシア）が現れてイスラエル民族を救済してくれる、と信じていたことは既に述べました。国を追われたイスラエル民族を牽引する、具体的な政治的指導者が降臨することが期待されていたのです。

キリスト教の聖典は『**新約聖書**』です。ユダヤ教のバイブル『旧約聖書』と対比して、「神と人との新たな契約」*2を意味します（ユダヤ教の『旧約聖書』も併せてキリスト教徒の聖典とされる）。ユダヤ教徒にとっての神はイスラエルの神であり、主はヤーウェ（ヤハウェ）のことでした。しかしキリスト教徒にとっての神とは父なる神、主とはイエス・

イエス・キリスト「全能者ハリストス」
（アギア・ソフィア大聖堂）

キリストを指します。『新約聖書』は編纂時に共通ギリシア語（コイネー）で書かれていました。その中身はマタイ（Matthew）・マルコ（Marc）・ルカ（Luke）・ヨハネ（John）による四福音書[*3]（それぞれの編著者は「部分的に同じ伝承を材料にしながらも、それぞれ独自のメッセージを発信している」）、使徒言行録（使徒行伝、初代教会の働き）、ローマの信徒への手紙（ローマ人への手紙）などのパウロ書簡（パウロ執筆と伝えられる）[*4]、ヨハネの黙示録から成ります。**福音**とは「イエスの教え・言行」のことで、英語では「good news」「gospel」と呼ばれます（「ゴスペル［gospel］」は黒人霊歌を指すこともある）。また、「良い知らせ」を意味するギリシア語に由来する「evangeline」という言葉もありました（日本のアニメに『新世紀エヴァンゲリオン』もある）。

マリアの受胎告知

それでは「マタイによる福音書」を見ていきましょう。イエスの母マリア（Maria）（聖母マリア）は天使ガブリエルから神の子を身籠ったとの告知を受け（受胎告知［annunciation］）、処女のままイエスを出産しました（処女懐胎）。いわゆるヴァージン・メアリーです。イエスが生まれたのは西暦元年の12月25日、つまりクリスマス［Christmas］（キリスト［Chirist］のミサ［mass］の意）でした。ちなみに日本人は喜々として毎年クリスマスを祝うのですが、一体誰の誕生日だと思っているのか、という気もします（笑）。ただ現在イエス・キリストの生誕年は西暦元年ではなく、紀元前4年頃だったと考えられています（今更、年号をリセットするのはもう無理である）。西暦はいわゆるキリスト暦で、日本にも導入されています。紀元前は「B. C.」と表記しますが、これは「Before Christ」、つまり「キリスト以前」という意味です。紀元後は「A. D.」といいますが、これはラテン語の「Anno Domini」のことで「主の年」という意味です。全部合わせると「A. B. C. D.」になるのは偶然です。

処女のまま神の子を身籠った、というのは少し解せない気がするかもしれません。ここからマリア娼婦説なども出てくるわけです。夫は大工のヨセフでした。正しい人ヨセフは妊娠を聞いて表ざたにすることをせず、離縁しようとするのですが、（神の）天使が夢に現れ、「ダビデの子ヨセフ、恐れず妻マリアを迎え入れなさい。マリアの胎の子は聖霊によって宿ったのである」[*5]と言い、ヨセフを安心させました。人間は感情や欲望に負けてしまう、どうしようもなく弱いものだとみなすのがヘブライズムの特色です。もし万一、これが不倫や強姦によるイエスの出産だったとしても、それを受け入れたヨセフはかなりの人徳者だったと考えられます（律法上許されざる姦通が世に知られれば石打ち刑に処されることになっていた）。聖母マリアと対照的に印象の薄いヨセフ（イエスが伝道活動を開始する頃には亡くなっていた）ですが、キリスト教の神は「父なる神」として父のイメージに重ねられています。イエスが誕生すると、ユダヤ王ヘロデはメシア生誕を畏れて、2歳以下の子どもを皆殺しにします。ベツレヘムで生まれたヨセフはマリア、イエスと共にエジプトへ逃げ、王の死後にガリラヤ地方のナザレという町に帰還しました。

30歳頃になったイエスはバプテスマ（洗礼者）のヨハネ（John the Baptist）の下で洗礼を受け、教団に帰依しました。バプテスマのヨハネはヨルダン川のほとりで罪を告白させて洗礼を授けており、クムラン宗団とかかわりがあったという説があります。洗礼を授ける列がイエスの順番になると、「悔い改めに導くために、あなたたちに水で洗礼を授けているが、わたしの後から来る方は、わたしよりも優れておられる」[*6]なんてヨハネが言うんです。周囲はイエスこそがメシア（政治的なイスラエル民族のリーダー）であると過度な期待を寄せることになります。メシアの自覚を得たイエスはその後、荒れ野で40日間の断食修行を行いました。40という数字は聖書にしばしば登場します（ノアの箱舟が洪水の中を彷徨った期間は40日、そして出エジプトの後に荒れ野を彷徨った期間は40年）。厳しい修行の最中、悪魔の誘惑にもあいます（ブッダ［B.C.463?—B.C.383?］にもそのようなエピソードがあった）。断食修業で腹ペコのイエスに「神の子なら、これらの石がパンになるように命じたらどうだ」[*7]と迫るんです。するとイエスは「人はパンだけで生きるものではない」「退け、サタン」[*8]と言い放つんです。悪魔の誘惑に打ち勝ち、世俗の欲望を捨て去って信仰に生きることを宣言したのでした。

真の律法の成就

その後イエスは、弟子のユダに裏切られてゴルゴタの丘で十字架刑（磔刑）に処せられるまで、使徒（弟子）と共に福音を伝える伝道活動に務めます。そして、イエスの弟子の中でも選ばれし**十二使徒**（ペテロ、アンデレ、ヤコブ、ヨハネ、フィリポ、バルトロマイ、マタイ、トマス、ヤコブ、タダイ、シモン、ユダ）の手によってイエスは死の3日後に**復活**します。これは「死人がゾンビのように復活した」といった話ではありません。死を防ぎきれなかった悔恨の気持ちから、十二使徒の心の中で内面的に救世主イエス・キリストが復活し、この世を超越した次元で永遠に生き続けることになったのです。

先ほども述べたようにキリスト教の聖典は『新約聖書』で、「新約」とはイエスを通じてなされた「神と人の新たな契約」という意味です。とはいえイエスはユダヤ教の聖典である『旧約聖書』を否定するどころか、「わたしが来たのは律法や預言者を廃止するためだ、と思ってはならない。廃止するためではなく、完成するためである。はっきり言っておく。すべてのことが実現し、天地が消えうせるまで、律法の文字から一点一画も消え去ることはない」[*9]と言っています。つまりキリスト教は、ユダヤ教のコミュニティから生まれた新興宗教のようなもので、大元のユダヤ教にイエスの新たな思想を付け加えたものだと考えればよいのではないでしょうか。

ただキリスト教はユダヤ教と異なっている点もありました。当時のユダヤ教徒は外面的・形式的な律法を重視する進歩派の**パリサイ**（**ファリサイ**）**派**と、儀式を重視する保守派のサドカイ派（司祭階級）に分かれていました。そもそも人間は弱い者であるにもかかわらず、パリサイ派は律法を守れない心の弱い者を蔑んでいました。伝道中のイエスは医療活動を行っており、病気治しの奇跡をおこします。足の不自由な人、体の不自由な人、目の見えない人……もしかすると人工呼吸など簡単な医療の知識をもっていたのかもしれません。イエスが唾で土をこねて目に塗ると生まれつきの盲人の目が見えるようになった、という奇跡もありました。もっともこれは「心の目が見開かれた」と解釈した方がよいのかもしれません。イエスは律法を守れない心の弱い者や重い皮膚病（現在でいうハンセン病）の患者、さらに娼婦を含めた女性にも手を差し伸べました。十戒に定められた姦淫禁止の律法を守れない娼婦に石が投げられれば、「みだらな思いで他人の妻を見る者はだれでも、既に心の中でその女を犯したのである」[*10]と言い、イエスの弟子が安息日に麦の穂を摘むことを咎められれば、「安息日は、人のために定められた。人が安息日のためにあるのではない」[*11]と言い放ちました。こうして、ユダヤ教徒の中心にあったパリサイ派を激怒させる、攻撃的な伝道活動を展開するんです。その他にも安息日に会堂で病人を癒してもいます。確かに目の前で困っている人がいるのに外面的・形式的に律法を遵守し、その人を見殺しにするのはおかしい気もします。イエスはパリサイ派のように形式的に律法を守るのではなく、心の中で神の愛を信じ、内面的に神との契約・律法を守ることを説いたのです。これこそが「**真の律法の成就**」です。

イエスは、「時は満ち、神の国は近づいた。悔い改めて福音を信じなさい」（『マルコによる福音書』）、「神の国は、見える形では来ない。『ここにある』『あそこにある』と言えるものでもない。実に、神の国はあなたがたの間にあるのだ」[*12]（『ルカによる福音書』）と言っています。イエスはパリサイ派が期待する現実の「神の国」を打ち立てるメシアではなく、心の内面に「神の国」を打ち立てようとしたメシアだったのです。心の弱い者、貧しい者、差別を受けていた者にとって、神の国の到来はまさしく「良い知らせ」、つまり福音でした。しかしこれは後に、現実的に目に見える「神の国」の到来（とそこに導いてくれる政治的指導者）を期待する人々を失望させることにもなります。

アガペーの愛

> 心の貧しい人々は、幸いである、天の国はその人たちのものである……義のために迫害される人々は、幸いである、天の国はその人たちのものである。（『新約聖書』「マタイによる福音書」）*13

　これはイエスが丘の上で行った「山上の説教（垂訓）」です。「垂訓」とは重大事に方針を示すことを意味します。当時イスラエル民族が迫害の憂き目に遭っていたという大前提の下に読んでほしいと思います。ここでいう「心の貧しい者」とは「自分の罪深さを自覚する人」のことです。人間は弱く、大勢に流されやすく、場合によっては自分を守るために人を裏切ったり嘘をついたりしてしまいます。しかし心が弱く律法を守れない人々は、ユダヤ教では罪人扱いされてしまうのです。そこでイエスは、そのような無力な人間もその現実を認識し、悔い改めることで神に赦されると言ったのです。ここではユダヤ教の「怒りの神」「裁きの神」が、キリスト教では「愛の神」「赦す神」へと変容していることが見て取れると思います。

　ここで説かれている「**神の愛**」は**アガペー**［agape］です。これは天上の神から迷える子羊であるところの全人類に注がれる無差別・平等・無償・自己犠牲の愛です。もし船が難破して、ゴムボートが1艘しかなかったら、あなたはその1艘を隣の友人に譲ることができるでしょうか（他人のために死ねるか、ということ）。あるいは老若男女問わず見知らぬ誰かだったとしても、その誰かにゴムボートを譲ることができるでしょうか。あるいは何の見返りもなかったとしても、他人に愛を注ぐことができるでしょうか。私は子どものいない大叔母から無償の愛を注いでもらった経験があります（私の父にとってもその大叔母は、家業の忙しかった母親の代わりを務めた）。人生でそんな人に巡り合えたことを、幸せなことだと思っています。

「ルカによる福音書」には「放蕩息子［the Prodigal Son］」のたとえがあります。父が下の息子の求めに応じて財産を分与します。下の息子はそれを金に換え、放蕩の限りを尽くして一文無しになってしまいました。そこで下の息子は自らの罪を自覚し、息子と呼ばれる資格はないが、雇い人の一人にしてもらおうと父親のもとへ行きます。普通なら「どの面下げて帰ってきた！バカ野郎！」とぶん殴られるのがオチです。しかし父は放蕩息子を憐れに思い、走り寄って接吻し、良い履き物や服を着せ、肥えた子牛をご馳走するんです。それを見ていてつまらないのは上の息子です。真面目に父に仕えていたのに、肥えた子牛をご馳走されたことなど一度もなかったからです。父は「わたしのものは全部お前のものだ」とした上で、「あの弟は死んでいたのに生き返った……楽しみ喜ぶのは当たり前ではないか」と上の息子に言いました。あるいは「ルカによる福音書」の「迷える羊（見失った羊）」のたとえでは、100匹の羊をもっている人が1匹の羊がいなくなった時、99匹を野原に残しておいてでも1匹を探す、という例が引かれます。1匹より99匹を取るのは愛ではなく計算です。99匹よりも1匹を取る……逆説的ではありますが、これがアガペーのあり方なのです。

いずれにしてもこのアガペーは、法律やそんじょそこらの道徳よりも遥かにレベルが高いものです。だいいち、敵を愛し迫害する者のために祈れば、戦争など起こらないはずなのですから。マザー・テレサ［1910―1997］が偉大だったのはそのアガペーを実践することができたからです。私が大学生だった2001年に東京の新大久保駅で乗客転落事故がおこりました。新大久保は東京有数のコリアン・タウンですが、ホームから落ちた酔っ払いを韓国人留学生が助けようとし、日本人カメラマンと共に電車に轢かれて亡くなってしまったのです。韓国は儒教国でありながら日本に比べてキリスト教が根付いた国ですから、咄嗟に無私の行動に移すことができたのかもしれないとも思うのです。アガペーの愛の実践により、人間は神の子となるのです。

神の愛（アガペー）の実践

律法学者の問いにイエスが答える形で提示された「最も重要な掟」（「マルコによる福音書」）があります。それは「**神への愛**」（「心を尽くし、精神を尽くし、思いを尽くし、力を尽くして、あなたの神である主を愛しなさい」）*14、そして「**隣人愛**」（「隣人を自分のように愛しなさい」）*15の2つです。これは先ほど述べた神の愛（アガペー）の実践です。

あなたがたも聞いているとおり、『目には目を、歯に歯を』と命じられている。しかし、わたしは言っておく。悪人に手向かってはならない。だれかがあなたの右の頬を打つなら、左の頬をも向けなさい。あなたがたも聞いているとおり、『隣人を愛し、敵を憎め』と命じられている。しかし、わたしは言っておく。敵を愛し、自分を迫害する者のために祈りなさい。あなたがたの天の父の子となるためである。父は悪人にも善人にも太陽を昇らせ、正しい者にも正しくない者にも雨を降らせてくださるからである。（『新約聖書』「マタイによる福音書」）*16

「目には目を、歯に歯を」は紀元前18世紀のハンムラビ法典（バビロン第1王朝第6代の王ハンムラビ（Hammurabi）〔B.C.18C〕が制定した）に見られた復讐法です。しかしそうするのではなく、「敵を愛し、自分を迫害する者のために祈りなさい」……これはユダヤ教徒以外の敵を愛せ、ということでもありますから、ユダヤ教の選民思想を否定している点に注目すべきです。「あなたの右の頬を打つなら、左の頬をも向けなさい」というのもレベルが高いですね。右の頬を打たれたら、普通は「何をするんだ！」と言って相手の頬を打ち返すでしょう。でも右の頬を打たれても、左の頬を「どうぞ、こっちもぶってね」と差し出すんです。すごくハイレベルです。

「隣人愛」では「ルカによる福音書」に見られる「善いサマリア人」のたとえも有名です。ある人が追いはぎに襲われて半殺しに遭いました。しかしユダヤ教の祭司やレビ人は見て見ぬふりをして立ち去りました。しかし移民の子孫で当時ユダヤ人と反発し合っていたサマリア人の1人が手当てをし、介抱してあげたのです。これこそが隣人愛であり、無償の愛です。皆さんが道ですれ違った名も知らぬ誰かが、あなたに手を差し伸べてくれるかもしれないのです。だから、出会った全ての隣人に愛を注ぐのです。

> 求めなさい。そうすれば、与えられる。探しなさい。そうすれば、見つかる。門をたたきなさい。そうすれば、開かれる。あなたがたのだれが、パンを欲しがる自分の子供に、石を与えるだろうか……あなたがたの天の父は、求める者に良い者をくださるにちがいない。だから、人にしてもらいたいと思うことは何でも、あなたがたも人にしなさい。これこそ律法と預言者である。（『新約聖書』「マタイによる福音書」）*17

「人にしてもらいたいと思うことは何でも、あなたがたも人にしなさい」……これが最も重要なキリスト教倫理であるイエスの**黄金律**（おうごんりつ）［the golden rule］です。これはゴールデン・ルールというだけに、実践するだけで皆を幸せにすることができる魔法のルールだと思います。法律よりも上位にあるのが道徳ですが、この黄金律なら万人が守りうる、普遍の道徳になるのではないかと感じます。

イエスの最期

イエスの十二人の弟子たち（十二使徒）は何とも情けない、ある種人間らしい姿を見せてくれます。とりわけイスカリオテのユダです。イエス教団の会計をやっていた商人出身の男でした。彼はたったの銀貨30枚でイエスを裏切ってしまうんです。銀貨30枚は当時の1カ月分の給料に相当しました。

レオナルド・ダ・ヴィンチ「最後の晩餐」
（サンタ・マリア・デッレ・グラツィエ修道院蔵）

当時のイエスは病気治しの奇跡をおこす伝道活動の一方で、ユダヤ教パリサイ派を「蛇（へび）」「蝮（まむし）の子」扱いし、激しく非難していました。ユダヤ教の外面的律法を遵守せず、内面的な神の愛、隣人愛を説くイエスにパリサイ派の憎しみは募る一方でした。パリサイ派はイエスの言葉じりを捉えて罠にかけようとします。そこで、「皇帝に税金を納めるのは、律法に適っているでしょうか」（「マタイによる福音書」）[*18]と聞くんです。当時イエスが布教していたユダヤ人地域はローマの属州でした（当時の皇帝はカエサル〔シーザー〕〔B.C.100―B.C.44〕）。もし、「律法に適っている」と答えればユダヤの民衆の支持を失ってしまいます。かといって「律法に適わない」とすればローマに楯突くことになるわけです。このダブルバインドの窮地にイエスは「では、皇帝のものは皇帝に、神のものは神に返しなさい」[*19]と答えたのです。皆びっくりしてその場を立ち去りました。そんな頃にユダは銀貨と引き換えにして、ユダヤ教の祭祀長たちにイエスを引き渡す裏切りを企てるのです。

しかしイエスにはお見通しでした。出エジプトを祝う過越祭に際しての晩餐（ばんさん）（これが「最後の晩餐」となった）で、「はっきり言っておくが、あなたがたのうちの一人がわたしを裏切ろうとしている」[20]と宣言します。弟子たちは自分のことではないか、と次々に言うのですが、最後にユダが口を挟むと「それはあなたの言ったことだ」と冷淡に突き放すのです。さらにイエスは弟子に言います。「今夜、あなたがたは皆わたしにつまずく」[21]……するとペトロ〔ペテロ〕（シモン・）（Peter）〔？―67？〕は「たとえ、みんながあなたにつまずいても、わたしは決してつまずきません」と言いました。しかしイエスは、「はっきり言っておく。あなたは今夜、鶏が鳴く前に、三度わたしのことを知らないと言うだろう」[22]と告げるのです。ペトロは「いや、そんなはずはない」と思ったはずです。晩餐でイエスはパンを取って祈り、「わたしの体である」と言って弟子たちに与え、杯を「多くの人のために流されるわたしの血、契約の血である」と言って渡しました。[23]さらにオリーブ山のゲッセマネで祈るのです。

アンドレア・マンテーニャ「磔刑図」

するとユダが祭司長や武器をもった民衆たちとやってきました。イエスと一緒にいた者の1人が剣を抜き、相手の耳を切り落とすと「剣をさやに納めなさい。剣を取る者は皆、剣で滅びる」とイエスがたしなめます。すると弟子たちはイエスを見捨てて、尻尾を巻いて全員逃げてしまいました。捕えられたイエスは祭司長の屋敷で尋問を受け、ボコボコに殴られます。それを心配そうに見ていたペトロです。屋敷の女中から「あなたもガリラヤのイエスと一緒にいた」と問われると「何のことかわたしにはわからない」……門の近くでも「この人はナザレのイエスと一緒にいました」「そんな人は知らない」……最後は人々が近寄って「お前もあの連中の仲間だ」「そんな人は知らない」……すると鶏が鳴きました。[24]「あなたは今夜、鶏が鳴く前に、三度わたしのことを知らないと言うだろう」というイエスの言葉を思い出して、ペトロは激しく泣いたのです。

その後ユダは後悔し、銀貨を神殿に投げつけて首をつりました。イエスはローマ総督ピラトに引き渡されます。正直ピラトはイエスがどんな悪事を働いたかわかりませんでした。ただ祭司長たちをはじめ、ユダヤの民衆がイエスを妬んでいたことはわかっていました。騒動がおこっても嫌なので、民衆が叫んでいる通り、茨(いばら)の冠を載せられたイエスに唾を吐きかけ、棒で頭をしこたま叩いた上、十字架刑に処することを決めます。ゴルゴタ（「されこうべの場所」）に着くと「ユダヤ人の王イエス」と書いた罪状書きを頭に載せさせ、二人の盗賊と一緒に十字架に架けます。「他人は救ったのに、自分を救えない」*25……なんて罵られながら。そして最期は「わが神、わが神、なぜわたしをお見捨てになったのですか」と叫ばれて、イエスは絶命したのです。人間の弱さや罪深さを一身に背負って亡くなられたイエス・キリストの受難……イエスは世界で最も惨めな死を遂げたのです。

原始キリスト教の成立とパウロの異邦人伝道

3度イエスを裏切ったペトロをはじめ、十二使徒には死刑に処されたイエスに対して悔恨の念が生まれます。そんな彼らの心の中で3日後にイエスは復活し、原始キリスト教団（原始エルサレム教会）が成立します。キリスト教では自らの罪を自覚し、神の前で悔い改めることが重要なのです。その後ペトロはローマに行き、布教を企図しました。しかしローマ皇帝だった暴君ネロ［37―69］に屈し、ペトロはエルサレムに戻って来るんです。すると帰路、アッピア街道で亡くなったはずのイエスに会います。「主よ、どこへ行かれるのですか」と尋ねると、イエスは「もう一度十字架に架けられるために、あなたが捨てたローマに」なんて言うんです。ここでも自分の

ペトロ　聖ペトロのイコン
（聖カタリナ修道院蔵）

弱さを自覚し、悔い改めたペトロは再びローマに向かい、ネロの弾圧で逆さ十字架に架けられて殉教します。その殉教地とされる場所がイタリアの首都ローマ市内にあるローマ・カトリック教会の総本山・バチカン市国のサン・ピエトロ大聖堂です。サン・ピエトロとは、殉教した聖ペトロのラテン語読みです。現在ペトロは初代ローマ教皇（法王）とされています。

ピエトロ・ダ・コルトーナ
「聖パウロに視力と取り戻すアナニア」

その後のキリスト教を大きく発展させ、実質的なキリスト教の創設者とされるのが**パウロ**（Paul）［5?―67?］です。立教大学は「Saint Paul's University」と英語表記されますが、セント・ポールとは聖パウロのことです。パウロはユダヤ名ではサウロ（サウル）といいました。サウロはユダヤ教パリサイ派の律法学者に学んでおり、当初キリスト教徒たちを迫害していました。しかしダマスコへの旅の途中、天からの光（雷）に打たれて「サウル、サウル、なぜ、わたしを迫害するのか」[*26]というイエスの声を聞きます。サウロは3日間目が見えなくなってしまいました。そこでアナニアというキリスト教徒が祈ると「たちまち目からうろこのようなものが落ち」[*27]、サウロは元通りに目が見えるようになりました（「使徒言行録」）。これがパウロの回心［conversion］です。まさに心の目が見開かれた象徴的な出来事です。ちなみに「目から鱗（うろこ）が落ちる」という慣用表現はこれに由来します。回心したパウロは、キリスト教徒にとって衝撃的な事件だった主イエス・キリストの死を宗教的に意味づけました。

わたしは肉の人であり、罪に売り渡されています……わたしは自分の望む善は行わず、望まない悪を行っている……わたしはなんと惨めな人間なのでしょう。死に定められたこの体から、だれがわたしを救ってくれるでしょうか。わたしたちの主イエス・キリストを通して神に感謝いたします。（「ローマの信徒への手紙」）[*28]

パウロは、アダムとイブの楽園追放以来の人間の生まれながらの罪（原罪）をイエスが一身に十字架に背負い、私たちの身代わりとして贖ってくれたと解釈しました。イエスの処刑という信徒にとって受け入れがたい事実を、宗教的に意味づけたのです。これがいわゆる**贖罪**思想です。贖罪とは「罪を贖う」ことです。「贖う」とは、例えば借金まみれで債権者の奴隷になっている人を身代金を支払って自由の身にしてあげることを意味します。[*29] 出エジプトという体験が神の救い、つまり贖いの原体験となりました。

「人は皆、罪を犯して神の栄光を受けられなくなっていますが、ただキリスト・イエスによる贖いの業を通して、神の恵みにより無償で義とされるのです」[*30]（「ローマの信徒への手紙」）……これは**信仰義認説**です。「人が義とされるのは律法の行いによるのではなく、信仰による」[*31]という考えは、宗教改革者ルター〔1483―1546〕に影響を与えました。罪深い人類を贖おうとされたイエスの死には神の愛（アガペー）が表れています。よってイエスへの信仰は神から義（＝正しい）と認められているのです。

愛は忍耐強い。愛は情け深い。ねたまない。愛は自慢せず、高ぶらない。礼を失せず、自分の利益を求めず、いらだたず、恨みを抱かない。不義を喜ばず、真実を喜ぶ。すべてを忍び、すべてを信じ、すべてを望み、すべてに耐える。愛は決して滅びない……信仰と、希望と、愛、この三つは、いつまでも残る。その中で最も大いなるものは、愛である。（「コリントの信徒への手紙」）[*32]

これは結婚式などでもお馴染みのフレーズです。ここに挙げられた「信仰［Faith］・希望［Hope］・愛［Charity］」はキリスト教の**三元徳**（さんげんとく）［Theological virtues］とされています。ちなみに愛（チャリティ）の精神ですが、日本においては1978年に始まった日本テレビ系列の番組「24時間テレビ　愛は地球を救う」や、1985年に米国のトップ・アーティストが参加したアフリカ飢餓救済のプロジェクト「ウィ・アー・ザ・ワールド（We Are The World）」が話題となったことなどで浸透しました。

パウロはユダヤ人以外の異邦人伝道に努め（共通ギリシア語＝コイネーを話すことができた）、地球半周分を歩いて布教したといわれています。最後は暴君ネロの迫害で斬首刑に遭い、殉教してしまうのですが、パウロのおかげでイスラエル民族の異端の新興宗教だったキリスト教が、世界宗教へと羽ばたくきっかけができたのです。紀元1世紀には『新約聖書』が成立し、その後キリスト教は迫害を受けつつもローマ各地へと広がりました。そして313年にはコンスタンティヌス1世（Constantine the Great）［272―337］がミラノ勅令を発し、ローマ帝国の正式な宗教として公認されます（迫害はこれで終わった）。さらに392年にはテオドシウス1世（Theodosius I）［347―395］によりローマ帝国唯一の国教となるのです。「キリスト教は、指導者による民族再生というユダヤ人の考え方を、個人個人が救済を求めることによりキリストによる贖いが得られるという考え方に転化し、ユダヤ教の大きな特徴であった儀式や慣例をほとんど捨て去」り、「その母体であるユダヤ教を含め、すべての宗教を排除するという、ユダヤ教の持つ一神教としての特徴を保持」しました。*33 それにより欧州の無数の民間宗教はブルドーザーで一掃されたように消え去ります。しかもそれまで「キリスト教に加えられた弾圧は非常に激しいものであったため、それがいったんローマ帝国の公式の宗教となったときには、その激しい鉾先は生みの親であるユダヤ教に向かうことにな」りました。*34

ローマ・カトリック教会の教義

宗教・信仰は疑いを生むようなものであっては困ります。そこで学問的に正統な教義を確立し、信者に疑念を抱かせない必要が生じます。ローマ帝国に公認され、国教とされた古代キリスト教会の理論的指導者（神学者）として正統教義［orthodox］の確立に努めたのが**教父**（きょうふ）［Fathers of Church］・（ヒッポの）**アウグスティヌス**（Augustine of Hippo）［354－430］です。神の言語ラテン語で著述したラテン教父の代表でもあります。教父は古代ギリシア哲学（新プラトン派）を援用してキリスト教を理論化する教父哲学を生み出しました。

ただこのアウグスティヌス、キリスト教徒の母と異教徒の父との間に生まれ、若い頃は善悪二元論で知られるマニ教［Manichaeism］[*35]（ペルシアのマニ（Mani）［マーニー・ハイイェー］［216－277］を開祖とする宗教で、ゾロアスター教・ユダヤ教・グノーシス主義の影響を受けている）を信仰していました。カトリック第二の聖書とされる『**告白**』（懺悔（ざんげ）録と呼んでもよい内容）にはその辺りのくだりが述べられています。若い頃のアウグスティヌスは見世物に夢中になって勉強をおろそかにしていました。それ位なら私でも経験がありますが、仲間と梨を窃盗したり、16歳の時に情欲に溺れて私生児を生んだこともありました（「してはならないことをしてよろこび、それがたのしいのは、してはならないからであるとは、何たることか」[*36]）。それが32歳の時に「とれ、よめ（トーレ・レーゲ［tolle,lege］）」[*37]という少年少女の声を聞いて聖書を開き、キリスト教に触れて回心するのです。

アウグスティヌス
（ボッティチェリ画）

私は、これらのものをお造りになった「神」の名のもとに「父」を、それにおいてお造りになった「始原」の名のもとに「子」をすでにとらえ、わが神が三位一体にましますことを信じてたように信じつつ、聖なるみことばのうちにさがし、どうです、あなたの「霊」が水の上をただよっているのを見つけました。すなわちここに、三位一体なるわが神、全被造物の創造主である、父と子と聖霊とがましましたのです。（『告白』[*38]）

アウグスティヌスは「神」（父なる神［Father］）・「イエス」（子なるイエス［Son］）・「聖霊（せいれい）」（両者をつなぐ愛［Holy Spirit］）の3つのペルソナは同一で不可分であるとする**三位一体説（さんみいったいせつ）**［Trinity］を唱えました（『三位一体論』を著している）。神の似像であるところの人間の内にも「存在する」「知る」「意志する」という三位一体が現れます。三位一体説はもともと325年のニケーア公会議でアタナシウス派が主張し、正統教義とされたものでした。お祈りの際に「父と子と聖霊の御名（みな）によって。アーメン」と唱えるのを聞いたことがありますでしょうか。ちなみに「アーメン［amen］」（英語ではエイメン）はヘブライ語で「そうでありますように［So be it.］」という意味です。

すべての希望はただひたすら、真に偉大なあなたのあわれみにかかっています。御身の命ずるものを与えたまえ。御身の欲することを命じたまえ。（『告白』[*39]）

アウグスティヌスは人間に自由意志はないと考え、自由意志が存在すると考えたペラギウス派と対立しました。

自らのかつて犯した罪が念頭にあったのでしょう。「私が悪を欲し善を欲しないということは、どうしておこってくるのだろうか」「自分たちの悪をなす原因は意志の自由決定であ」ると考えながらも、悩み続けます。[*40] そして造物主である神の造った存在は、すべて善であると考えるに至ります。ただし、全ての存在は神が「真理の御手に保たれておられるという意味で有限」です。従って「すべてのものは存在するかぎり真であり、それをそれでないと思う場合のみ、偽が生ずるのです」。[*41]

有限な人間の自由意志を否定したアウグスティヌスは、生まれながらの原罪をもつ人間は神の**恩寵**［grace］（＝神の愛）にすがることによってのみ救われると考えました。さらに救われる人と救われない人は予め定められていると考え（**恩寵予定説**）、これは後に宗教改革者カルヴァン［1509−1564］の予定説に影響を与えています。では罪深い人間が神の恩寵にあずかるにはどうすればいいのか……というと、地上における神の代理である教会を通じてのみ、ということになります。

教父哲学は新プラトン派で教義を下支えしました。古代ギリシア・プラトン［B.C.427−B.C.347］が説いた四元徳（知恵［prudence］・勇気［courage］・節制［temperance］・正義［justice］）は、パウロが説いたキリスト教の三元徳（信仰・希望・愛）の下位に置かれ、カトリックでは共に七元徳として重んじられました。アウグスティヌスは三元徳のうち、愛（ラテン語ではカリタス［caritas］といい、チャリティ［charity］の語源となった）を重視し、最後に私達の意志は愛を注ぐ神に引き付けられると考えました。

アウグスティヌスは『神の国』において、「**地上の国**」（悪）と「**神の国**」（善）というプラトン的な二元論の世界観を打ち立てます。「地上の国」は自己愛に基づき、「神の国」は神への愛に基づきます。人間世界の歴史はこの「地上の国」と「神の国」の闘争です。もちろんその闘争の結果、勝利するのは「神の国」です。「神の国」の代理である地上の教会を通じて、「神の国」を目指さなくてはならないのです。この頃、ゲルマン系のゴート族などの蛮族がローマ帝国に侵入してきており（410年にゴート族によってローマは陥落する）、神によって守られるはずであるキリスト教に疑念が生まれていました。アウグスティヌスはそれに応える形で『神の国』を書いたのです。ちなみにその後ローマ帝国が東西に分裂すると、東ローマでは東方正教会［Eastern Orthodox Church］（ギリシア正教会）がローマ・カトリック教会から分裂し、東欧やロシアに広がりました（現在はロシア正教会、ルーマニア正教会、ブルガリア正教会などがある）。西洋でその後宗教改革運動がおこり、カトリックに抗議するプロテスタントが登場した経緯は42章で触れた通りです。

哲学は神学の侍女（婢）

古代の教父哲学がプラトン哲学で補強されたのに対し、中世の神学はアリストテレス哲学で補強されました。中世のキリスト教カトリックの神学は**スコラ哲学**と呼ばれ、11世紀から15世紀にかけて盛んになります。「スコラ［schola］」とはラテン語で「学校」という意味です（ギリシアの閑暇（かんか）（スコレー［schole］）を語源とする）。中世カトリックの教会や修道院に付属していた学校や12～13世紀に誕生した大学・ウニベルシタス［universitas］[*42]（「university（大学）」の語源）ではキリスト教の教義が学ばれました。ちなみに、カトリック［Catholic］やユニバーサル［universal］には「普遍的」という意味があります。ユニバーシティ（大学）には、カトリックの普遍的な学で世界を覆うという意味合いがあったのです。

しかるに聖なる教は哲学的諸学問から何かを受け取っている……聖なる教は他の諸学よりも下位のものである……しかし反対に、『箴言』第九章〔三節〕に、「彼はその婢（はしため）をつかわして、市の高い所で呼ばわせた」とあるのによれば、他の諸学はこの教の婢であるといわれている。（『神学大全』第1問第5項）[*43]

「**哲学は神学の侍女（婢[はしため]）**」という言葉がありますが、これは中世スコラ哲学の大成者でパリ大学神学教授を務めた**トマス・アクィナス**（Thomas Aquinas）［1225／26―1274］の未完の大著『**神学大全**』*44の中の一節を採ったものです。神学を厳密な学問である哲学で補強するにせよ、あくまでも哲学は神学にお仕えする立場（下位）に置かれたのです。

ちなみにトマスが生きた時代は、十字軍［Crusades］の遠征がありました。キリスト教徒がムスリムから聖地エルサレムを奪還するため、7度にわたり侵攻します。結果的に失敗に終わるのですが、欧州人はムスリム達がアリストテレス哲学を学び、高度な学問知識をもっていることに気が付きました。9世紀のバグダッドには知恵の館（バイト＝アルヒクマ）という図書館が作られ、プラトンやアリストテレス［B.C.384―B.C.322］などがせっせとアラビア語に翻訳されていたのです。十字軍の遠征によって、自分たちがすっかり忘れていたアリストテレス哲学を、欧州人は逆輸入することになりました。ムスリム哲学者のアヴィセンナ（Avicenna）［イブン・シーナー］［980―1037］やアヴェロエス（Averroes）［イブン・ルシュド］［1126―1198］のアリストテレス注釈書などを片手に、必死に読み返すのです。インド起源の数字（インドはゼロの概念を生み出した）もイスラーム世界を通じ、アラビア数字として欧州のローマ数字に取って代わられました。しかし、そうしたイスラーム世界の高度な科学的知識（特に著しい化学の発展があった）を用いれば、信仰の力を借りることなく、世界を説明できるのではないかという疑問が湧いてきます。そこでトマスはこのように説明するのです。

> 哲学的諸学問が自然理性の光に照らして知られうるものであるかぎりにおいて取り扱うその同じことがらを、神の啓示の光によって知られうるものであるかぎりにおいて取り扱う学が別に在るとしても、これはなんら差し支えないことである。（『神学大全』第1問第1項）*45

これはキリスト教神学が、啓示［revelation］の光が届く範囲（恩寵・啓示）の超自然的真理だけでなく、理性［ration］の光が届く範囲（哲学）の「自然的真理についても、超自然的立場からの或る判断を含んでいると考えられているから」[*46]です。また、こんな一文もありました。

> じっさい恩恵は自然を廃することなく却ってこれを完成するものであるから、あたかも意志の自然的傾向性が愛徳に奉仕するように、自然理性は信仰に従わなければならないのである。（『神学大全』第1問第8項）[*47]

恩恵（恩寵）は自然を破壊せず、自然を完成させる……つまり、自然的に与えられた理性およびそれに基づく哲学と、自然を超えた恩恵であるところの信仰を区別しつつも、2つは矛盾することなく、補完し合う関係にあるということです。[*48] しかも、「哲学は神学の侍女」としたように、あくまで恩恵・信仰を上位に置いています。理性で信仰の全てを説明することはできないが、信仰によって理性の本来意図していたものが完成する、ということです。トマスがアリストテレスの「不動の動者（どうしゃ）（自らは動かずに、他を動かす）＝神」論を採用したことで、全てのものを自らに向かって運動させている神を原因と考える、目的論的自然観が中世を支配していくことになるのです。

注

＊1　石黒マリーローズ『キリスト教文化の常識』（講談社、1994年）。
＊2　『新約聖書』「コリントの信徒への手紙」には「わたしたちは、キリストによってこのような確信を神の前で抱いています……神はわたしたちに、新し

い契約に仕える資格を与えてくださいました」「今日に至るまで、古い契約が読まれる際に……覆いは除かれずに掛かったままなのです。それはキリストにおいて取り除かれるものだからです」とある（共同訳聖書実行委員会『聖書　新共同訳』日本聖書協会、1987年）。

＊3　マタイはイエスの十二使徒の一人でレビという取税人。マルコによる福音書は最も古いとされている。ルカはパウロの弟子とされる人物。ヨハネは「バプテスマのヨハネ」とは別人でイエスの弟子である。成立時期はマルコが1世紀半ば頃、マタイが1世紀末、ルカ（と使徒行伝）が1世紀末、ヨハネが1世紀末から2世紀初めとされる（加藤隆『福音書＝四つの物語』講談社、2004年）。

＊4　大貫隆『聖書の読み方』（岩波書店、2010年）。

＊5〜29　共同訳聖書実行委員会『聖書　新共同訳』（日本聖書協会、1987年）。

＊30　和田幹男監著『聖書Q&A』（女子パウロ会、1990年）。

＊31〜32　共同訳聖書実行委員会『聖書　新共同訳』（日本聖書協会、1987年）。

＊33〜34　レイモンド・P・シェインドリン『ユダヤ人の歴史』（河出書房新社、2012年）。

＊35　マニ教（マーニー教）は「洗練された教義を備え、その民族の出身者であれ「改宗する」ことが可能な宗教として、マーニーの頭脳の中で組み立てられた「人口の宗教」」、「マーニーが著した書物中心の宗教」」、「情緒的な世界観を神話的なディスクールに乗せて語る点に特徴がある」「神話的表象の宗教」という性格を有する。9世紀後半から10世紀後半にかけて天山ウイグル王国の国教に採用されたが、その後は消滅してしまった。平安貴族が日曜日を「密」と表したのは「ソグド人マーニー教徒の」「祭日である日曜日を「密」すなわちソグド語 mir で表す」習慣に由来すると考えられる（青木健『マニ教』講談社、2010年）。

＊36〜41　アウグスティヌス『告白』（『世界の名著14』）（山田晶訳、中央公論社、1968年）。

＊42　イタリアのボローニャ大学、フランスのパリ大学、そしてイギリスのオックスフォード大学やケンブリッジ大学などが知られる。中世ヨーロッパの大学は専門家養成の神学部・法学部・医学部からなり、その下位には現在の教養学部にあたる学芸学部［artes liberales］（リベラル・アーツ＝自由七科）（哲学部とも呼ばれた）が置かれた。自由七科は文法・修辞・弁証法の三学と算術・幾何・天文・音楽の四科からなる。自由七科を統べるのがアリストテレス哲学で、その論理は神学を支えるものとされた。また、大学の授業は、権威に基づく講義と理性に基づく討論で構成されていた。

＊43　トマス・アクィナス『神学大全』（『世界の名著続5』）（山田晶訳、中央公論社、1975年）。

＊44　ラテン語の原題「Summa theologiae」は神学（テオロギア）の全体・頂上（スンマ）の意。

＊45　トマス・アクィナス『神学大全』（『世界の名著続5』）（山田晶訳、中央公論社、1975年）。

＊46　山田晶『聖トマス・アクィナスと『神学大全』』（『世界の名著続5』）（中央公論社、1975年）。

＊47　トマス・アクィナス『神学大全』（『世界の名著続5』）（山田晶訳、中央公論社、1975年）。

＊48　似た言葉であるイエスの、「自分が来たのは、律法を破壊するためではない。却ってこれを完成するためである」は、「律法の意図していたもの」が「律法を超える者（イエス・キリスト）によって「完成せしめられる」」ということである。同様、自然は、自然的な次元を超えた恩恵において、却って自然の意図を完成するのである（山田晶『聖トマス・アクィナスと『神学大全』』）（『世界の名著続5』中央公論社、1975年）。

67章　イスラーム

世界の4人に1人がムスリム（イスラーム教徒）

ユダヤ教、キリスト教に次いでヘブライズムの伝統を受け継いだのがイスラーム［Islam］（イスラム教）です。古くは中国や日本で回教（かいきょう）*1と呼ばれたこともありました。「イスラーム」とは「唯一神アッラーへの絶対的帰依」を意味します。イスラームはキリスト教・仏教と共に世界三大宗教に数えられており、中東・西アジア地域（アラビア半島）に広く分布しているイメージがありますが、パキスタン・インド・インドネシア・バングラデシュ・エジプト・ナイジェリアなどにも多くのムスリム［Muslim］（イスラーム教徒のことで「イスラームを信じる者」の意）がいます。２０２０年の統計で約19億人といいますから、世界の4人に1人以上はムスリムということになります。イスラームが世界宗教に発展したのはその平等性や、アッバース朝以降、改宗したムスリムに税の優遇があったことなどが関係しています。

イスラームの開祖は**ムハンマド**（Muhammad）［５７０?―６３２］（かつてはマホメット、モハメッドとも表記された）です。若い頃のムハンマドについては極めて情報が少ないのですが、現サウジアラビアのメッカ（マッカ）近郊を支配したクライシュ族ハーシム家の出身で、父は生まれる前に亡くなっていたといわれます。母もムハンマドが幼い

「預言者ムハンマド伝」載録の細密画（エディンバラ大学蔵）天使ジブリールから啓示を受けるムハンマド

頃に亡くなり、孤児になるという不幸な身の上でしたが、祖父や叔父に温かく育てられました。ムハンマドは羊飼いを手伝うこともしましたが、その後イエメンからシリアに産物を運ぶ隊商（キャラバン）を防衛する仕事に就きます。当時の隊商は強盗に遭うなどの危険も伴いました。正直で実直、商才もあったムハンマドはその時請け負った仕事で、交易商を営む富裕な未亡人ハディージャ（Khadijah）［555?―620］に認められます。ハディージャは2人の夫に先立たれていましたが、15歳ほど年下のムハンマドと結婚しました（ムハンマドは25歳ごろ、ハディージャは40歳ごろだった）。その後2人の間には7人の子どもが生まれましたが、1人を除いて不幸にも早逝しています（ハディージャが亡くなった後にムハンマドは10人の妻を娶りますが、子どもは生まれませんでした）。*2

結婚するとムハンマドは次第に瞑想に耽るようになります。結婚した途端、夫が瞑想ばかりするようになったら、ちょっと心配になりますね（笑）。でもムハンマドは日常の家族生活をしっかりと全うしつつも、メッカの将来を憂いてでしょうか、瞑想を始めるんです。そしてムハンマドが40歳の時、メッカ郊外のヒラー山の洞窟で瞑想中に大天使ジブリール（ガブリエル）を通じて、「起きて、警告せよ」（74章）*3という神の啓示を受けます。何と三度もムハンマドはジブリールに羽交い絞めにされた揚げ句、（神の啓示を）「誦め！」と命じられたそうです。以後は預言者として伝道活動に入り、約20年にわたって断続的に神から啓示を下されます。その内容を口述し、筆記させたのが『クルアーン（コーラン）』です。

メッカ（現サウジアラビア）はイスラームの聖地*4として知られています。メッカはムハンマドの生誕地で、イブラーヒーム（アブラハム）によって建てられたとされるカーバ神殿があります。「秋葉原はアニメのメッカ」という表現もありますね（現在は新聞・テレビ各社の自主規制により、メディアでは用いられなくなっている）。ちなみに私にとっての聖地メッカは東京・御茶ノ水です。往年の学生街でもある御茶の水は世界有数の古書店街として知られていますが、楽器屋や中古レコード屋も数多くあります。つまり私が世界で好きなもの（古本・楽器・レコード）が三拍子揃っている街が御茶ノ水なんです。一日中居ても飽きることはなく、1カ月に1度の巡礼を欠かしたことはありません（笑）。話を戻すと、さらにメディナ〔マディーナ〕（現サウジアラビア）も聖地の一つです。メッカとメディナは当時のアラブ世界では国際的な商業都市で、ムハンマドは砂漠の遊牧民ベドウィンとは異なる商売人のメンタリティをもっていました。したがってイスラームは「商業取引における契約の重要性をはっきり意識して、何よりも相互の信義、誠、絶対に嘘をつかない、約束したことは必ずこれを守って履行するという……商人の道義を反映した宗教」[*5]でした。

ムハンマドは、多神教のアラビア半島にユダヤ教・キリスト教以来のヘブライズムの一神教の伝統を伝道する宗教改革者でした。当時のメッカは多神教のカーバ神殿で偶像崇拝が行われていたんです。最初にムスリムになったのは妻のハディージャで、近親者や友人がそれに続きました。しかし多神教のメッカの人々は一神教を説くムハンマド達を激しく攻撃します。叔父やハディージャが亡くなると叔父の後継ぎはムハンマドを攻撃する者と手を結んでしまったため、結局ムハンマドはメッカを追われ、622年にメディナに移住します。この移住を**ヒジュラ**（**聖遷**）と呼んでいますが、聖遷というよりは事実上の亡命です。ちなみにヒジュラが行われた622年（7月16日）がイスラーム暦（ヒジュラ暦）元年とされます（ヒジュラ暦は1年を354日または355日とする太陰暦）。

その後ムハンマドは**ウンマ**〔umma〕（イスラーム共同体）を形成してメディナを統一し（当初ムハンマドは同じ一神教徒としてユダヤ教徒と友好的に接したが、彼らがムハンマドを認めなかったため追放した）、最後はメッカとの全面対決と相成ります。異教徒との戦いである**ジハード**（**聖戦**）の始まりです。聖戦というと、「右手にコーラン、左手に剣」といった西洋の偏見に基づく闘争的イスラーム像に捻じ曲げられて理解されてきました（キリスト教徒がエルサレム奪還のためにムスリムと争った十字軍遠征が、そうしたイスラーム観を定着させた)。「ジハード」はもともと「努力」「奮闘」といった意味で自分の欲望などとの戦いも含めます。ですから「聖戦」というよりはイスラーム拡大のための「努力」「奮闘」と捉えた方がいいものです。イスラームの挨拶は「アッサラーム・アライクム」(あなたの上に平和がありますように)ですし、『クルアーン』にも「たがいに殺しあってはならない」(4章)[*6]とあります。イスラームの本質は決して闘争的ではなく、平和の宗教だと強調しておきたいと思います。

結局ムハンマドは聖戦に勝利し、630年にメッカを制圧します。ムハンマドはメッカのカーバ神殿で女神アッラートの御神体である黒石を除く359の多神教の偶像を自ら破壊し、唯一神アッラーの神殿を打ちたてました。その後は再びメディナに住むのですが、晩年の632年に最初で最後となる聖地メッカへのハッジ(大巡礼)を行い、10万人余りの信徒が参加したそうです。ムハンマドは巡礼後すぐに体調が悪化し、亡くなったといわれています。

イスラームの聖典

ムスリムのよりどころとなっているイスラームの聖典はご存知『(アル・)**クルアーン**〔コーラン〕〔Quran〕』(「アル」はアラビア語の定冠詞)です。日本で実質イスラームが受容されるようになったのは明治以降のことで、大正時代になってやっと『クルアーン』の翻訳(『コーラン経』)が出版されたそうです。[*7]『クルアーン』は読誦(どくしょう)(読まれるもの)という意味で、音読・暗唱すべきものとされています。今でもムスリム圏では子どもたちによる『クルアーン』の暗唱大会があります。『クルアーン』は全114章からなり、大天使ジブリールが預言者ムハンマドに「誦(よ)め!」と命じた(ムハンマドは文字の読み書きができなかった)唯一神アッラーの言葉がアラビア語で記されています。『クルアーン』はムハンマドの死後20年程という早い時期に正典化されました(下された啓示順ではなく、ちゃんと編集を経ている)。正典化したのはハディージャの次にムスリムとなった第3代正統カリフ(後継者)のウスマーン(Uthman)[576—656]で(その前にはアブー・バクル(Abu Bakr)[573—634]が結集を行っている)、彼は他の『クルアーン』のテキストを全て焼かせたそうです。「全てはアッラーの思し召し」というように、『クルアーン』は結婚や遺産相続に至るまで、ムスリムの生活の全てを規定する聖典です(ムスリムはビジネスの場でも「全てはアッラーの思し召し」という返答をすることがあるが、これはイエスかノーかをはっきりさせない、あいまいな日本人の態度とちょっと似ている)。

イスラームは前近代的な政教一致(聖俗一致)をいまだに守っている宗教です。広い意味で生活の全て(生活習慣や法律など)をイスラームという宗教が規定しています。とはいえ厳密にいえば、政教一致を徹底させているのはシーア派イスラームです。ムハンマドの死後、カリフがウンマを指導したのですが、後に多数派(約85%)のスンナ(スンニー)派イスラーム(ムハンマドの親戚で親友だった初代正統カリフのアブー・バクルに始まる)と少数派(約15%)のシーア派イスラーム(ムハンマドの娘の夫でムハンマドの従弟のアリー(Ali)[601—661]に始まる)に分裂しました(アリーは第4代正統カリフでシーア派の初代イマーム=最高指導者)。「スンナ」は「ムハンマドの慣行に従う者」という意味で、「シーア」は「党派」という意味です。スンナ派はカリフを世襲とはせず、信仰の指導者ではあるものの特別の宗教的地位や霊感を認めませんでした。*8 一方のシーア派はイマームの地位を世襲とし、その存在は霊感を具え、神の意志を解釈できる宗教的権威とされました。*9 従ってスンナ派イスラームとは違い、シーア派イスラームは厳密な政教一致を守っているのです。

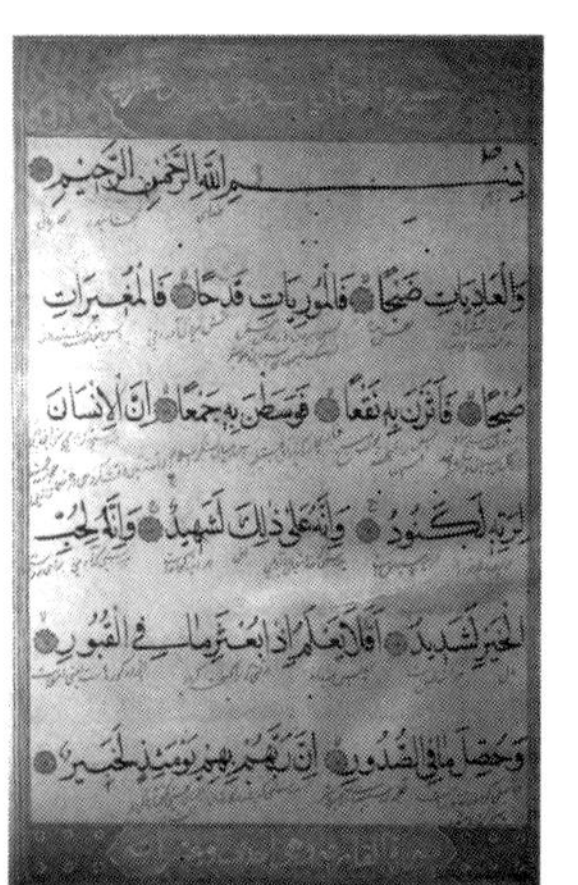
ナスフ体によるクルアーンの章句(タバリーの『大タフスィール』ペルシア語版)

ところで近代化とは西洋キリスト教国化を意味します。(神を中心とする)政教一致のイスラームは、(生まれながらの権利をもつ人間を中心とする)西洋近代の政教分離を拒み続けているのです。西洋近代の国民国家というまとまりすら拒否し、国境を越えたイスラーム共同体を建設しようとする発想（ムスリム圏の過激なテロ組織であるイスラム国〔IS〕にも共有されている）にしても、西洋近代の枠に収まりきらない部分があります。

『クルアーン』に書かれていない内容は、『クルアーン』やムハンマドの慣行（スンナ）を基にした**シャリーア**〔Sharia〕というイスラーム法で補完されます。そして当然ムハンマドの言行録『**ハディース**〔Hadith〕』もクルアーンに次ぐ第二聖典として大切にされています。

> 言え、「われわれは神を信じ、われわれに下されたもの、アブラハム、イシマエル、イサク、ヤコブならびに各支族に下されたもの、モーセ、イエスならびに預言者たちに主より授けられたものを信じます。われわれはこれらの人々のうち、だれがどうと差別はしません。われわれは神に帰依します。」（『コーラン』3章）[*10]

ちなみにユダヤ教の『旧約聖書』（イブラーヒム〔アブラハム〕とその子イシュマエルの子孫がムスリムとされた）やキリスト教の『新約聖書』もヘブライズムの伝統ですが、『クルアーン』にはそれらの人物が登場します。ムスリムは神がモーセ、イエスに続いて最後に啓示を下した使徒（預言者のうち「神がある特定の共同体へのお告げを書物の形で託した者」）[*11]がムハンマドであると考えます。ムハンマドは、モーセやイエスに下された神本来の教えがその後歪められてしまったと考え、アブラハム時代の純粋な一神教に立ち返ろうと考えたある種の宗教改革者だったのです。

イスラームの唯一神、アッラー

慈悲ぶかく慈愛あつき神の御名（みな）において。（『コーラン』）[*12]

イスラームの唯一神はアッラー（アッラーフ）［Allah］です。アッラーとは「the god」を意味する「アル＝イラーフ」の短縮形です。[*13]「おまえたちの神は唯一の神、そのほかにいかなる神もなく、慈悲ぶかく、慈愛あつき神」（2章）[*14]……全知全能の万物の創造主であられるアッラーは唯一の神です。ユダヤ教のヤーウェやキリスト教の父なる神と呼び名は違いますが、ヘブライズムの流れをくんだ同じ唯一神です。さらに、「言え、「これぞ神にして唯一者、神にして永遠なる者。生まず、生まれず、一人として並ぶ者はない」」（112章）[*15]とあるように、アッラーの神に並ぶ者を認めません。キリスト教では三位一体説によって、神とイエスと聖霊が同一で不可分であると解釈されました。しかしイスラームではムハンマドを神の子と認めません。ムハンマドはあくまで「最後で最大の預言者」（「預言者」は「神の言葉を預かる者」）とみなされているのです。キリスト教との違いでいえば、原罪の概念がイスラームにないことも付け加えておきましょう。

キリスト教の神が「愛の神」「赦（ゆる）す神」へと変容したことは既に触れました。一方イスラームの神アッラーは感情的な人格神としての側面ももち、因果応報の裁きの神でもあります。この辺りはユダヤ教の「裁きの神」「怒りの神」としての性質を引き継いでいるように思います（『旧約聖書』「レビ記」では神の御名（みな）を冒瀆（ぼうとく）する者は共同体によって石で打ち殺される罪を負うと告げられる)[*16]。そんな神アッラーへの絶対的服従を誓った者は、救済されるのでした。

またアッラーは、人格神である一方で万物の創造者・全知全能の超越神でもあります。その神を偶像化することはヘブライズムの伝統に則り、禁じられています。偉大なる神を、神の被造物である人間が像に刻むことなど神への冒瀆にほかなりません。イスラームの礼拝施設は英語でモスク[mosque]といいます（正式にはマスジド[masjid]＝ひざまずく所）。仏教の寺なら仏像がある、というのが宗教施設のイメージですが、モスクには聖地メッカ（カーバ神殿がある）の方角を示すくぼみ（ミフラーブ[mihrab]＝聖龕）があるのみでアッラー像はもちろんムハンマドの絵もありません。また、モスクには聖職者もおらず職員しかいません（職員の一人であるイマーム〔導師〕が金曜日〔安息日〕に説教を行うミンバル〔説教壇〕がミフラーブの近くにある）。ところで『クルアーン』には偶像崇拝を禁じる記述は存在しません。ただムハンマドが唯一神信仰に立ち返るためにカーバ神殿の偶像を壊したのは事実です。また、子どもの玩具としての人形は認めているようですが、基本的に「偶像は自己の欲望の投影」と考えているようで、拝金主義のような形を変えた偶像崇拝も厳しく戒めています[*17]。ちなみにムハンマドの風刺画を書いたフランスの雑誌社シャルリー・エブドが襲撃され、12名の死者が出る悲惨なテロ事件が２０１５年に発生しました。ムハンマドの肖像画を描くことまでは『クルアーン』では禁じられていないのですが、正しいムハンマド像を歪める風刺画はやはり神への冒瀆です。テロ行為自体は到底許容できませんが、雑誌社の行為は表現の自由を主張したところで、やはり不用意の誹りを免れえません。ちなみにムハンマドの肖像画において、しばしばムハンマドはあご髭を伸ばした姿で描かれていますが、ムスリム男性はムハンマドに倣って髭を伸ばすのが一般的です。

> 信者たちは兄弟である。よって、おまえたち、二人の兄弟のあいだを鎮めよ。神を畏れよ、そうすれば、神のお慈悲にあずかれようから。（『コーラン』49章）[*18]

イスラームはヘブライズムの伝統に則り、神の前での平等を説きます。国境を越えて信者は兄弟です。私の友人はバックパッカーの旅でイスラーム諸国を回ったそうですが、街行く人に「お前は何をしに来た」と言われ、神への敬意を告げたところ、肩を組んで「一緒にモスクに行こう」と誘ってくれたといいます。ある種の民族差別のようなものは存在しないのです。この発想は血縁を重視した政教一致のイスラーム共同体＝ウンマを形成することにも繋がりました。ユダヤ教では神と契約を結び、律法を守るイスラエル民族のみを神が救済する、という選民思想がありましたが、イスラームでは当然、神はイスラエル民族のみの神ではないと考えます。

六信・五行

『クルアーン』には、ムスリムの6つの内面的な信仰対象と5つの外面的な義務が説かれています。これを**六信**(ろくしん)（**六柱**）・**五行**(ごぎょう)といいます。

六信とされているのは神・天使・啓典・預言者・来世・天命の6つです。まず**神**（アッラーフ）とは先述の唯一神アッラーです。**天使**（マラーイカ）は神と神の言葉を預かる預言者を繋ぐ者で、ムハンマドに『クルアーン』の内容となる神の啓示を下したジブリール（キリスト教ではマリアに受胎告知をした）がその最上位です。他にもミーカーイール（ミカエル）などが知られています。**啓典**〔**聖典**〕（キターブ）はイスラームの聖典である『クルアーン』、そして『旧約聖書』の「モーセ五書」「詩篇」、『新約聖書』の「福音書」という唯一神からの啓示の書を指します。ユダヤ教徒やキリスト教徒も同じ啓典を共有する「啓典の民」です。**預言者**〔**使徒**〕（ラスール）は神の言葉を預かる者で、アブラハムやノア、ヨセフなどを指し、その中でも特定の共同体への神のお告げを書物の形で託されたモーセ、イエス、ムハンマドを使徒と呼んで区別します。**来世**（アーヒラ）を信じている、とはヘブライズムの伝統である最後の審判を信じているということです。神の意志に従って行動した者とそうでない者は、最後の審判の日に復活し、神の「行いの帳簿」でチェックされ、審判を下されます。[*19] 善行の重さが軽いものは地獄に、重い者は天国へ行けるのです。最後の**天命**〔予定・定命〕（カダル）は、「全てはアッラーの思し召し（インシャアッラー）」という神に予め定められた運命のことで、キリスト教の予定説とも同様です。ちなみに日本における親鸞［1173－1262］の絶対他力の思想ともよく似ています。

続いて五行です。**信仰告白**（シャハーダ）とは「アッラーのほかに神はなく、ムハンマドはその使徒なり（ラーイラーハイッラッラー　ムハンマドゥンラスールッラー）」と唱えることをいいます。ムスリムは礼拝の際にこれをアラビア語で唱えるんです。**礼拝**（サラート）とは1日5回、カーバ神殿のあるサウジアラビアのメッカに向かって祈ることです。ムハンマドは当初礼拝の方角（キブラ）をエルサレム神殿[*20]としていましたが、ユダヤ教徒との差別化を図る過程でカーバ神殿に変更されたようです。1日5回とは、厳密には日の出・日没の時間によって日々異なるのですが、夜明け（ファジュル）・正午（ズフル）・午後（アスクル）・日没前（マグリブ）・日没後（イシャー）を指します。少し時間が前後してしまうこともあるようですが、敬虔なムスリムは礼拝を欠かしません。家庭や職場で自主的に行うこともありますが、安息日の金曜日にはモスクで行うことが望ましいとされています。ちなみにメッカの方角といいましたが、もしメッカ市内にいた場合はカーバ神殿の方角に祈りを捧げます。礼拝の際は心身の清浄や、男性はへそからひざまで、女性は顔と手の他は衣服で覆うことが義務付けられています。また、アッラーへの敬意を表すために立てひざをつき、鼻・額の順で床につけるサジダという姿勢も知られています。次に**断食**（サウム）です。イスラーム暦9月のラマダーン（断食）月（2018年は5月16日から6月14日まで）になると、日の出から日没まで（つまり日中は）飲食や性行為を絶つんです。とはいえ子どもや老人、妊婦、病人、戦場における兵隊などはその限りではありません（イスラームは、人間は弱者である、という前提から弱い者に常に手を差し伸べる宗教）。ただ、何も食べられないのはなかなかしんどいことだと思うかもしれませんが、もし学校の教室で6時間目まで皆で断食しよう……なんてことをやったら、始めは皆「無理～」と文句ばかり言うかもしれませんが、次第に「みんなで頑張ろう！」なんて励まし合って、6時間目が終わったら「やったー！」と妙な連帯感が生まれるのではないでしょうか。つまりラマダーンはムスリム同士の国境を越えた連帯感を醸成する、大切な行事でもあるのです（このイベントが1カ月続く）。礼拝やこの後に紹介する巡礼も同様イスラーム共同体の連帯感を生むものです。厳しい自然の中で貧富の差が大きかったアラブ世界では、互いにいたわりの気持ちをもち、連帯することが大切だったのです。ちなみに断食を終えた日暮れになると、豪華なディナーが始まります。ラマダーン月は1年間で最も食料消費量が多い月でもあるのです。**喜捨**（ザカート）は貧者への施しです。税金（毎年全財産の2・5％など）として制度化されている場合が一般的ですが、これも資源の再分配を図るムスリムの知恵です。通例、普遍宗教には全ての人を幸せにするしくみが必ず組み込まれています（資本主義経済はムスリムと相反するものではないが、そうした倫理感は希薄である）。日本人は世界の金持ち国家として知られていますから、ムスリム圏に旅行に行けば施しを求められることもあるでしょう。お金をもつ者が施しを行うのは神に命じられた当然の義務だからです（施さなければ天国には行けない）。また、ザカートと共にサダカ（自由喜捨）も奨励されているようです[*21]。五行の最後は**巡礼**（ハッジ）、一生に一度は聖地メッカへの巡礼を行う義務です。ムスリムならば一生に一度、イスラーム暦12月8～10日にメッカに行かなくてはならないのです。カーバ神殿に到着したら、周りを早足で3回、続けてゆっくり4回、反時計回りで回るのだそうです（「カーバ」とは「六面体」という意味で、東南の角には黒石が嵌めこまれている）。ただこの巡礼はあくまでも努力義務です。お金があり身体も健康な者は行くことを義務付けられている、ということです。ただ、全世界のムスリムが一時に終結したらカーバ神殿はパンクしてしまいますから、受け入れ人数も決まっています（イスラーム協力機構〔ＯＩＣ〕はムスリム人口1000人当たり1人、つまり0・1％と定めている）。ですから、実は巡礼に行けるム

カーバ神殿

スリムは少なく、巡礼達成者は尊敬の対象となるのです（お膝元に住まうサウジアラビアの人々は何度も巡礼を行うのに有利な地理的条件である）。

ムスリムの戒律

ムスリムには様々な日常の戒律が存在します。例えば飲酒（アルコール）や豚肉の禁忌（ハラーム［haram］）はよく知られています。『クルアーン』には「信ずる人々よ、酒、賭矢、偶像、矢占いは、どれもいとうべきものであり、サタンのわざである。それゆえ、これを避けよ」（5章）[*22]とあります。賭け事なども禁じていることがわかります。ムスリム圏でもシーア派最大の国イラン、そしてパキスタン、スーダン、サウジアラビアなどではムスリム以外の飲酒も禁じられています。国によっては鞭打ち刑などもあるため、観光客でも注意が必要です。一方、政教分離を実施しているトルコやエジプトなどでは規制があるもののアルコール類の販売や購入が可能です。

また『クルアーン』には「死体、血、豚肉、神以外の名によって犠牲にされたもの、絞め殺されたもの、打ち殺されたもの、墜死したもの、突き殺されたもの、野獣に食い殺されたもの、ただし、おまえたちが屠ったものは別であるが、そして偶像の前で屠られたもの、これらはおまえたちに禁じられている」（5章）[*23]とあり、豚を不浄な動物として食べることを禁じています（牙や鉤爪のある動物も同様）。豚が不浄とされた理由はよくわからないのですが、病原体をもつ場合もありますし、食べ物が腐りやすい赤道直下の地域では豚肉が危険だと考えられ、禁忌とされたのかもしれません。近年は加工食品に豚のラードが使われている場合もあり、イスラーム法で合法とされたハラール［halal］で調理された食材を購入するのが一般的です。「使徒たちよ、よきものを食べ、よきことを行なえ。わしはおまえたちが行っていることを熟知している」（23章）[*24]とありますから、禁忌とされる食材を口にすることは神に背く行為なのです。従ってムスリムは細心の注意を払うのですが、「食い意地のためでもなく、禁にそむく心からでもなく、むりやりに食べさせられた者には罪はない」（2章）[*25]とあるように、例えば旅行中にもし気付かず食べてしまった場合は、当人にとっては大変ショックな事ではありますが、アッラーの寛容さ、慈悲深さによって致し方なしとされるのです。

さらに1970年代に広まったイスラーム銀行は利子を取ることを禁じています（口座での取引手数料は徴収する）。基本的に普遍宗教は万人を幸せにするしくみをもっていますから、お金をため込む（ストック）よりもお金を還流する（フロー）ことを重視するのです。国立銀行では利子がつく場合もあるのですが、それを喜捨に回したりする人もいるわけです。

イスラームが一夫多妻を認めていることは、一夫一婦制を説く西洋キリスト教社会から非難される部分です。ただし現在ほとんどのムスリムは一夫一婦制を取っています。というのも『クルアーン』に基づけば、経済的に余裕があり、複数の女性配偶者を同じ条件で平等に扱うことができるならば、男性は4人まで娶ることができるとされているからです。「同じ条件で平等に扱う」……これはかなり実現困難でしょう。1人だけに愛情を注ぐのはもってのほかですし、あらぬ嫉妬や繊細な気遣いも考慮に入れなくてはなりません。個人的には絶対に複数の配偶者をもちたくはありません（笑）。ただこの戒律は男性の欲望に基づくものではありません。家父長制を布いたアラブ世界では、そもそもムハンマドが未亡人と結婚したように、戦争などで夫を失った女性を経済的に庇護する目的があったのです。

人間性弱説

また、女子の信者にはこう言え、「目を伏せて隠し所を守り、露出している部分のほかは、わが身の飾り

となるところをあらわしてはならない。顔おおいを胸もとまで垂らせ……。」（『コーラン』24章）[*26]

これは「女性は肌を見せてはならない」という戒律です。ヴェールを付けたムスリム女性の姿は日本でも最近よく見られるようになってきました。具体的には頭部を覆うヒジャーブがありますが、シーア派のイランなどでは顔・手・足首以外を覆うチャードルを着用しています。ターリバーン支配下のアフガニスタンでは目以外を布で覆うブルカが着用されています。西洋社会は、たいていブルカのレベルに至ると「女性の人権侵害・抑圧である」と批判を加えるのが通例です。ただ禁欲的なキリスト教のシスターも同じような服を着ていますから、なぜイスラームの風習だけが批判されてしまうのか疑問です。もともと日焼け・紫外線を防ぐなどの実利もあったのだと思いますし、体型を隠す利点もあったようです。それより何よりこの戒律の根っこにあるのは「人間は弱いものである」という大前提です。つまり男性は女性に性的に誘惑されてしまう弱い生き物だから、あらかじめ男性を誘惑させることのない服を着なさい、ということです。この論理からすると、日本の女性は常に肌を露出させて男性を誘惑しているということになってしまいますね。

この「人間は弱いものである」という大前提を、イスラーム研究者の片倉もとこ〔1937–2013〕は「人間性弱説」[*27]と呼びました。飲酒を禁じているのも人間は酒に流される弱さをもっているからですし、いい加減で弱い人間だからこそ「契約」で縛ろうと考えたのです（弱い人間に指針を与えるイスラーム法＝シャリーアも元来あくまで努力目標という意味合い）[*28]。人間は弱いという前提に立てば弱者（病人・貧しい人・老人）に対するいたわりの気持ちもおのずと出てくるでしょう。一方の西洋近代は人間を強い者とする「人間性強説」を基本としています（人間・個人を社会の主人公とする人間中心主義）。ですから弱者は「努力が足りない怠け者だ」として切り捨てられてしまうんです。弱者をいたわるイスラームとは対照的です。

しかしグローバル化に伴い、西洋近代的・欧米的な価値観がイスラーム世界に流入するようになります。グローバル化を「アメリカ化（アメリカナイゼーション）」「マクドナルド化」と称した時代もありましたが、マクドナルドまでもがムスリム圏に開店するようになるわけです。当然若者は飛びつきますが、イスラーム世界の伝統的な食生活を崩壊させると眉をひそめる人も出てきます。あるいは欧米の肌を露出させるお洒落なファッションが輸入されれば、政教分離の進んだムスリム国では若い女性も肌を露出させたTシャツを着たいと思うでしょうし、水着だって着てみたいと思うわけです。しかしこれはイスラームの厳格な戒律を揺るがす事態です。あるいは弱者に手を差し伸べる平等のイスラームであったはずですが、西洋近代的な「自分さえ良ければいい」という個人主義が到来し、そうした米国的・欧米的価値観に染まった人々によって富が偏重するようになります。平等で平和なイスラーム共同体が米国をはじめとする西洋文明のせいで不正に侵されてしまった……と考えた一部の人々は過激化し、欧米諸国に憎悪を募らせました。結局２００１年9月11日に米国経済の象徴でもあるニューヨークの世界貿易センタービルが標的とされ、同時多発テロがおこってしまいます。テロ以後の米国は愛国心に燃え上がり、何の罪もないムスリムをテロリスト扱いして飛行場で拘束するなどの行動に出ます。これがムスリムの憎悪をより募らせる結果となることは目に見えていました。異質な他者を認めない不寛容のムードが世界中に漂ってきたのはちょうどこの頃からです。

米・同時多発テロの犯人はイスラーム原理主義（ファンダメンタリズム）組織のアル・カーイダ（首謀者はウーサマ・ビン・ラーディン（Osama bin Laden）［１９５７―２０１１］）でした。イスラーム原理主義とは欧米にイスラーム研究者が反米・過激派のニュアンスで用いた名称ですが、イスラームの教義に忠実な国家を造ろうとする復古主義運動です。実は現代、多文化主義（相対主義）のグローバリゼーションの反動と思われる原理主義（絶対主義）が台頭しています。そもそもイスラーム世界は伝統的に異教徒に寛容で、現代の多文化主義を先取りしていた地域なのですが、西洋の多文化主義の反動により、イスラーム世界に原理主義化の動きが生じたのです。原理主義者は一般的に「ここにはない、本物以上に本物な」理想郷を打ち立てようとする傾向にあります（もちろん原理に立ち返りつつ、現代的な改革を企図する人もいる）。思えば１９７９年に経済の新自由主義（市場原理主義）化というグローバリゼーション（世界市場化）の契機が訪れた年にイラン革命がおこり、宗教原理主義が台頭したのはその予兆でした。『クルアーン』に基づく身体刑（ハッジ刑）――窃盗による指の切断や姦淫による石打ち刑――は20世紀後半にそうした宗教原理主義の台頭によってサウジアラビアやイラン、アフガニスタン、ナイジェリア、パキスタンなどで復活したものです（実際に執行されることは稀であるが）。*29

アル・カーイダの他でイスラーム原理主義組織として知られているのはアフガニスタン、パキスタンで活動するターリバーンです（ウーサマ・ビン・ラーディンを匿った）。アフガニスタンを制圧し、世界遺産になっているバーミヤンの石窟の仏像（偶像）を破壊した際は国際的な非難を受けました（彼らは女性の教育や就業を禁止してもいる）。また、パレスチナでイスラエルと対峙するハマース（前身はエジプトで結成されたムスリム同胞団）、レバノンのシーア派組織・ヒズボラなども知られていますが、21世紀に入り世界中でで数多くのテロをおこして問題となったのはＩＳ（アイエス）（イスラム国）です。ＩＳＩＬ［Islamic State in Iraq and the Levant］やダーイシュ［Daesh］とも呼ばれている２００６年から活動するアル・カーイダ系の過激派組織で、インターネットやＳＮＳを利用して欧米からも兵士を集めています。学校教育の禁止、奴隷制度の復活、残虐な処刑の実行など西洋近代化以前の妄想上の前近代性を再現している感もあります。彼ら過激なイスラーム原理主義者はジハード（聖戦）という名のテロ行為を都合良く社会改革のために利用しようとしてもいるのです。誤解のないように言っておくと、日本人に過激なテロリストがほとんどいないのと同様、ムスリムの中に彼らのようなテロリストは数えるくらいしかいません。ほとんど全てのムスリムにとっては迷惑千万だと思います。しかし西洋のイスラームへの敵意は十字軍以来、過剰なものがあります。いまだに西洋近代性を振りかざして、劣位のイスラームを力で屈服させることしか頭にないんです。ＩＳがそうした西洋近代性に様々な点で対抗している点は着目すべきです（西洋近代における国際社会の単位である国民国家の枠を超えて勢力拡大を続けている)。

現代社会をリスク社会と定義したのはドイツの社会学者ウルリッヒ・ベック(Ulrich Beck)〔1944−2015〕でした。彼が予見できない社会のリスクと考えているものに、環境問題(原発事故)や金融危機などと共にテロリズムがありました。現在、世界ではテロという予測不可能なリスクを避けるために、かけがえのない自由を政府に差し出そうとする動きすらおこっていますし、「テロとの戦い」を掲げる世界連帯も生まれています。しかしこのやり方でテロリストを虫けらのように撲滅・駆逐することは、果たして可能でしょうか。このやり方で憎悪の連鎖を食い止めることはできるのでしょうか。テロリスト掃討作戦と称して、多数の民間人を犠牲にして空爆を行うことの正当性も甚だ疑問です。また、国際政治学者サミュエル・P・ハンティントン(Samuel Huntington)〔1927−2008〕が冷戦後の世界を予言した「文明の衝突」[*30]――キリスト教世界とイスラーム世界の対決図式――を脱する回路は果たして存在するのでしょうか。米国やテロが頻発する英国に追随する形でキリスト教世界の肩をもっている日本です。寛容な世界を実現させるために、いま考えなくてはならない課題だと思います。そのためにも、まずはイスラームという異質な他者を知ることから始めることが大切ではないでしょうか。

注

*1 「回教は中国経由の……あまり正しいとは言えない名称である……回教は、西方からきた回紇(ウイグル)族の宗教という誤解から派生した」(小杉泰『イスラームとは何か　その宗教・社会・文化』講談社、1994年)。

*2 中田考『イスラーム入門　文明の共存を考えるための99の扉』(集英社、2017年)。

*3 『コーラン』(『世界の名著15』)(藤本勝次・伴康哉・池田修訳、中央公論社、1970年)。

*4 イスラームの聖地メッカやメディナは灼熱の乾燥地域にあるが、「イスラームは「変わらぬ真理」を示すことをめざしたのであり、アラビア半島の舞台装置はそのためにこそ役立つ」(小杉泰『ムハンマド　イスラームの源流をたずねて』山川出版社、2002年)。

*5 井筒俊彦『イスラーム文化』(岩波書店、1991年)。

*6 『コーラン』(『世界の名著15』)(藤本勝次・伴康哉・池田修訳、中央公論社、1970年)。

*7 藤本勝次『コーランとイスラム思想』(『世界の名著15』)(中央公論社、1970年)。

＊8〜9　ジョン・L・エスポジト『イスラーム世界の基礎知識　今知りたい94章』（山内昌之監訳、井上廣美訳、原書房、２００９年）。
＊10　『コーラン』（『世界の名著15』）（藤本勝次・伴康哉・池田修訳、中央公論社、１９７０年）。
＊11　ジョン・L・エスポジト『イスラーム世界の基礎知識　今知りたい94章』（山内昌之監訳、井上廣美訳、原書房、２００９年）。
＊12　『コーラン』（『世界の名著15』）（藤本勝次・伴康哉・池田修訳、中央公論社、１９７０年）。
＊13　中村廣治郎『イスラム教入門』（岩波書店、１９９８年）。
＊14〜15　『コーラン』（『世界の名著15』）（藤本勝次・伴康哉・池田修訳、中央公論社、１９７０年）。
＊16　共同訳聖書実行委員会『聖書　新共同訳』（日本聖書協会、１９８７年）。
＊17　中田考『イスラーム入門　文明の共存を考えるための99の扉』（集英社、２０１７年）。
＊18　『コーラン』（『世界の名著15』）（藤本勝次・伴康哉・池田修訳、中央公論社、１９７０年）。
＊19　ジョン・L・エスポジト『イスラーム世界の基礎知識　今知りたい94章』（山内昌之監訳、井上廣美訳、原書房、２００９年）。
＊20　エルサレムはユダヤ教・キリスト教・イスラームの聖地で現在はそれぞれの聖地として共存している。ただし聖地エルサレムにユダヤ教徒の国・イスラエルが建国されたことは「西洋の帝国主義の不正な行為を思い出させ、現代のイスラーム社会が弱い存在であり続けていることを強烈に示すシンボル」となっている（ジョン・L・エスポジト『イスラーム世界の基礎知識　今知りたい94章』山内昌之監訳、井上廣美訳、原書房、２００９年）。
＊21　大川玲子『聖典「クルアーン」の思想』（講談社、２００４年）。
＊22〜26　『コーラン』（『世界の名著15』）（藤本勝次・伴康哉・池田修訳、中央公論社、１９７０年）。
＊27〜28　片倉もとこ『イスラームの日常世界』（岩波書店、１９９１年）。
＊29　「一九六〇年代の末頃から私は、毎年必ず一回や二回は仕事でイスラム圏を訪れていた。最初のうちは、サウディ・アラビアやアラブ湾岸諸国を除けば、禁酒という習慣は無きも同然という感じだった。仕事で一緒になったムスリムと仲良く痛飲した思い出はいくらもある。それが八〇年頃からだんだん様子が変わってきた。毎年一緒になるムスリムが、去年までは酒が大好物だったはずなのに、今年はガラッと変わって、完全禁酒にしたと澄ました顔で言うようなことが、あっちこっちでも多くなった」（紅山雪夫『イスラムものしり事典』新潮社、１９９６年）。
＊30　ハンチントンは、自由主義圏・共産主義圏・非同盟国に世界が分かれた冷戦時代が終わると、超大国の抗争にかわり「文明の衝突」がおこると論じた。冷戦後の世界は8つの文明（西欧、ラテンアメリカ、アフリカ、イスラム、中国、ヒンドゥー、東方正教会、日本）に分かれる。「文明の世界で最も支配的な特徴をかたちづくっている」「西洋文明の魅力が薄れ」ると、「非西欧の人びとは自分たちの固有の文化にたいする自信を取り戻し、それを維持しようとしはじめる」。つまり、西欧近代の民主主義・自由市場経済・個人主義・法の支配といった価値観に非西欧が抵抗する動きが生じるというのである。「今後、危険な衝突が起こるとすれば、それは西欧の傲慢さ、イスラムの不寛容、そして中華文明固有の独断などが相互作用して起きるだろう」（サミュエル・ハンチントン『文明の衝突』鈴木主税訳、集英社、１９９８年）。予言通り、２００１年9月11日に米・同時多発テロが勃発した。

68章　現代の諸課題と倫理（1）（生命倫理、環境倫理）

命を操作する

医師アポローン、アスクレーピオス、ヒュギエィア、パナケィアをはじめ、すべての男神・女神にかけて、またこれらの神々を証人として、誓いを立てます……わたしの能力と判断力の限りをつくして食養生法を施します。これは患者の福祉のためにするのであり、加害と不正のためにはしないようにつつしみます。致死薬は、誰に頼まれても、けっして投与しません。またそのような助言をも行いません。同様に、婦人には堕胎用器具を与えません……どの家に入ろうとも、それは患者の福祉のためであり……とくに男女を問わず、自由民であると奴隷であるとを問わず、情交を結ぶようなことはしません。治療の機会に見聞きしたことや、治療と関係なくても他人の私生活についての洩らすべきでないことは、他言してはならないとの信念をもって、沈黙を守ります。もしわたしがこの誓いを固く守って破ることがありませんでしたら、永久にすべての人々からよい評判を博して、生涯と術とを楽しむことをおゆるし下さい。もしこれを破り誓いにそむくようなことがありましたならば、これとは逆の報いをしてください。（『誓い』*1）

これは、病にまつわる迷信を排除したことで「経験科学としての医学の祖」となったヒポクラテス（Hippocrates）［B.C.４６０?—B.C.３７０?］の『誓い』です。現代の臨床医学における医師の患者に対する倫理的な指針としても、ほぼ遜色ないことがわかると思います。近代科学から生み出された現代医学はデカルト［１５９６—１６５０］的な機械論的自然観に基づいています。患者さんの肉体に優越するお医者さんの精神が、人間の身体を単なる因果律に基づく機械（＝モノ）とみなし、操作・施術するのです。このまなざしが医師特有のパターナリズム（父権主義、保護者温情主義）につながっています。しかし医学においてこの機械論的自然観を突き進めれば、患者の幸福や利益のためなら何をやっても許される、ということにもなりかねません（近代科学は倫理を切り捨て、技術と結びついた）。例えばクローン人間を作ることが技術的に可能であるとしても、それは人間の営みとして果たして倫理的に許されるのでしょうか。倫理学・哲学において、現代性のあるホットな分野に**生命倫理**（**バイオエシックス**）があります。当初は現代生命科学の発展のスピードに倫理的な議論のスピードが付いていかなかったため、科学研究の名の下で「やっていいこと・悪いこと」の線引きが曖昧になる危険性がありました。そこで現在では哲学・宗教・文化・法律など様々な観点から、生命を巡って倫理的な議論が進められるようになりました。

ご存知の通り、**バイオテクノロジー**（生命工学）の発展により遺伝子のしくみが明らかになってきました。米国の分子生物学者ジェームズ・ワトソン（James Watson）［１９２８—　］と英国の分子生物学者フランシス・クリック（Francis Crick）［１９１６—２００４］が遺伝子（ＤＮＡ）の二重らせん構造を発見したのは１９５３年、思えばつい最近の話です。ヒトの全遺伝子情報（ヒトゲノム）解読は米国で１９９０年に始まり、２００３年には解読完了が宣言されました（どの遺伝子配列がどのような役割を果たすかまでは未解明）。大学の研究室に行って、口の中の粘膜を綿棒で取れば、およそ数時間で遺伝子解析ができる時代になったのです。ちなみに「遺伝子情報は究極の個人情報」といわれます。もしこの究極のプライバシーが流出すれば、「早死にする可能性のある遺伝子をもつ人」が結婚適齢期に忌避されたり、「がんになるリスクが高い人」が高い保険料を請求されたりする危険性もあるのです。

近代の機械論的自然観の行く末でもありますが、とうとう人知の及ばない生命（いのち）の人為的操作が可能となっています。例えば遺伝的疾患にかかるかどうかなどを予測する**遺伝子診断**を受けたい人は、２０１４年の朝日新聞のアンケートによれば52％であったそうです。ある遺伝子を組み込んだ細胞を投与して患者を治療する**遺伝子治療**もありますし、出生前に胎児の発育状況や遺伝病の有無や男女の性別を診断する**出生前診断**（しゅっせいぜん）も一般的になりました。重い遺伝病がおこりうるケースに限っては受精卵（着床前）診断が倫理的に認められていますが、それ以外は超音波・心電図・羊水検査などの胎児診断です。後者は子どもを授かった多くの夫婦が利用しています。こうした状況の中で、例えばダウン症などの障がいが認められた際に中絶という選択肢を選ぶ夫婦もおり、生の選別が問題視されています。欧州の保守派であるカトリックのローマ教皇庁は中絶を認めていませんが、女性の**リプロダクティブ＝ヘルス／ライツ**（女性の性と生殖についての健康とそれを守る権利）の観点から認められるとする立場もあります。女性は「産むか産まないか」「何人産むか」を自己決定する権利があります。日本の母体保護法では母体の健康を著しく害するおそれがある場合に限り、妊娠中絶が認められています。とはいえ、生の選別はデザイナー・チャイルドのように両親の望む遺伝的形質をもつ受精卵を選ぶという優生学思想につながるため、倫理的な問題点を含んでいます。

　クローン人間も、作ろうと思えば作れる時代になっています。ファウスト博士のように、人造人間ホムンクルスを作る知力をとうとう手に入れたのです。**クローン技術**は同じ遺伝子をもつ個体を複製する技術です。挿し木に始まり、生物では体細胞からカエル・クローンが作られ、１９９６年には英国でクローン羊のドリーが誕生し、世界初の哺乳類クローンとして話題になりました。クローン猿もその後米国で作られています。皮膚や筋肉などの体細胞からクローンが作れてしまうとなると、クローン人間も技術的には作成可能となります。そこで日本では２００１年に

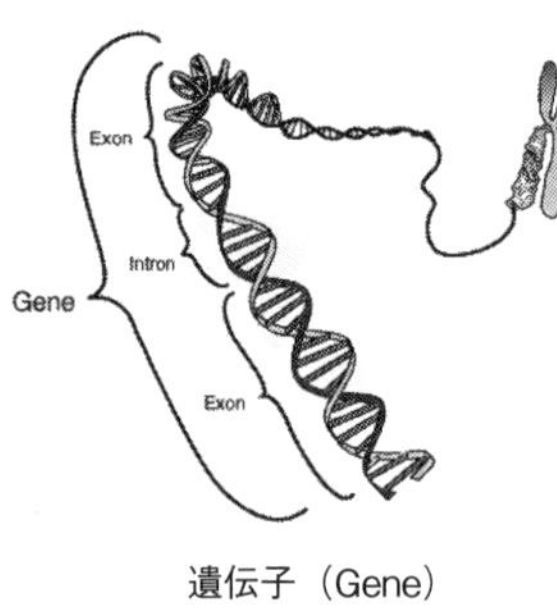

遺伝子（Gene）

クローン技術規制法が施行され、人間のクローンを作れば懲役・罰金刑が科せられることになりました。とはいえ2005年にはクローン人間禁止宣言が国連で採択されましたが、医療目的での人間のクローン胚づくりが2004年に条件付きで認められた日本は反対派に回りました。採択されたとはいえクローン人間禁止宣言には法的拘束力がないため、国際的な倫理基準とはなり得ていない状況です。

2006年に京都大学の山中伸弥（しんや）［1962－　］教授が発表し、ノーベル賞を受賞するきっかけとなった**iPS細胞**（人口多能性幹細胞）に代表される万能細胞も、再生医療の分野などで注目を集めています。山中教授はアップル社の携帯音楽プレイヤー「iPod」のように広まってほしいと望んで、「i」を小文字にしたそうです。1990年代後半に注目された**ES細胞**（胚性幹細胞）は受精卵を元に作成するため、成長できる個体を破壊することとなり、ローマ教皇庁は「殺人にあたる」として、それを認めていませんでした。一方iPS細胞はその問題点を乗り越えています。2014年9月には眼の網膜の細胞に変化させたシートを移植する初の臨床試験も行われました。しかしこれも考えてみれば、自分の皮膚や髪の毛・唾液などの体細胞から神経・心臓のみならず、精子・卵子も作れてしまうわけですから、倫理的な問題は大きいと思います。

遺伝子組換え作物（GMO［Genetically Modified Organism］）も世界では実用化されています。「枯れない大豆」や「害虫が食べると死ぬトウモロコシ」といったものです。しかし人間の都合で人為的に作られた作物ですから、地球環境にどのような影響を及ぼすかはよくわかっていません。しかも害虫が食べて死ぬのに、人間は大丈夫なのかという心配もあります（厚生労働省のホームページによると、人体には影響がないという）。日本では1996年から輸入・販売が許可されましたが、表示義務が課せられています。

子どもを授からなかった夫婦のために

結婚して子どもが欲しいが、子どもが生まれないということがあります。例えば夫が無精子症ならば、子どもを授かることはなかなか難しいでしょう。家父長制（イエ制度）が残っていた戦前までは長男が家督相続するという意識が今より強く、長男がいない場合は死活問題でした。そこでしばしば、養子をもらうなどして家（イエ）を存続させました。現在の皇室について定めた皇室典範（てんぱん）ではそうした旧来の制度を引きずっていますが、万世一系のイデオロギーを維持するために男系だけではなく、女性・女系天皇を容認してはどうかという議論もあります。しかし個人的には、家族の血脈はそんなに重要ではないと思っています。養子であったとしても温かい家族の絆を育むことはできますし、そもそも夫婦は血がつながっていないわけですから。

とはいえ現代人の欲望に底はありません。生殖技術の進歩がその欲望を満たしてくれるようになりました。**人工授精**（日本産婦人科学会は「受」ではなく「授」と表記する）は夫あるいは匿名の第三者の精子を女性の生殖器に授精することです。数万円の費用を自費診療で支払う必要がありますが、既に数多くの子どもがこの方法で誕生しています。とはいえ営利目的の第三者の精子提供は、１９９５年にインターネットによる精子販売が明らかになったこともあり、日本産婦人科学会により禁止されています。一方、**体外受精**という方法もあります。試験管ベイビーなどといわれることもありますが、夫あるいは夫以外の第三者の精子と、妻あるいは妻以外の第三者の卵子を採取し、シャーレで受精卵をつくり、妻の子宮内に戻すというやり方です。妻以外の子宮内に戻すと、後述する代理母（代理出産）となり倫理的な問題が生じるため、日本では禁止されています。２０１４年に長野県の産婦人科病院で、１１８人の子どもを無精子症の夫の父の精子から体外受精で誕生させたという報告がありました。夫の父の精子ですから遺伝的には夫と限りなく近いわけですが（遺伝上の父は夫の父）、子どもが物心ついた時、「実はあなたはママとおじいちゃんとの間にできたんだよ」と伝えることを想像すると、法律上の父が夫であったとしてもなかなか複雑です。

続いて**代理出産**はさらに複雑です。夫あるいは夫以外の第三者の精子を、妻以外の第三者の女性（代理母＝サロゲートマザー）に人工授精するのが一つの方法、もう一つは夫婦の受精卵を体外受精させて、妻以外の第三者の女性（代理母＝ホストマザー）の子宮内に戻すという方法です。前者の場合は、遺伝的には子どもは代理母と夫あるいは第三者の遺伝子を受け継ぎますが、後者の場合は、夫婦との遺伝的関係が保たれます。しかし日本の民法上、子どもを出産した女性が母親になりますから、代理母が法律上の母になってしまうわけです。家族関係の複雑化を理由に日本では禁止されていますが、米国の代理母が産んだ子を実子として認めるよう、日本のタレント夫婦が裁判をおこした事例もあります。結局最高裁で母子関係は認められないとされ、特別養子縁組を認めてもらうことになりました。米国では１９８６年に、代理出産した代理母＝サロゲートマザーが新生児の引き渡しを拒み、養育権を主張したというベビーM事件もおこりました。確かにお腹を痛めて産んだ我が子ですから、代理出産の金銭契約を放棄して手放したくなくなるかもしれません。結局ニュージャージー州最高裁では、親権は依頼した父親に、代理母には訪問権が認められました。このように代理出産にはお金も絡みます。いわゆる母体の商品化です。倫理的指針が整わず代理出産ビジネスが横行していたタイで、２０１４年に独身の日本のＩＴ関連企業の御曹司（おんぞうし）が、10人以上の子どもを代理出産で設けていたことがわかりました。タイには代理母村があり、その費用は１人８００万円、仲介業者が大部分をマージンとして取り、代理母には１００万円が入ったそうです。この１００万円は年収7年分に当たったそうですから、母体を売る人が後を絶たなかったのです。そこでタイでは２０１５年に、代理出産を規制する法律が成立しています。

SOL（ソル）からQOL（コル）へ

生命の捉え方も時代によって変化しています。伝統的には、「人間の生命には絶対的価値があり、一分一秒生き永らえさせるものである」という考えがありました。これを**生命の尊厳**（SOL［sanctity of life］）といいます。*2 ただ、末期がん患者で毎日ベッドの上で「痛い、痛い」と泣き叫んでいる……そうした生命を一分一秒生き永らえさせるのは果たして幸せなことなのか、という考え方が出てきます。これを**生命の質**〔**生活の質**〕（QOL［quality of life］）といいます。そこから提起されたのが人間らしい安らかな死をめざすホスピスでの**ターミナル・ケア**（終末期医療）や、患者のみならず家族も含めて医学的、心理的、宗教・哲学的支援を行う緩和ケアです。「治療（キュア〔cure〕）から看護（ケア〔care〕）へ」という標語もありました。

とはいえベッドの上で「痛い、痛い」と泣き叫んでいる患者に塩化カリウムなど薬物を投与して死なせてしまう**安楽死**（積極的安楽死）は、日本では認められていません（殺人罪に問われる）。ヒポクラテスの『誓い』にも、「致死薬は、誰に頼まれても、けっして投与しません」*3 とありました。医学部出身でストーリー・マンガの創始者だった手塚治虫（おさむ）［1928—1989］（『ライオン・キング』の元ネタとなった『ジャングル大帝』の作者）は、モグリの医師が活躍する『ブラック・ジャック』で安楽死をテーマの一つに選びました。同じく医師（陸軍軍医総監）だった文豪・森鷗外（おうがい）［1862—1922］も『高瀬舟』で安楽死を取り上げています。ちなみにこの積極的安楽死はオランダ、ベルギー、ルクセンブルク、スイス、米国ややカナダ、オーストラリアの一部の州では法的に認められています（2020年現在）。

一方、回復の見込みがない場合に、延命治療を中止する**尊厳死**（消極的安楽死）は、患者に対する説明や同意があれば、日本でも認められています。この尊厳死は、米国のカレン・クィンラン（Karen Quinlan）［1954—1985］という女性が飲酒と精神安定剤により植物人間になり、父が人工呼吸器を外させたカレン事件によって認知されました。結局裁判所は1976年にカレンの死ぬ権利を認めます。しかしカレンはその後も自発呼吸で9年間生き続けたそうです。一方、ターミナル・ケアの現場で行われる間接的安楽死もあります。これは例えば睡眠薬を服用し、その副作用で痰（たん）の排出機能を低下させることで肺炎を引き起こし、死に至らしめるという方法です。こうして間接的に死を早めることも、患者に対する説明や同意があれば、日本では認められています。

患者に対する治療法・費用・治療のリスクなどの十分な説明や同意のことを**インフォームド・コンセント**といいます（「informed（知らされた）」「consent（同意）」の意）。これは日本国憲法のオールマイティ人権である第13条「個人の尊重、生命・自由・幸福追求権」を根拠として主張された、**自己決定権**を重視する考えから生まれたものです（ちなみに憲法で幸福追求が保障されていることを根拠に、「日照権」「嫌煙権」なども主張できる）。自己決定権の中でもとりわけ生前意思（**リヴィング・ウィル**）は重んじられます。近代医学のまなざしは機械論的自然観に基づくものでした。患者の身体に優越するお医者さんの精神が、患者の身体を原因・結果に基づく機械とみなして上から目線で治療する……お医者さん特有のパターナリズムのまなざしが、自己決定権を侵害しているという批判があったからです。[*4] 私が小さい頃、歯医者に行くのが大嫌いだったのですが（お陰で今も大嫌いだ）、それは口を開けると有無を言わさず歯を削られることがあったからです。インフォームド・コンセントが定着した今では、削るか、抜くか、それぞれどんなメリットとデメリットがあるか、が十分に説明された上で、セカンドオピニオンを勘案しつつ、どちらの治療法を決定するかを患者自身に委ねるようになりました。

脳死は人の死か

私が高校生の頃のことです。「脳死は人の死か」……テレビのニュースで毎日アナウンサーが連呼していたその言葉が耳に残っています。人の死の定義は、それまで「心拍停止」「呼吸停止」「瞳孔（どうこう）の散大」とされていました。しかし１９９７年に**臓器移植法**が作られ、その定義が変わり、脳死は人の死とみなされて臓器移植への道が開けたのです。脳死とは植物状態（脳の機能の一部は機能し、自発呼吸・消化が可能）とは異なり、大脳・小脳・脳幹の機能が不可逆的に停止した状態です。生体肝移植や生体腎移植は以前から存在していましたが、心臓死後の心臓・肺・肝臓移植は困難であったため、「脳死を人の死と認めてはどうか」という議論がなされたのです。ただ１９９７年の臓器移植法では、書面による本人の意思表示や家族の同意が必要とされました。「書面」ですから「口頭」ではダメなんです。そこでドナーカード（臓器提供意思表示カード）を手に入れて、交通事故などで脳死状態になった際、臓器移植を認めるか否かを明記する必要がありました。さらに家族の同意が必要でしたが、これを得るのがかなり困難でした。なぜなら脳死後もその身体は温かく、髪や爪は伸び、涙が流れることもあったからです。生きている実感が得られる以上、臓器を取り出すことは完全に命を絶つことにもなりますから、家族に抵抗感があったわけです。また、15歳未満は法的な意思表示能力がないとみなされ、移植不可とされました。若い身体である場合、脳死判定の後に動き出す事例もあったのがその理由です。

結局ドナー（臓器・角膜などの提供者）待ちの患者（レシピエント）は順番待ちの状態で、２００９年1月までの移植例はたったの79例、待ち切れずに募金をつのって、海外で移植を受ける人も多く見られました。そこで２００９年に臓器移植法が改正されます。改正によって家族の同意のみで移植できるようになり、本人の意思表示は不必要になりました。したがって法的な意思表示能力も問われなくなり、15歳未満、つまり法律上は0歳から臓器移植が可能となったのです（親族に優先的に提供することもできるようになった）。ちなみに、「どうしても脳死判定後に臓器移植されたくない」という意志をお持ちの方は、ドナーカードや運転免許証にその旨を明記しておけば、家族の臓器提供の同意があったとしても、本人の自己決定権の方が尊重されます。

地球環境問題

地球では1日に約37万人が生まれ、約16万人が亡くなっています（毎日約22万人増えている）。また、1日に水を150立方キロメートル使ってその大部分で約800万トンの食料を作り、その多くを捨てています。さらに1日に自動車を20万台作り、約12万台を捨てています。使っている石油は100年前の80倍になりました。*5 これが産業革命以降、有限な地球環境を食いつぶすことで実現した大量生産・大量消費の実体です。地球の約46億年の歴史を1年に換算すると、人類の歴史は約4時間、18世紀の産業革命以降は約1秒です。この1秒で天文学的時間をかけて生成された化石燃料を掘りつくし、自然破壊を行ってきたのが近現代（モダン）の人間です。科学技術によって経済的繁栄がもたらされたとはいえ、人間中心主義という身勝手な近代的発想の恐ろしさを感じます。経済的・物理的繁栄と引き換えに、もう後戻りできないほどの地球環境・生態系の破壊が行われているのです（森林再生や有限な地下資源の形成には想像もつかないほどの時間がかかる）。そうした環境問題は国境を越えたグローバルな課題であるため、国際社会における各国の協調も欠かせません。

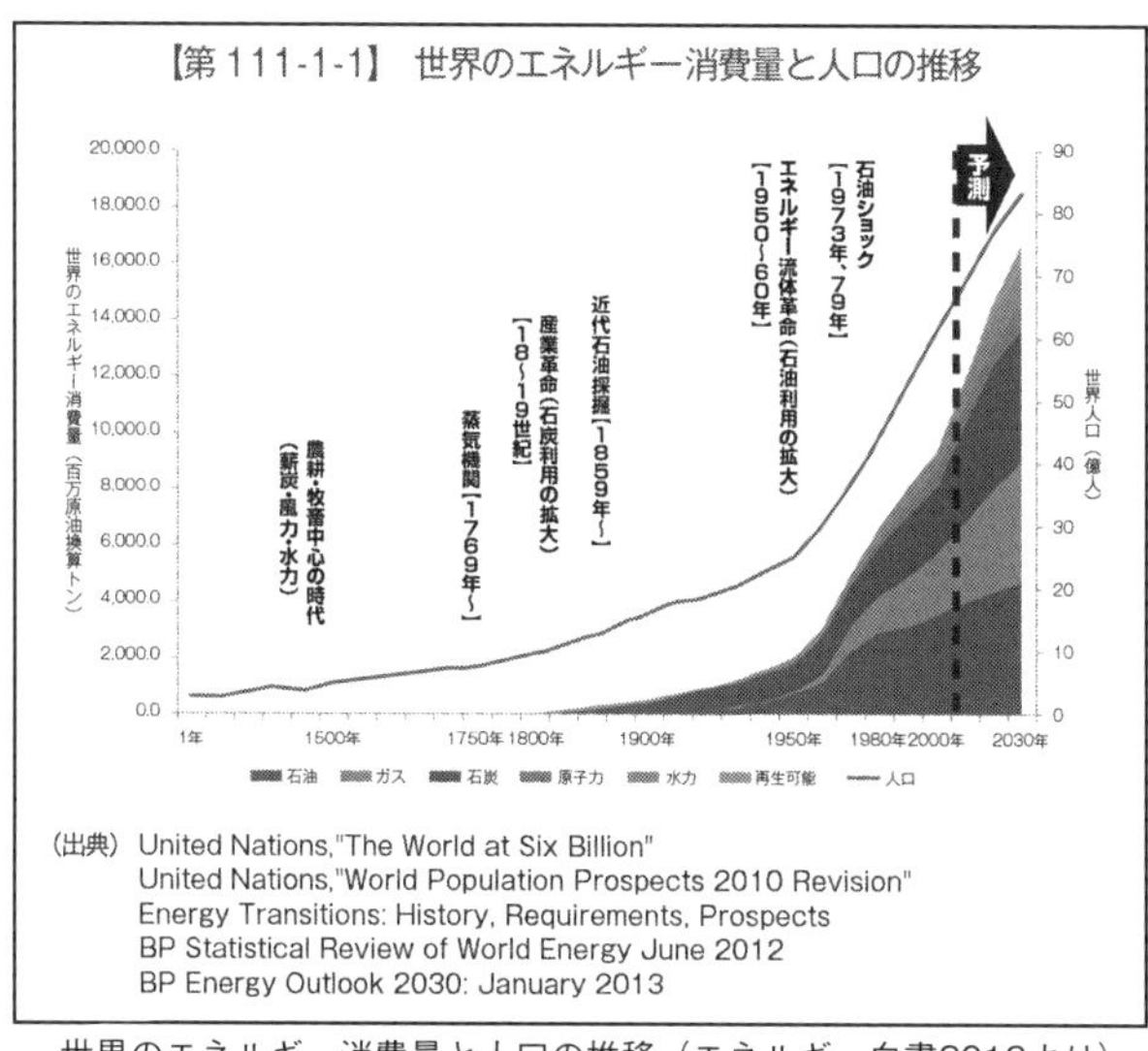

世界のエネルギー消費量と人口の推移（エネルギー白書2013より）

私が中学生だった1990年代、初めて「環境問題」という言葉を知りました。燃えるゴミも燃えないゴミもみんないっしょくたに捨てていた時代です。中学校の先生が「リサイクル」とは「再」を意味する接頭辞「re」に「cycle（輪）」をつけた言葉で、有限な資源を再利用・再活用することです、などと説明してくれて、私を含めた生徒たちは初めて聞く言葉に「へぇ～」と感心したのをよく覚えています。今ではまず知らない中学生はいない言葉でしょうし、それだけ人々の草の根のリサイクル意識が向上して来ているのだと思います。

主な環境問題に**オゾン層の破壊**（エアコン・スプレーのフロンガスが原因で、南極上空にオゾンホールができ、紫外線による皮膚がんが問題となった）、**砂漠化**（都市人口増加に伴う過放牧・過耕作などによる）、**酸性雨**（硫黄酸化物［SOx］や窒素酸化物［NOx］が雨に含まれて生じ、森林の枯死・歴史的建造物および銅像の腐食などの被害が出た）、**熱帯林の減少**があります。現在フロンガスは規制で撤廃され、オゾンホールは塞がりました。このうち熱帯林の減少は**生物多様性**を失わせることになり（1日なんと約100種の生物が絶滅している）、地球温暖化にもつながっています。

地球温暖化は中でも現在最も関心が高い環境問題です。化石燃料（石油・石炭など）の大量消費によって二酸化炭素（CO_2）やメタン（CH_4）などの温室効果ガスの割合が増えたことや、熱帯林の減少に伴い二酸化炭素吸収量が減少していることなどが原因です。温室効果ガスが全く存在しなければ地表面は冷え切ってしまい、平均マイナス15度になってしまうのですが、産業革命以降は二酸化炭素をはじめとした温室効果ガス濃度が上がり、100年後には気温が6度以上、海水面は60センチメートル近く上昇すると予測されました。南極の氷が溶けて南太平洋のツバルやキリバスといった国が海に沈むというセンセーショナルな未来予測もありました。ただ、温室効果ガスと地球温暖化や海面上昇の因果関係には様々な議論があり、異説を唱えている人もいるのですが、産業革命以降、二酸化炭素排出量が増え、環境破壊が進行しているのは事実ですし、温室効果ガスが温暖化の原因だと証明されてから対策を取っても、時既に遅いでしょう。予防原則に基づいて、策を講じているのです。

環境問題への取り組み

若鶏（わかどり）はわけのわからぬ病気にかかり、牛も羊も病気になって死んだ。どこへ行っても、死の影。農夫たちは、どこのだれが病気になったというはなしでもちきり。町の医者は、見たこともない病気があとからあとへと出てくるのに、とまどうばかりだった。そのうち、突然死ぬ人も出てきた。何が原因か、わからない。大人だけではない。子供も死んだ……自然は、沈黙した。うす気味悪い。鳥たちは、どこへ行ってしまったのか……春がきたが、沈黙の春だった。いつもだったら、コマドリ、スグロマネシツグミ、ハト、カケス、ミソサザイの鳴き声で春の夜は明ける……だがいまはもの音一つしない。野原、森、沼地――みな黙りこくっている。（『沈黙の春』）*6

このような寓話に始まる**『沈黙の春**［Silent Spring］**』**は地球環境問題の古典です。１９６２年に米国の海洋生物学者**レイチェル・ルイーズ・カーソン**（Rachel Louise Carson）［１９０７―１９６４］が著しました。彼女は農薬の散布などによって有毒な化学物質が生態系を破壊することを告発しています。本書で取り上げられている農薬のＤＤＴは、ＧＨＱ（連合国軍総司令部）が戦後の日本でアタマジラミを除去するために子どもたちの頭から振りかけていたものです。私の母などもかけられたと言っていましたが、なかなか乱暴なやり方です（ただし、そのおかげでシラミは一旦撲滅された）。

１９７１年には水鳥とその生息地である湿地の保護を定めたラムサール条約が採択され、１９７２年には科学者による民間研究団体**ローマクラブ**が『**成長の限界**』を発表しました。これは古典派経済学者のトマス・ロバート・マルサス（Thomas Robert Malthus）〔1766−1834〕が『人口論』で唱えた「人は幾何学級数的に増加するのに対し、食料は算術級数的にしか増加しない」を引用しつつ、このまま人口増加が進めば今後[*7]100年で地球の成長は限界に達する、と訴えたものです。地球の面積は有限ですから、そこから取れる食料や天然資源も有限です。有限資源を人間の無限の欲望で食らい尽くすのですから、成長には限界がある、という極めて全うな指摘です。しかしこの過去の重大な指摘を見て見ぬふりし、「今さえよければ」と根本解決を図らず、イノベーションでごまかそうとしているのが現代人であるようにも思えます。1973年の全国交通安全運動の標語に「せまい日本そんなに急いでどこへ行く」とありました。第一次石油危機（オイルショック）によって高度経済成長が終焉を迎え、大量生産・大量消費の近代進歩主義を振り返る契機が訪れた時代のムードが感じ取れる、交通標語の枠を超えた秀逸なコピーだと思います。

日本の公害問題

日本では近代化に伴い、西洋から約100年遅れて、主に財閥系企業を中心に産業革命がおこります。理性をもった人間が自然を支配・操作するという近代の機械論的自然観が日本にもたらされたことで、公害という負の側面が早速露呈するのです。公害問題の原点は明治時代の**足尾銅山鉱毒事件**でした。さらに高度経済成長期には**四大公害病**（**イタイイタイ病**〔富山県神通川流域〕、**水俣**（みなまた）**病**〔熊本県水俣湾周辺〕、**新潟**〔**第二**〕**水俣病**〔新潟県阿賀野川流域〕、**四日市ぜんそく**〔三重県四日市市〕）が社会問題化しました。公害はたいてい経済発展に目がくらんだ時代（殖産興業の時代や高度経済成長期）におこります。しかもその被害者はたいてい、自然とともに生きる社会的弱者なのです。

イタイイタイ病は三井金属鉱業が垂れ流したカドミウムが原因で、主に50代の女性がくしゃみをするだけで骨が折れるなどして「痛い、痛い」と叫んだことから病名が付けられました（四大公害病で唯一戦前から被害が確認されている）。水俣病は皇后・雅子［１９６３―　］の祖父が社長を務めていたチッソ（旭化成の母体）が原因企業です。四肢の感覚障害・言語障害が生じ、歩行も困難になるなど、当初は奇病として恐れられました（原因はメチル水銀による水質汚濁）。東日本大震災後に原発被害の出た福島と同様で、「水俣出身」というだけである種の差別を受けた時代がありました。水俣出身の作家・石牟礼（いしむれ）道子［１９２７―２０１８］が発表した『苦海浄土（くがいじょうど）　わが水俣病』*8はそうした水俣病の被害を告発した作品です。これら四大公害を巡る訴訟は余りに悲惨な被害の実態もあり、全て原告勝訴に終わっています。

こうした公害問題は市場原理では解決困難な「**市場の失敗**」の一例です。よって公害対策には環境を守るための行政の営みが欠かせません。１９６７年には**公害対策基本法**が制定され、**典型７公害**（大気汚染・水質汚濁・土壌汚染・騒音・振動・地盤沈下・悪臭）が規定されました。ただ条文には、「生活環境の保全については、経済の健全な発展との調和が図られるようにする」という**調和条項**が存在していました。高度経済成長期にあり、まだ経済発展に未練があったということです。１９７０年の公害国会ではその点が問題視され、調和条項は削除されました。私たちの生活環境が優先されるようになり、１９７１年には**環境庁**が設置されています（２００１年には**環境省**として改組）。国内的な公害対策基本法は、後述する国連環境開発会議（地球サミット）開催後の１９９３年に廃止され、グローバルな環境問題に対応する**環境基本法**として生まれ変わっています。

かけがえのない地球

１９７２年にスウェーデンのストックホルムで開かれた**国連人間環境会議**では「**かけがえのない地球**（Only One Earth）」がスローガンとなりました。地球は一つだと人類が意識するようになったのはちょうどこの頃です。

アポロ計画の当初、ＮＡＳＡ（米航空宇宙局）は青い地球の写真を公表していなかったのですが、アンチ文明社会を訴えるヒッピー／ニュー・エイジ・ムーブメントの文脈から公表が急かされました。１９６８年に米国のアポロ８号が撮影した地球が地平線から昇る写真（アースライズ）と共に、１９７２年にアポロ17号が撮影した青いビー玉のような地球の写真（ブルー・マーブル）が特に有名です。息をのむような地球の美しさに圧倒されるとともに、地球に国境がないことを実感できます（１９７０年代の文化にやたらと宇宙や地球という地球市民的モチーフが登場するのはそうした文脈）。国連人間環境会議で採択された人間環境宣言では、**南北問題**（北半球に多い先進国と南半球に多い発展途上国との経済格差）を背景に、先進国は環境保護が義務づけられ、発展途上国には開発の推進と援助を認めています。また国連教育科学文化機関（ＵＮＥＳＣＯ）が世界遺産条約（文化遺産と自然遺産の保護）を採択したのも同じく１９７２年のことでした。

その後は**ワシントン条約**（１９７３年・絶滅のおそれのある野生動植物保護）、**ウィーン条約**（１９８５年・オゾン層保護）、**モントリオール議定書**（１９８７年・フロンガス規制）、**バーゼル条約**（１９８９年・有害廃棄物の輸出入規制）が採択され、そして迎えた１９９２年です。国連人間環境会議から20年を経たこの年に**国連環境開発会議**（**地球サミット**）がブラジル・リオデジャネイロで開かれ、「**持続可能な開発**（Sustainable Development）」がスローガンとなりました。「持続可能な」とは環境保全したい先進国や将来世代の利害、「開発」は経済開発したい発展途上国や現在世代の利害に基づく主張です。つまり、「経済開発してもいいけれど、環境を損ねない程度に（持続可能なレベルで）やってください」という先進国と発展途上国の利害の折衷案なのです。同時に環境保全の原則を掲げたリオ宣言を具体化するアジェンダ21も採択されています。

日本国内に目を移すと、持続可能な循環型社会の形成を推進するべく、２０００年に環境基本法の下位に**循環型社会形成推進基本法**が置かれ、「**リデュース**（発生抑制）」「**リユース**（再使用）」「**リサイクル**（再生利用）」という「**３Ｒ**」（近年は「リフューズ（不要なレジ袋などを断る）」を加えて「４Ｒ」ともいわれる）が法制化されました。その後は容器包装や家電・パソコンのリサイクル法も整備されています。環境意識の高まりから環境に配慮してエコバッグ（海洋プラスチック問題への関心の高まりなどを受け、日本では2020年より、レジ袋が有料化された）を持参し、**地産地消**の商品を購入する（輸送による排気ガスなどを削減するす）**グリーン・コンシューマー**（緑の消費者の意）も増えています。2004年にケニアの環境保護活動家ワンガリ・マータイ（Wangari Maathai）〔1940−2011〕がノーベル平和賞を受賞し、その後日本の「モッタイナイ」精神を世界に広めたのも印象深い出来事でした。

地球温暖化防止への国際的な取り組み

1992年の国連環境開発会議で採択された地球温暖化に関する**気候変動枠組条約**を受けて、1997年に日本で地球温暖化防止京都会議（気候変動枠組条約第3回締約国会議〔COP3〕）が開催されました。ここで**京都議定書**が採択され、先進国の温室効果ガスの削減目標が数値化されました（2008年から2012年の間に1990年度比でEU全体で8%、米国7%、日本6%、先進国全体で5・2%削減することが決まった）。その一方、発展途上国に削減義務はありませんでした。一足先に経済発展を遂げて散々温室効果ガスをばらまいておきながら、今になって発展途上国に「削減しろ!」と迫るのは不公平だからです。しかし発展途上国の中には、排出量1位の中国や3位のインドが含まれていました。ちなみに目標の削減数値に達するために、超過削減分を国同士で売買できる排出権取引や共同実施、発展途上国への技術・資金提供を自国の削減分に充当できるクリーン開発メカニズムという柔軟性措置（京都メカニズム）も認められていました。

京都議定書の採択を先導したのは米・民主党のビル・クリントン（Bill Clinton）〔1946−　〕政権で副大統領を務めていたアル・ゴア（Al Gore）〔1948−　〕です。ゴアは2001年の大統領選挙に出馬するのですが、共和党のジョージ・W・ブッシュ（George W. Bush）〔1946—　〕に破れ、ブッシュ政権が誕生すると米国は発展途上国に削減義務がないことを理由に京都議定書から離脱してしまいます。しかしなんとか2005年に京都議定書の発効にこぎ着けることができました。その後ゴアは2007年に自らが出演した映画『不都合な真実』で地球温暖化に警鐘を鳴らし、米国内外で環境問題への関心を大いに高めました。

2011年には気候変動枠組条約第17回締約国会議〔COP17〕が南アフリカのダーバンで開催され、京都議定書の2013年以降の延長が決定します。しかし発展途上国への削減義務が課せられないままであったため、なんと日本も離脱を表明するんです。そして2015年、フランスのパリで開催された気候変動枠組条約第21回締約国会議〔COP21〕で**パリ協定**が採択されました。これは2020年以降の気候変動に関する国際的枠組みで、米・中を含む全196カ国が加わった歴史的な合意です。その内容は、産業革命前と比較して世界の平均気温上昇を2度未満（目標は1・5度未満）に抑えることを目標とし、主要排出国を含む全ての国が削減目標を5年ごとに見直し・提出し、さらなる目標設定を実施するというものでした。先進国も発展途上国も同じ削減義務を負うため、全196カ国が納得することになったのです。しかし残念ながら2017年になると、米国のトランプ〔1946—　〕政権が「アメリカ・ファースト」を掲げてパリ協定からの離脱を宣言し（米国内の石炭産業の労働者にアピールするため）、再び世界の足並みは乱れてしまいました。

環境倫理

米国では19世紀に既に自然保護思想が生まれています。思想家・詩人の**ラルフ・ウォルドー・エマーソン**（Ralph Waldo Emerson）〔1803—1882〕の周辺にいたニューイングランドのユニテリアン派牧師らが主張した、合理主義・物質主義を廃する超越主義（トランセンデンタリズム）については54章で触れました。そのエマーソンを師としたのが思想家・作家の**ヘンリー・デイヴィッド・ソロー**（Henry David Thoreau）［1817―1862］です。ソローといえば何といっても**『森の生活――ウォールデン――』**でしょう。1960年代のヒッピーイズムの流れもくんでいるアウトドア思想（自己と自然を一体化させる東洋思想へのシンパシー、理想主義の色がある）の先駆として今なおバイブル視されています。実際、私の周囲にいる人でアウトドア好きの人はみんなこの本が大好きです。ソローは故郷マサチューセッツ州コンコードのウォールデン池のエマーソン所有の土地に小屋を建てて、そこで1845年7月4日（米国独立記念日）から2年2カ月2日の間、禁欲的で質素な自給自足の実験生活を送るんです。その実録記が『森の生活――ウォールデン――』でした。「何故われわれは、こうも人生をあわただしく、無駄に生きて行くのだろうか?」「私にとっては郵便局などなくても、別にどうでもよい」「ニュースが何だというのか!古くならないものは何か、を知ることの方がもっと大切なのだ!」「自然がそうであるように、一日を慎重に生きようではないか」*9……ソローの言葉は大地に足をつけて生きることの大切さを伝えてくれます。ちなみにソローは米国の奴隷制に反対し、市民的不服従を貫いて人頭税の支払いを拒否したため、逮捕されたこともありました。そうした彼の行動は、トルストイ［1828―1910］やガンディー［1869―1948］、キング牧師［1929―1968］にも影響を与えたといいます。*10

自然の生存権

最後に環境に関する主要な倫理思想を3つ紹介しましょう。**自然の生存権**という主張があります。生存権とは社会権の中核で、日本国憲法第25条に規定されている「健康で文化的な最低限度の生活を営む権利」のことです。この権利を人間だけではなく、動植物や自然にも認める考えが自然の生存権です。これは人間中心主義を改め、自然と人間との共生の立場を表したものです。宮沢賢治［1896―1933］の「世界がぜんたい幸福にならないうちは個人の幸福はあり得ない」[*11]という思想も仏教の世界観に基づくものですが、近い立場だといえるでしょう。日本では1995年にアマミノクロウサギなどの動物を原告とする訴訟が行われ、裁判所に却下されたものの、問題を提起したインパクトは大きいものでした。

> これまでのところ、人間と、土地および土地に依存して生きる動植物との関係を律する倫理則は存在しない……人間と土地とは、相変わらず、まったく実利的な関係で結ばれており、人間は特権を主張するばかりでいっさい義務を負っていない。人間を取り巻く環境のうち、個人、社会に次いで第三の要素である土地にまで倫理則の範囲を拡張することは……生態学的に見て必然的なことである。（『野生のうたが聞こえる』）[*12]

自然に権利を認める考え方の先駆は米国の環境学者**アルド・レオポルド**（Aldo Leopold）［1887―1948］です。死後に刊行された『野生のうたが聞こえる』において、彼はモーセの十戒のような「個人」どうしの倫理則、イエスの黄金律や民主主義のような個人と「社会」の関係を律する倫理則に加えて、土地（土壌・水・動植物を総称した生態系全体）についての倫理則を提唱し、それを**土地倫理**［land ethic］と呼びました。「土地倫理（ランド・エシック）は、ヒトという種の役割を、土地という共同体の征服者から、単なる一構成員、一市民へと変えるのであ」り、「これは、仲間の構成員に対する尊敬の念の表われであると同時に、自分の所属している共同体への尊敬の表われでもある」のです。[*13] ちなみに土地についての倫理観を進歩させるには、生態学を理解することと共に、「適切な土地利用のあり方を単なる経済的な問題ととらえる考え方を捨てること」[*14]が大切だといいます。経済合理性ばかりを優先するのではなく、美的・倫理的観点からも土地利用を検討しなければならないのです。

> 基本的な原則――その利益がどんなものであれ、他者の利益を考慮にいれるということ――は、平等の原則によって、黒人であれ白人であれ、男性であれ女性であれ、ヒトであれその他の動物であれ、すべての生きもの（being）へと拡張されねばならない。（『動物の解放［改訂版］』）*15

こうした考え方と関連して、動物の権利（アニマル・ライト）運動を牽引したオーストリアの倫理学者**ピーター・シンガー**（Peter Singer）［1946―］*16の議論があります。シンガーは1975年に『動物の解放』を著し、量的功利主義者ベンサム［1748―1832］の「各人は一人の人間としての価値をもっており、なんぴとも一人分以上の価値をもっているわけではない」*17というあらゆるものの利益を平等に配慮する原則をもとに、人間の動物への虐待・搾取・差別（**種差別**［speciesism］）を非難しました（「すべての動物は平等である」）。*18ヒトという種でないものを差別する「種差別」……これは「人種差別［racism］」といった用語に倣って作られた造語です。ベンサムの「なるべく多くの人が快楽を感じ、苦痛を減らすことができればできるほど、社会の幸福量は増える」という最大多数の最大幸福の論理を動物にも適用したわけです。人間のために丸々と太らされ、ベルトコンベアー式に屠殺される動物の気持ち……普段はそんなことを考えずに生活している人がほとんどだと思います。しかし考えてみれば、動物は人間のために生きているわけではないでしょうし、人間が動物よりも優れているとする根拠は一体どこにあるのでしょうか。シンガーは動物実験や工場畜産の実態を糾弾し、ベジタリアン（菜食主義）になることへの理論的根拠も与えています（「ベジタリアンになることは、たんなる象徴的なジェスチャーではない。またそれは、私たち自身を世界の醜い現実から隔離することではないし、私たちのまわりの残虐行為や大虐殺に責任をとらずに自分だけいい子になることでもない。ベジタリアンになることは、ヒト以外の動物の殺害と、かれらに苦しみを与えることの両者に終止符をうつために私たちがとることのできる、もっとも実践的で効果的な手段なのである」[*19]。

地球有限主義

「かけがえのない地球（Only One Earth）」……たった一つの地球は、閉じた有限な世界です。開発によって有限資源を使い尽くすのではなく、私たち人間はその資源の有限性に配慮する責任があるのです。これを**地球有限主義**（**地球全体主義**）といいます。

私たちのちっぽけな「宇宙船地球号」は直径で八，〇〇〇マイル程度、広大な宇宙のなかではほとんど無視してもいい大きさだ……宇宙船地球号はあまりに見事にデザインされた発明なので、知られている限りで二〇〇万年はこの船の上にいるというのに、私たち人類は船に乗っていることに気づきさえしなかった。しかも、すべての局所的な物理システムはエネルギーを失っていくという、あのエントロピーの現象があるにもかかわらず、私たちの宇宙船地球号は、船内で生命を繰り返し再生できるように、実に驚くべきデザインとなっている……この宇宙船について私がとりわけ面白く思うことのひとつは、これがちょうど自動車のように、機械的な乗り物であるということだ……私たちは宇宙船地球号を統合的にデザインされた機械とは見てこなかったわけだが、これが調子よく動き続けてくれるためには、全体を理解し、総合的に保守点検をしていかねばならない。（『宇宙船地球号　操縦マニュアル』[*20]）

ブルー・マーブル

米国の工学者・思想家のリチャード・バックミンスター・フラー（Richard Buckminster Fuller）［1895―1983］が提起した**宇宙船地球号**［spaceship earth］という概念は、米国の経済学者**ケネス・エワート・ボールディング**（Kenneth Ewart Boulding）［1910―1993］によって経済学に導入されました。フラーは宇宙船地球号には「取扱説明書がついていない」（そのことすらデザインされている）といい、「そのために私たちは、自分たちのもっとも大切な未来に向けての能力を、過去をふり返りながら発見していかねばならなくなった」と述べました。[*21] フラーは1960年代後半から1970年代にかけてのヒッピーイズムやニューエイジ・ムーブメントの時代背景に大きな影響を与えています。

例えば、フラーの熱気溢れる講演に感化された生徒J・ボールドウィン（J. Baldwin）［1933―2018］がデザイナーとして関わった『ホール・アース・カタログ（Whole Earth Catalog／WEC）』があります。これはヒッピーのバイブルとして知られるカタログ雑誌の先駆で、日本では『全地球カタログ』という名前で知られています。『ホール・アース・カタログ』は作家・活動家のスチュワート・ブランド（Stewart Brand）［1938― ］により1968年に創刊されています。今となっては誰でも知っている「宇宙から見た地球」が表紙なのですが、これはスチュワートがNASA（米航空宇宙局）にその写真を見せろと迫って初めて公表された写真です。ちなみにヒッピー文化に耽溺していた私は、以前米国から『ホール・アース・カタログ』の古本を取り寄せました。それが今手元にあるのですが、結構大判の本です。「access to tools」という副題がついていて、「FUNCTION（機能）」（道具として使えるか、を重視しているのは米国人の合理的なプラグマティズムだろう）、「PURPOSE（目的）」に始まりヒッピーのライフスタイルに必要な商品を「Shelter」「Craft」「Nomadics（ノマド・遊牧生活）」などという大カテゴリに分けて紹介しています。このカタログ雑誌は初期の『宝島』や『Popeye』といった日本のサブカルチャー雑誌に多大な影響を与えました

『ホール・アース・エピローグ（Whole Earth Epilog）』の裏表紙

（ちなみにこのヒッピー文化が80年代、田中康夫『なんとなく、クリスタル』的カタログ文化へと変容していく）。最終号は『ホール・アース・エピローグ（Whole Earth Epilog）』で、これは１９７４年に出版されています。その裏表紙に「Stay hungry, Stay foolish.」という箴言があります。そうです、これはアップルの創業者スティーヴ・ジョブス［１９５５―２０１１］が２００５年にスタンフォード大学で行った講演で引用した有名な言葉でした。１９７４年当時のジョブスは19歳、グレイトフル・デッドやビートルズ（とりわけジョン）、ボブ・ディランを聴きまくり、ヒッピーのライフスタイルに相当ずぶずぶだったらしく、グル（導師）を求めてインド行きまで計画していたそうです。シリコンバレーのＩＴ文化（ハッカー文化）とヒッピー・カルチャーが地続きであったことを示すエピソードです。

米国の生物学者**ギャレット・ハーディン**（Garrett Hardin）［１９１５―２００３］は、１９６８年に『サイエンス』誌上で『**共有地**（**コモンズ**）**の悲劇**［The Tragedy of the Commons］』[*22]という思考実験を発表しました。共有地（地球）であるところの牧草地に農民が牛（個人の利益）を放牧すると、農民は自分の利益を最大化し、他人の取り分となってしまわないよう牛の数を増やしていきます。すると牛の数はどんどん増えて、結局牧草（資源）は食い尽くされてしまいます。牧草がなくなれば牛も飢え死にし、全ての農民に影響が及んでしまうのです。地球環境も同様です。各人が地球の有限資源を利己心に任せて利用すれば地球環境はどんどん悪化し、及んでしまうのです。よって環境破壊を避けるには、国際社会でのルール策定が必要となるのです。

世代間倫理

１９９２年の国連環境開発会議のスローガンは「持続可能な開発」でした（そこから「循環型社会」という概念も生まれた）。これは、環境を損ねない程度に（持続可能なレベルで）経済開発を行う……つまり現在世代は将来世代に責任を負っているという考えを元にしています。これを**世代間倫理**［intergenerational ethics］といいます。自分が生きている間が幸せであればよいという、問題を先延ばしにする身勝手な考え方では困ります。子どもが生まれたら、（力をもつ）親が（力を及ぼされる）子どもたちに対して責任を負うのと同様です。そもそも私たちが子どもを生まなければ将来世代は存在し得ないわけですから、私たちは将来世代に対して責任を負っているのです。

２０１５年には国連総会で持続可能な開発目標であるSDGs[Sustainable Development Goals]が採択され、その17の目標の中には、貧困、飢餓をなくすこと、ジェンダー平等、質の高い教育、持続可能な生産と消費のパターンの確保、気候変動対策、海洋資源・陸上資源の保全などが盛り込まれ、企業や学校、行政の取り組みに採用されています。

> 子どもは、あれこれ世話をし保護し続けてやらないと生きていけない。たしかに、注いだ愛情や負った苦労の見返りを老後になって子どもに期待する場合もあるが、見返りが子どもを世話することの条件であるわけではけっしてない。ましてや、子どもに対して責任を負うことの条件とはけっしてならない。こうした責任は無条件のものである。親が子に対して責任を負うとは、完全に無私な行動であり、こうした行動としては、**自然**によって与えられた唯一のケースである。実際、生殖という生物学的事実によって与えられた自立していない**後継者**とのこうした関係が、そもそも責任という観念の起源なのである。（『責任という原理――科学技術文明のための倫理学の試み――』）[*23]

ハイデッガー〔1889―1976〕に学んだドイツのユダヤ系哲学者**ハンス・ヨナス**（Hans Jonas）〔1903―1993〕は未来世代に対する私たちの責任原理を**未来倫理**と呼び、この考えが世代間倫理を形作りました。ヨナスはこのようにも言っています。「自然は目的を宿している。だから、価値も宿している。したがって、価値から離れた自然など考えられない」[*24]……自然はそもそも目的や価値を有しているのです。そうした自然という善き存在を人間の科学技術によって支配することは、自然の目的を損ねることになります。ヨナスは科学技術という「知を自然征服へと向け」、「自然征服を人間の改善へとつなげる」「ベーコンの計画」が（ベーコン〔1561―1626〕は「知は力なり」と述べた）マルクスの理想主義として継承・実現されたことについても触れています。[*25]ヨナスは、同じ近代経済システムである資本主義よりは社会主義の方を評価していたようですが、その社会主義も物質的豊かさを満たすユートピア的理想を捨て去り、「成長よりも縮小」[*26]をスローガンとしなければならないと説いています。

ここまで3つの環境に関する主要な倫理思想を取り上げましたが、倫理学者の加藤尚武（ひさたけ）〔1937―　〕は「有限主義……は、近代の経済体制によっては正当化されない。なぜなら環境倫理学は、金銭による価値がない埋蔵資源や、大気圏の価値を重視しているからである……世代間倫理……は、近代の政治体制によっては無効だと決めつけられてしまう。なぜなら、まだ生まれていない人々（未来世代）の投票権を民主主義は認めないし、近代社会では同世代の人々の合意が最終的な決定権をもっているからである……生物の権利……は、近代の法体系からみればまったく荒唐無稽な主張としてしか受け取られない。なぜなら法体系は、ヒトである人格とその拡張された概念である法人の所有権を保護する体系であって、生物は人類の公共財として認められる場合でも、人間の所有するモノという資格しか与えられないからである」[*27]と述べています。つまり、近代の人間中心主義そのものを問い直さなければ、環境保護に向けた道のりも遠ざかってしまうのです。

注

＊1　ヒポクラテス『誓い』（『古い医術について　他八篇』）（小川政恭訳、岩波書店、1963年）。

＊2　「もともとは「生命はすべて神から与えられた神聖なものである」という、カトリックの宗教的信念を表す言葉」だった（小林亜津子『はじめて学ぶ生命倫理』（筑摩書房、2011年）。

＊3　ヒポクラテス『誓い』（『古い医術について　他八篇』）（小川政恭訳、岩波書店、1963年）。

＊4　「現代の生命倫理学では……「自律尊重の原則」（医療者は患者の自律、自己決定を尊重しなければならない）が圧倒的に優勢」だが、「「仁恵原則」（患者の最善の利益に沿うように行為しなければならないという義務）や「無危害原則」（医療者は、患者に危害を与えることを避けなければならない）を優先させなければならないこともあ」る（小林亜津子『はじめて学ぶ生命倫理』（筑摩書房、2011年）。

＊5　環境省編『平成22年版　環境白書』。

＊6　レイチェル・カーソン『沈黙の春』（青樹簗一訳、新潮社、1992年）。

＊7　1830年代に約10億人だった世界人口は、1930年頃に約20億人、1960年に約30億人、1975年に約40億人、1987年に約50億人、1999年に約60億人となり、2011年には約70億人を超えた（2019年現在は約77億人）。第二次世界大戦後の急激な人口爆発は、多産多死のアジア・アフリカ地域が医療の発達や環境衛生の改善により多産少死に移行したことによる。人口増加に伴って飢餓も深刻化しているが、世界で生産される食糧の多くは鶏・豚・牛などの飼料となっている現状もある（牛肉1キログラムを生産するのに11キログラムの穀物が必要とされる）。

＊8　石牟礼道子『新装版　苦海浄土　わが水俣病』（講談社、2004年）。

＊9　ヘンリー・D・ソロー『森の生活──ウォールデン──』（佐渡谷重信訳、講談社、1991年）。

＊10　佐渡谷重信『ヘンリー・D・ソローの生涯』（『森の生活──ウォールデン──』）（講談社、1991年）。

＊11　宮沢賢治『農民芸術概論綱要』（『新修　宮沢賢治全集　第十五巻』）（筑摩書房、1980年）。

＊12〜14　アルド・レオポルド『野生のうたが聞こえる』（新島義昭訳、講談社、1997年）。

＊15　ピーター・シンガー『動物の解放［改訂版］』（戸田清訳、人文書院、2011年）。

＊16　彼とカタジナ・デ・ラザリ＝ラデクが著した功利主義の基本文献に『功利主義とは何か』（森村進・森村たまき訳、岩波書店、2018年）がある。

＊17〜19　ピーター・シンガー『動物の解放［改訂版］』（戸田清訳、人文書院、2011年）。

＊20〜21　R・バックミンスター・フラー『宇宙船地球号　操縦マニュアル』（芹沢高志訳、筑摩書房、2000年）。

＊22　http://science.sciencemag.org/content/162/3859/1243.full

＊23〜26　ハンス・ヨナス『責任という原理──科学技術文明のための倫理学の試み──』（加藤尚武監訳、東信堂、2000年）。

＊27　加藤尚武編『環境と倫理［新版］』（有斐閣、2005年）。

69章　現代の諸課題と倫理（2）（現代社会の特質）

他人指向型の現代人

「近代の産業革命・技術革新（イノベーション）以降、大量生産・大量消費時代が到来し、人々の平均化・均質化・規格化が進み、没個性的な**大衆**［mass］が誕生しました（民主主義の担い手として世論を形成する**公衆**［public］とは異なる）。大衆の形成には義務教育・選挙権の平等・マス・コミュニケーションの発達が大きく関与しています。大体同じようなテレビ番組を見て、同じ学習指導要領に基づく教科書で勉強し、同じ量販店の服なんかを着ていれば、考えることも大差なくなってくるのです。

米国の社会学者**デヴィッド・リースマン**（David Riesman）［1909―2002］は1950年の著書『**孤独な群衆**』[*1]で現代人の社会的性格を**他人指向型**と定義しました。中世までの人々の社会的性格は、先祖代々の固定した集団の伝統に同調する**伝統指向型**でした（恥をかくことを恐れる）。それがルネサンス・宗教改革を経た近世に入ると、個人が社会の主人公となり、自己の良心に同調する**内部指向型**になります（罪の意識が生まれる）。しかし（当時の米国人のような）現代の大都市の新中産階級（官僚・企業のサラリーマン）の大衆は主体性やよりどころを失い、マスコミなどの同時代の他者に同調する他人指向型になってしまいました。

このような根無し草の大衆は流行に流されやすくなります。ナチス・ドイツの宣伝手法は現代日本の政治家にも取り入れられているのですが、マスコミを掌握すれば簡単に世論を操作することができてしまうんです。そもそも消費社会における流行（モード）は自然発生的に生じるものではありません。資本主義の本質は差から儲けを生むことですから、生産と消費の無限ループが続くよう、生産者主導で流行が「作られる」のです。消費者はあたかも流行を察知し、主体的にそれを掴み取ったかのように思わされているだけです。流行を作るためにはマスコミを通じた広告・宣伝費がモノをいいます。インターネット、テレビなどのメディアで人目に触れる広告・宣伝を打てば打つほど、それらが人々によって注目され、人気が出ているに違いないと錯覚をおこすのです。芸能界でいえば、事務所や広告代理店の力でほぼ全てが決まってしまうということです。

さらに大衆社会では文化が万人に享受できるものとなった反面、文化の低俗化がおこります。必ず人々の平均前後にターゲットを絞るわけですから、どうでもいいバラエティ番組が氾濫してしまうわけです（その方が視聴率が取れる）。近年ではニュース番組の穏健なバラエティ化も止まらない勢いで、報道人の矜持であるはずの鋭い批判精神は見る影もありません。また、政治的無関心も現代大衆社会の特徴です。「どうせ自分が投票しても、何も変わらない……それよりは家で好きな映画でも観よう。せっかくの休日だし」などと考えるのでしょう。とりわけ「一票の格差」が問題とされる都市部では、投票行動で現実を変える実感はとりわけもちにくいかもしれません。前述のリースマンは、「政治は偉い人に任せておけばいい」という政治的無関心を伝統指向型の無関心派として整理しています。*2

高貴さは、自らに課す要求と義務の多寡によって計られるものであり、権利によって計られるものではない。まさに貴族には責任がある（Nobelesse oblige）のであり、「恣意につきて生くるは平俗なり、高貴なる者は秩序と法をもとむ（ゲーテ〔「庶出の娘」、「続篇のための構想」〕）のである。（『大衆の反逆』）*3

スペインの哲学者**ホセ・オルテガ・イ・ガセット**（José Ortega y Gasset）〔1883－1955〕は『**大衆の反逆**』において、権利ばかり主張し、義務を果たさないそんな大衆を批判しています（「今日の特徴は、凡俗な人間が、おのれが凡俗であることを知りながら、凡俗であることの権利を敢然と主張し、いたるところでそれを貫徹しようとするところにあるのである」）。*4

そうした凡俗な人間に対置されるのが、「**高貴なる義務**（ノーブレス・オブリージュ）〔noblesse oblige〕」を負う卓越した人間です。社会的に立場のある者こそ高貴なる義務を負っている……中高生の頃に先生からよく聞かされた言葉で、当時はただただエリート主義的な匂いだけを感じ取りました。しかしオルテガが主張していたのは、皆の嫌がることでも強い責任感で進んで行なうような、常に現状に満足せず、自己を乗り越え、自らの義務を自覚する動的な生のあり方です。無気力な大衆に堕落してしまった、と自ら自覚することも多い昨今、「高貴なる義務」という言葉が胸に突き刺さります。

基礎的集団から機能的集団へ

大衆社会は都市化によって形成されました。東京なども都市周辺のベッドタウンが無秩序に開発されていく**スプロール現象**、都市の中心部が地価の高いオフィス街となって居住者が減少する**ドーナツ化現象**がおこりました。もっとも現在は都市の中心部で空き家が増えたことから、都心回帰現象もおこっています。一般に社会集団は村落・家族などの自生的な**基礎的集団**から、利害によって結びつく会社・学校・政党・宗教団体などの**機能的集団**へと変化していきます。ドイツの社会学者**フェルディナント・テンニース**（Ferdinand Tönnies）〔1855－1936〕は前者を愛情によって結合した**ゲマインシャフト**〔Gemeinschaft〕（共同社会）、後者を利害によって結合した**ゲゼルシャフト**〔Gesellschaft〕（利益社会）と類型化しました。スコットランド生まれの米国の社会学者**ロバート・モリソン・マッキーバー**（Robert Morrison MacIver）〔1882─1970〕の**コミュニティ**〔community〕（地域社会）と**アソシエーション**〔association〕（機能社会）もそれらに対応しています。

テンニースによれば、ゲマインシャフトは家族生活（＝民族を本来的主体とする一体性）・村落生活（＝自治共同体を本来的主体とする慣習）・町生活（＝教会を本来的主体とする宗教）からなり、主たる職業や職業と結びついた精神的方向は家内経済・農業・芸術とそれぞれ関係しています。[*5] 一方、ゲゼルシャフトは大都市生活（＝ゲゼルシャフトそのものを本来的主体とする協約）・国民生活（＝国家を本来的主体とする政治）・世界主義的生活（＝学者共和国を本来的主体とする世論）からなり、主たる職業や職業と結びついた精神的方向は商業・工業・学問とそれぞれ関係しています。[*6] 一般的には原初的なゲマインシャフトの形態からゲゼルシャフトへと移行していくのですが、「他方ゲマインシャフトの力は、消滅しつつあるとはいえ、なおゲゼルシャフト時代にも保たれており、依然として社会生活の実体を成している」[*7]と述べています。こうした変化の反動であるのか、あるいはゲマインシャフトの力が失われていなかったのか、近年再び「地元ＬＯＶＥ」といったコミュニティ回帰現象がおこっています。政治思想における共同体主義（コミュニタリアニズム）の隆盛と併せて興味深く思います。

官僚制

官僚制（**ビューロクラシー**〔bureaucracy〕）は近代社会における合理的な管理システムです。官僚というと省庁のお役人の伏魔殿のようなものを思い浮かべるかもしれませんが、広義では大企業・政党・宗教団体など近代の巨大組織に共通するしくみです。戦前日本の帝国大学はエリート官僚養成機関でした。旧帝大といわれる現在の国立大学はいまも官僚養成機関としての性質があります。それでは、ドイツの社会学者**マックス・ウェーバー**〔ヴェーバー〕(Max Weber)［1864―1920］が整理した官僚制の特徴を見ていきましょう。

> 近代官吏制度に特有な機能様式を表わせば、つぎのごとくである。Ⅰ 規則、すなわち法規や行政規則によって、一般的な形で秩序づけられた明確な官庁的権限(Kompetenzen)の原則……Ⅱ 職務体統(Amtshierarchie)と審庁順序(Instanzenzug)の原則……Ⅲ 近代的な職務執行は、原案または草案という形で保存される書類(文書)に基づいて行われ、その任に当るものは、あらゆる種類の下僚や書記から成る幹部(Stab)である……Ⅳ 職務活動、すくなくともいっさいの専門化した職務活動――そしてこれはすぐれて近代的なものであるが――は、通常、つっこんだ専門的訓練を前提とする……Ⅴ 完全に発達した職務では、職務上の活動には官吏の全労働力が要求される……Ⅵ 官吏の職務遂行は、多かれ少なかれ明確で周到な、また習得しうる一般的な規則にしたがってなされる。(『官僚制』)*8

官僚は専門的訓練を積み、慎重・的確・迅速に感情を押し殺し、「非人間的」に職務を遂行します。特定の専門知識を独占することから、職務上の秘密という概念が生まれ、これが権威主義につながっています。また権限は客観的規則で明確に秩序づけられますから、縄張り主義(セクショナリズム)も生じます。役所に面倒な案件をもっていくと、「こちらでは受け付けておりませんので、あちらの部署へ行ってください」とたらい回しにされることってありますよね。ちなみに客観的規則を重んじるのは、文書に基づいて職務執行が行われる(文書主義)のと同様、合理性の追求です。

官僚組織は上が下を監督するという歴然たるヒエラルキー（階層）に基づいています。官吏は生活の保障と引き換えに職務誠実義務を負い、社会的尊敬を求めて働き、号俸上の昇進・出世を目指します。おおむねウェーバーは官僚制を合理的かつスピーディーに処理する組織のシステムとして好評価を下しているのですが、「個人的な同情や好意や恩恵や感謝によって動くかつての旧秩序の首長にかわって、いっさいの私情を交えず」「即物的」に「非人間化」された特質が、資本主義に好都合であると[*9]指摘している点が目に留まります。つまり逆に考えれば、官僚組織によって「非人間化」された人間は疎外され、個人の自由が失われる危険性もあるのです。例えば米国の社会学者ロバート・キング・マートン（Robert King Merton）［1910―2003］は、杓子（しゃくし）定規な規則万能主義や事なかれ主義、前例踏襲の保守性や先ほど述べた縄張り主義という官僚制のマイナス面（いわゆる、お役所仕事）を指摘してもいます。私などはこうした官僚システムが少々苦手なので、書いているだけでブルブル震えてきてしまうのですが、合理的な事務処理を遂行するための重要なしくみであることは疑い得ません。ところでウェーバーは**支配の三類型**についても述べています。支配を正当化する根拠には、伝統的な身分や血統に基づく**伝統的支配**、個人の人格的魅力に基づく**カリスマ的支配**、そして議会の制定する法律に従う**合法的支配**があります。最後の合法的支配に対応するしくみこそが、官僚制なのです。伝統的支配やカリスマ的支配の時代へと逆行することはさすがに避けたいです。

マックス・ウェーバー

このように合理的ながら非人間化された官僚制は、管理社会・監視社会の端緒といえなくもありません。フーコー［1926―1984］が一望監視施設（パノプティコン）に例えたように、見えない「生の権力」によって規格化され、主体性を失っているのが近現代社会です。『動物農場』で知られる英国の作家**ジョージ・オーウェル**（George Orwell）［1903―1950］は、近未来小説『**一九八四年**［Nineteen Eighty-Four］』でビッグ・ブラザー（口ひげを生やしたソ連のスターリン［1878―

〔1953〕がモデル）が支配する全体主義的な管理社会を描いています。そのディストピアは4つの政府機関をもっています。真理省（ミニストリー・オブ・トゥルー）は報道・娯楽・教育・芸術を、平和省（ミニストリー・オブ・ピース）は戦争を管掌し、愛情省（ミニストリー・オブ・ラヴ）は法と秩序の維持を担当、潤沢省（ミニストリー・オブ・プレンティ）は経済問題を引き受けています。*10 真理省はテレスクリーンというメディアを使って人々を監視すると共に、プロパガンダ装置として洗脳を図るのです。また、街中では隠されたマイク（盗聴器）が絶えず人々を監視しています。主人公は真理省で歴史を改竄（ざん）する仕事に従事しているのですが、日記帳を買い、自分の考えを書くという許されざる行為を行ったため拷問を受け、最後は洗脳が実ってビッグ・ブラザーを愛するようになってしまうのです。なかなか震えがくるストーリーですが、都合の良い歴史の修正・改竄は現代の国民国家によってしばしば行われていることですし、何やら人事とは到底思えない部分があります。また、理性的に理想のユートピアを建設せんとする社会主義・共産主義思想が、最後スターリニズムという狂気・暴力にたどり着いてしまったことを振り返ることもできますし、安心・安全と引き換えにくまなく監視カメラで見張られることを許している現代社会について再考してみたくもなります。村上春樹〔1949―〕はこの『一九八四年』を引用して『1Q84』を書いており、ビッグ・ブラザーは1960年代後半の「ラブ&ピース」時代のアイコンで不世出の女性ロック・シンガー、ジャニス・ジョプリン（Janis Joplin）〔1943―1970〕のバンド名「ビッグ・ブラザー&ホールディング・カンパニー」に引用されてもいます。ちなみに2017年、東京大学・本郷キャンパスの生協で売れた文庫本ベスト10に『一九八四年』が入っているんです。不穏な方向に向かう時代の空気を読み取る東大生の嗅覚に唸ってしまったとともに、何とも悪い冗談であるように思えました。

情報社会の到来

20世紀後半から、先進国では情報社会の段階に入りました。私が生まれた頃は一般家庭にパソコンもインターネットもなかったことを思うと、情報化の進展には目覚ましいものがあります。通信手段も黒電話・公衆電話からポケベル、ＰＨＳ、携帯電話（スマートフォン）、そしてソーシャル・ネットワーキング・サービス（ＳＮＳ）まで、目まぐるしく変化してきました。携帯電話やＰＨＳが普及し始めた頃に私は大学に入ったのですが、ヒネクレ者の私は何か嫌な予感がして、「絶対にケイタイは持たない！」なんて意固地になっていたところ、じきに友人のコミュニケーション網から省かれてしまいました。さらに携帯電話無しでは、就職活動すらできなかったんです。今思えば実に無駄な抵抗をしたものです。

１９６０年に豊かな社会の到来によってイデオロギーが終焉すると説いた米国の社会学者**ダニエル・ベル**（Daniel Bell）［１９１９－２０１１］は、１９６２年に第３次産業（サービス業）の割合が高まる**脱工業化社会**［post-industrial society］の到来を指摘しました。米国の評論家**アルビン・トフラー**（Alvin Toffler）［１９２８－２０１６］も１９８０年に『**第三の波**［The Third Wave］』で情報社会の到来を予言しました。狩猟・採集生活から農業革命がおこった第一の波、産業革命がおこった第二の波、そして情報革命がおこったのが第三の波です。情報社会の進展に伴って、経済活動の中心はモノから情報へと移行していきました。

ステレオタイプ、パターン、公式類は、生まれついての性格が適応し、反応する精神世界の構築にきわめて決定的な役割を果たしている。だから、われわれがある人間集団の精神、つまり、フランス精神、軍国主義者の精神、ボルシェビキの精神などを語るときには、本能的に備わっているものをステレオタイプ、パターン、諸公式類から分離するという合意がないかぎり深刻な混乱に陥ることになりやすい。この区別を怠るならば、集団精神、国民精神、人種心理についての散漫な議論がのさばることになる。たしかにステレオタイプというものはひじょうな一貫性と権威をもって親から子へと伝えられるために、ほとんど生

物学的な事実のように思える。（『世論（上）』）*11

情報社会の問題点をいくつか指摘していきましょう。まずは紋切り型の固定観念である**ステレオタイプ**（ステロタイプ）に囚われてしまうことが挙げられます。ステレオタイプは米国のジャーナリスト、**ウォルター・リップマン**（Walter Lippmann）［1889―1974］が取り上げた言葉です。西洋におけるイスラームや日本へのステレオタイプはメディアで反復されて定着していますし、日本のテレビ番組やインターネットのニュース記事などにも無意識のステレオタイプが反映されている場合が多いです。こうしたステレオタイプはテレビ・ラジオ・新聞・インターネットというマス・コミュニケーションを通じて増幅されます。戦時中の日本のプロパガンダ「鬼畜米英」などというのがその一例です。実際、戦後米国に占領されてみると、チョコレートをくれたり鬼でも何でもなかったのですが。

世の中の全てが商品化される資本主義社会の宿命でもありますが、**コマーシャリズム**（**商業主義**）に染まるという問題点もあります。私は大学院を出た頃にテレビ制作に関心をもち（テレビ離れが進む前で、当時は花形メディアだった）、半年ぐらいテレビの下請け制作会社で働きました。私の仕事はリサーチャーというクイズ番組や情報番組のファクトチェックを延々とやる仕事でした。数秒で答えが出るクイズの答えの根拠資料を書籍や論文のコピーまで添付して、何時間もかけて準備するんです。時々テレビ局の番組収録に連れて行ってもらえたのは貴重な経験でした。お笑いビッグ5に含まれていた某司会者などは、1時間番組の収録で3時間はノンストップで喋り続けるんです。しかも大体15秒に1回は、ドッカンドッカンと笑いを起こすんですね。天才とはこういう人を言うんだと思いました。とはいえ勤めていた職場は、深夜12時に仕事の発注が来るなど朝も夜も関係なしで、初任給が茶封筒に手渡しでたった10万円だったことも忘れられません。そうしてテレビの裏側を眺めて見たら、広告収入で運営されているテレビの本質は番組というよりも、その合間に流すコマーシャル・メッセージ（ＣＭ）なのだと気が付きました。公共放送のＮＨＫはコマーシャルが無いのですが、民放はスポンサー企業のモノや情報を売るために番組をやっているんです。ドラマの小物やファッションなどにもスポンサーに対する深い配慮がなされており、視聴者の潜在意識に訴えるつくりになっています（ある種のサブリミナル効果）。今はどうか知りませんが、当時はＦＡＸで秒単位の視聴率データが送られてきました。それに皆で一喜一憂し、タレントの再登板を決めたり企画の練り直しを行ったりするのです。また、チャンネルを変えさせないための方策もありました。適度なタイミングで男性や女性にある種の性的刺激を与えるような映像、あるいは鉄板の「動物の赤ちゃん」映像を織り交ぜていくのです。

しかしそんな調子でコマーシャリズムに基づいて人々の欲望に訴えかける映像や情報ばかりが、必ずしも望ましいものとは限りません。ゴールデンの時間帯はどうでもいい（こんなことを言ってすみません！）バラエティ番組ばかりとなり、硬派な社会派ドキュメンタリーは深夜帯に追いやられます。政治そのものよりもセンセーショナルなスキャンダルに目移りし、政治家も見た目やタレント性が要求されるようになってきます。可視化される視聴率や発行部数、「いいね！」の数が全てではない、と今にして思います。

こうしたメディアへの批判意識が薄れた21世紀の情報社会を生きる私たちの特性に気が付いている人はたくさんいます。私はこの部分に関して、むしろ人間は退化しているのではないかと思っています。政治家がメディアによる**世論操作**に細心の注意を払っているのはそうした理由です（ナチス・ドイツの宣伝大臣でプロパガンダの天才とされたヨーゼフ・ゲッベルス（Joseph Goebbels）［1897－1945］は、「嘘も何度も繰り返せば、人々は信じる」と言った）。ですから、情報社会の海を泳ぎ切るには**メディア・リテラシー**がとても大切です。「メディア［media］」とは「中間［medium］」と同じ語源で「仲介・媒介するもの」という意味です。ＡとＢをつなぐ仲介物・媒介物（テレビ・ラジオ・新聞・インターネットなど）がマス（大衆）・メディアなのです。一方のリテラシーとは、読み書き能力を指します。この「メディアの読み書き能力」を鍛えるには複数のメディアを比較すること以外、方法はありません。左・右のイデオロギー対立が終焉した現代ですが、テレビ・ラジオ・新聞・インターネットのニュースサイト・出版社などのメディアはいまだに旧態依然とした左・右メディアに支配されているのが現状です。異論もあるでしょうが、大きく分けると左（革新）は朝日新聞（テレビ朝日）や時事通信、そして岩波書店や河出書房新社など、中道は毎日新聞（かつてTBSを傘下にした）や中央公論新社、右（保守）は産経新聞（フジテレビ）、読売新聞（日本テレビ）、日本経済新聞、そして文藝春秋や新潮社、小学館というイメージでしょうか。もちろんこうした分類自体がステレオタイプ的ですし、あえて思想的に対立する人を登場させる懐の広いメディアも中にはあります。適切なバランス感覚が大切だと思います。

ITが世界を変えた

「IT」とは「information technology」の略で情報関連技術を意味します（情報通信技術を指す「ICT（information and communication technology）」という言葉もある）。IT化により私たちの仕事の形や働き方を含め、生活の隅々までが大きく変わりました。商品管理などのシステム構築・保守管理のためにシステムエンジニア（SE）の需要が増したことや、電子商取引が一般的になったこともそうした一例でしょう。小さい子どもだって教えなくてもタブレットをスイスイ操る時代です。もはやスマホ1台あれば仕事も日常生活も全てこなせるといっても過言ではありません。

日本のインターネット元年はマイクロソフトのOS（オペレーティング・システム）「ウィンドウズ95」が発売された1995年です。私の父はたまたま仕事でコンピューターを使っていたこともあり、1980年代にNECのPC―88やPC―98シリーズのパソコンを触ったことがありました。真っ黒の画面にコマンドを打ち込むと緑色の文字が出てくる……この頃のコンピューターはまさに「電子計算機」という感じだったのを覚えています。忘れられないのは1990年代初めにアップル社のマッキントッシュ（Mac）を触った時のことです。今では当たり前のマウスや、クリックするとウィンドウが開くOSは極めて斬新で、新しいオモチャを手にしたような気持ちになりました。ですから、その後ウィンドウズ95を見た時は、「Macの真似だな」と思いました。とはいえMacのOSも、ゼロックスのグラフィカルインターフェースを真似したものだったのですが。

初めてつないだ**インターネット**［internet］の興奮も忘れられません。当時は電話回線だったため、次のページに移るまでに3分くらいかかったりもしました。今よりサイトの商業化が進んでおらず、マニアの同人誌のような貴重な情報を無料提供する雰囲気もあったため、私などは意味も無く出てくるページをプリンターで大量に印刷したものです（今思えば無形の情報であることに意味があったのだが）。偶然音楽関係の同好の士が見つかったりもしましたし、海外の憧れのミュージシャンのホームページ宛てにメールを出し、丁寧なお返事を頂いたこともありました（日本からのメールは珍しかったのだろう）。インターネットという新興メディアが皆にとって新鮮であったため、ある種の善意の共同体が成立していたのかもしれません。

インターネットは新聞・テレビ・ラジオといった従来の一方向メディアに対し、双方向（インタラクティブ［interactive］）メディアだった点が斬新でした。テレビも負けじと視聴者参加型番組を作ったり、模索を始めることになるわけです（しかし思えば旧来メディアであるラジオは1970年代の深夜放送にしても「ハガキ職人」との双方向の密なやり取りがあった）。それまでメディアにおける情報発信は、ある種の特権的な立場に置かれた者に長らく独占されてきたわけですが、ブログや、YouTubeなどの動画投稿サイト、インスタグラム［Instagram］・ツイッター［Twitter］・フェイスブック［Facebook］、LINEなどのSNSによって、万人に門戸が開かれました。表現芸術の総アマチュア化によって素人評論家や自称アーティストが氾濫する状況が生まれ、例えば「批評」「評論」の世界ではそうした営みの存在感が低下する事態がおこっています。素人評論家ではどうしてもつまらない水かけ論に終始するため、論点が明確にならず、世間に注目される「論争」も不在の時代に突入した感があります。そうしたマイナス面の一方、プラス面としてはコネクションが無くとも優れた才能が世界規模で平等に評価されるようになったり、２０１０～２０１２年の「アラブの春」（チュニジアに始まるアラブ世界の民主化運動）のように、フェイスブックやツイッターが社会集団を動かした事例もありました。

近年ではデータをインターネット上に保存し、どこにいても閲覧・編集・アップロードできる**クラウド**［cloud］も利用されています（セキュリティ面でのリスクが問題とされる場合もある）。「クラウド」とは「雲」のことで、ネットワークを雲に例えているのです。また、インターネット上の全検索データのような**ビッグデータ**［big data］を活用し、ビジネス面におけるトレンド・市場・購買傾向分析や災害予知、医療などを行うことも期待されています。もちろんそうしたビッグデータ解析には人工知能（ＡＩ）が大活躍します（インターネットの閲覧情報の解析などにも用いられる）。米国の人工知能研究者・発明家のレイ・カーツワイル（Ray Kurzweil）［１９４８－　］は２０４５年頃が人間の脳の能力をＡＩが遥かに上回るシンギュラリティ［singularity］（技術的特異点）であると考えました。今後倫理的な議論は必須となるでしょうが、ポスト・ヒューマンの時代に入り、人類はＡＩと共生して、無限の思考力を獲得できる可能性もあるのです。ネットワークを通じて、いつでも・どこでも・誰もが・どんな情報でも手に入れられるようになる社会を**ユビキタス**［ubiquitous］社会といいます（「ユビキタス」はラテン語で「（神は）あまねく遍在する」という意味）。そうした社会ではあらゆるモノがネットワークを介してつながるＩoＴ（アイオーティー）［Internet of Things］が実現します。電気ポットや炊飯ジャーのような家電製品から自宅の鍵に至るまでネットワークに接続され、クラウドに蓄積されたデータをＡＩが分析し、私たちにフィードバックを与えてくれるのです。もちろんそうした家電製品などの遠隔操作も容易になるでしょう。

IT化の問題点

一方IT化に伴って、ハッキングなどのサイバー・テロやコンピューター・ウィルス、フィッシング詐欺やワンクリック詐欺の被害も増加しています。フィッシングといえば、私は数年前にネット上でクレジットカード番号を盗まれ、海外から1000ドル（約10万円）を引き落とされました。この時はさすがに焦りました。また、携帯やタブレットなど液晶画面の見過ぎによるテクノストレスもIT化の弊害です。

2003年に**個人情報保護法**が成立し、行政機関のみならず民間事業者も個人情報の適切な保護・取り扱いが義務づけられました（罰則も明記されている）。個人情報の流出は企業にとって死活問題となっています。個人情報を役所で自由に閲覧できた大らかな時代もかつてありました。タウンページのような電話帳に多くの人が個人情報を載せていましたし、本の末尾にはファンレターを送るための著者の住所が記載されていたものです（学校でも住所を含めた生徒名簿を作って配布していた）。しかし個人情報保護法制定後、企業にとって個人情報は喉から手が出るほど欲しい情報になりました。赤ちゃんの時分からダイレクトメールやPCメールを送り続け、老人になるまで追跡していく商売はできなくなったのです。よく街頭で、「アンケートに答えたら図書カード500円進呈」などというものがありますが、企業にとって個人情報はもはや1万円出しても惜しくない情報だと思います。

2002年からは氏名・生年月日・性別・住所という個人情報をコンピューター管理する国の住民基本台帳ネットワークシステムが稼動し、2017年以降は個人番号（マイナンバー）に紐づけされた個人情報を管理する情報提供ネットワークシステムの運用が開始されました。

それにしてもフェイスブックなどのソーシャル・ネットワーキング・サービスで日々垂れ流されている個人情報は、個人情報保護の反動であるようにも思えます。何しろプライバシーを自らの意志でつまびらかにしているのですから（とはいえプライバシー権には「個人情報を自らがコントロールする権利」という意味合いがある）。人々は抑えられた自己顕示欲を発散させようとしているのかもしれませんし、「いいね！」ボタンの数という客観的数値で自己承認欲求を満たしているのかもしれません。自分の実像をいかようにも演出できるソーシャル・ネットワーキング・サービスのつかず離れずの距離感も重要なポイントであるように思います。

それ以外にも、先進国と途上国間、地域間、年齢層によって情報機器を利用する能力差があることから生じる経済格差（**デジタル・デバイド**［digital divide］）の問題や、情報のデジタル化による**知的財産権**（**知的所有権**）侵害の問題も指摘されています。知的財産権に関していうと、デジタル・コピーによってＣＤやＤＶＤ、あるいは本をＰＤＦ化するいわゆる「自炊」により、フィジカルなメディアが全く売れなくなり、業界は危機に瀕しています。音楽でいえば、ダウンロードやサブスクリプション（定額聴き放題）の収益はメジャー・アーティストに大半を奪われ、ローカル・アーティストへの分配は微々たるものとなるため、極めて深刻です。とはいえアナログ・メディアに代わりデジタル・メディアのＣＤが発売された時、いずれはこうなることが予測できました。デザインの現場ではインターネット上のデザイン素材を切り貼りすることも日常茶飯であるようで、デジタルコピーによる著作権・特許権・意匠（いしょう）（デザイン）権侵害もおこっています。

メディアはマッサージである

私たちはマス・メディアによって生み出された**バーチャル・リアリティ**〔ＶＲ〕［virtual reality］（仮想現実）を生きるようになりました（「バーチャル・リアリティ」はフランスの俳優アントナン・アルトー（Antonin Artaud）［１８９６−１９４８］の造語）。テレビや各種のシミュレーション・ソフト、コンピューター・グラフィックスやテレビゲーム、あるいはＧｏｏｇｌｅ（グーグル）マップのストリートビューなどもそうしたバーチャル・リアリティの一種です。「バーチャルな二次元のキャラクターしか愛せない人」のように仮想現実の世界に生きている人もいます。米国の歴史家**ダニエル・J・ブーアスティン**（Daniel J.Boorstin）〔1914－2004〕は、視聴者を意識したマス・メディアによる報道で演出・再構成された、より本物らしい現実を**擬似イベント**と呼びました。「擬似イベントは、その本質的特質からして、自然発生的出来事よりも興味深く、魅力に富む傾向がある」*12……私たちはその擬似イベントを通じて物事を判断するようになるのです。そうなれば、ニュースとして報ずるべき内容があるからニュースになるのではなく、番組の埋め合わせをするためにマス・メディアがニュースになるイベントを作る、という逆転現象もおこります。あるいは「殺人事件」がおこった時、私たちは現場の映像や特定の近隣住民の声、示された人間関係の相関図などマス・メディアが報じる再構成された現実を元にして「こういう事件だったのか」と全貌を把握するようになります。しかしその「殺人事件」は当事者や目撃者にとっては、報道にくみ尽くせない全く別の相貌を見せているはずなのです。

あらゆるメディアはわれわれのすみずみにまで完全に作用する。メディアがもたらす帰結は、個人的にも政治的にも経済的にも美的にも心理的にも道徳的にも倫理的にも社会的にもすみずみまで浸透するので、われわれのあらゆる部分が例外なしにメディアによって接触され、影響と変更を被ってしまう。メディアはマッサージである。メディアがどのように環境として作用するのかを知ることなしには、社会的・文化的変化の理解はいかなるかたちであれ不可能である。あらゆるメディアは人間のなんらかの心的ないし身体的な能力の拡張である。（『メディアはマッサージである　影響の目録』）*13

カナダ生まれのメディア学者・英文学者の**マーシャル・マクルーハン**（Marshall McLuhan）〔1911―1980〕は「メディアはマッサージである」[14]とし、メディアが私たち人間の思考に与える甚大な影響を指摘しました。「文字を書くことが発明されるまで、人間は聴覚的な空間のなかに生きて」[15]いました。それがドイツのヨハネス・グーテンベルク（Johannes Gutenberg）〔1398?―1468〕が発明した活版印刷術という大量生産技術によって、「他人から隔離されて私的に読むことが」可能となり、「ひとに考えを吹き込む〔inspire〕ことが――そして秘かに企みを分かちあう〔conspire〕ことが――できるようにな」りました。[16]つまり活字文化の到来によって、他人と距離を置いて個人的に沈思黙考することが可能になったということです。これは本という旧来メディアの良い点だったと思います。

しかし、「電気情報メディアの即時的世界は、われわれ全員に、みんな同時に干渉して」くるため、「距離をとることも枠にはめることも一切でき」ません。[17]ルネサンス以来私たちは、「環境」というものを、注視する者（近代の主人公である理性をもった個人）の視覚的な空間の枠に閉じ込めてきましたが、現代メディア社会の電気回路は私たちを活字文化以前に立ち返らせ、「『未開人』に備わる多次元的な空間感覚を、ふたたびわれわれ人間のなかに生み出しつつある」[18]のです。私たちは「データ分類の習慣からパターン認識という様態へと移行」[19]し、即時のコミュニケーションによって視覚的というよりも、時間や空間の消え去った聴覚的・感情的な巨大な集積回路を形成します。これは従来の近代的・理性的な人間像というよりも、情報の洪水をパターン認識し、処理する即時的・動物的なイメージですね。マクルーハンはこのように、時間・空間を排してマス・メディアによってつながった世界をグローバル・ヴィレッジ〔地球村〕（Global village）と呼びました。グローバル・ヴィレッジという名の部族社会は、インターネットの隆盛によって後々実現することになります。とはいえ先ほども述べた通り、理想的なグローバル・ヴィレッジがビッグ・ブラザーの支配する情報ファシズム社会になる可能性を不安視する声もあるのです。

現代の家族

戦前日本の家族は男系血縁に基づく前近代的な家族の形を色濃く残していました。明治民法は家父長制（イエ制度）に基づいており、家の財産・家名・家業を継承する「家（イエ）」という血縁共同体が社会の構成単位となっていました。家長（戸主）の地位（家督）は基本的に長男が受け継ぎ、戸主は家族の婚姻同意権や居所指定権をもっていました。もし戸主が「あいつとの結婚は絶対に認めん」と言い出せば、「勘当」されるか「駆け落ち」するほかなかったわけです。そうした一家の主人の典型は、「メシ・フロ・ネル」型の座ったら一歩も動かない亭主関白です。ちなみに家督相続ですが、もし長男が亡くなれば二男以降が家を受け継ぎました。私の父方の祖父は五男でしたが、家督相続するはずの四男が日中戦争（支那事変）で戦死したため、工業学校で染色を学んでいたのに急遽家業の魚屋を継ぐことになったそうです。家を継ぐ人がいない場合はどうするかというと、養子をもらってくるんですね。この辺りは武士の時代と一緒です。ですから日本の家系は必ずしも一本血がつながっているわけでもないのです。

戦後はそうした封建色の強い民法が改正されるのですが、人々の意識の中に家父長制は残存していたように思います。私が小さい頃、父方の祖母の実家（農家でした）に遊びに行った時のことです。私の兄にはうやうやしく座布団が出されました。私はその隣で、自分の座布団が出てくるのを今か今かと待っていたのですが、最後まで出てくることはありませんでした。つまり兄（長男）は石浦家という家の家長（戸主）となる者として特別視され、弟である私（二男）はどうせ分家を作って家から出て行くわけだから、「どうでもいい」という扱いだったのでしょう。戦時中、兵隊に取られたのが農家の二男坊・三男坊ばかりだったのも、実にうなずけます。

戦後は直系3世代以上が同居する**拡大家族**が解体し、1組の夫婦と未婚の子で構成される（片親の子や夫婦のみの世帯も含む）**核家族**［nuclear family］化が進みました。地方から上京してそのまま定住し、結婚し子どもを生むというパターンです（ベビーブーム以降はマーケティング上「ニュー・ファミリー」と名付けられた）。核家族は米国の文化人類学者**ジョージ・マードック**（George Murdock）［1897―1985］により、いかなる時代・地域においても核となる普遍的な家族形態であることから命名されました。高度経済成長期にその増加が大きく取り上げられましたが、実際はさほど急増したわけではありません。戦前にも二男以降が分家し、独立した核家族が多く見られました。現代ではむしろ単身世帯の増加が取り沙汰されています。未婚の若者の一人暮らしや非婚（結婚しないという選択の増加）・離婚世帯、子どもが独り立ちして二人暮らしに戻った夫婦の片方が亡くなってしまうというパターンがそれに当たります。子どもは仕事が多い都市部で家庭をもっている場合が多く、過疎化による地域連帯の弱まりもあって、介護や孤独死の問題も喫緊の課題となっています。家族の形でいえば、離婚・再婚によって義理の父（ステップ・ファーザー）・母（ステップ・マザー）と暮らす欧米的な**ステップ・ファミリー**［step family］も増えていますし、共働きで子ども生む選択をしない**DINKS**（ディンクス）［double income no kids］も増加しています。

　核家族化によって子育ての負担が増していることは事実です。子どもは本当に手がかかるため、昔からノイローゼになる親はたくさんいました。しかし大家族なら子育てのプロであるおばあちゃんが出て来て、「私がしばらく面倒見ておくから、ゆっくり休みなさい」と言ってくれたわけです。しかし現代ではお父さんもお母さんも仕事に忙しく、助けてほしい時に両親は郷里にいたりと、子育てに追い詰められてしまうのです。そこで育児放棄（ネグレクト）や虐待という問題が生じてきました。これらは単なる倫理意識の低下といった単純な問題ではありません（かといって、戦前のように女性は家にいて夫の親と同居して子育てに専念すればいい、という話ではない）。サービス業の隆盛によって家族機能の外部化（クリーニング、おそうざい、介護、教育［しつけ・勉強］などの家事を委託代行させる）を果たすことで、何とかバランスを取っているのが現状です。もちろん学校もそうしたサービス業の一種として扱われるようになってきたことから、「モンスター・ペアレント」問題に直面することになりました。

少子高齢化と女性の社会進出

現在高齢化とワンセットで問題視されているのが少子化です。これは女性の社会進出と表裏一体ですから、一概に悪いこととはいえません。大学や専門学校を卒業し、女性も男性と同様、バリバリ働ける時代になったのは喜ぶべきことです。就職して仕事が楽しくなってくるのは心技体ともに充実した30代です。20代前半で結婚する層も一定数いますが、それを過ぎると20代後半から30代前半に結婚ラッシュがあり（いわゆる晩婚化）、女性なら結婚生活が落ち着いて仕事の充実感を得られるまでは、少なくとも働きたいと考えるでしょう。その後1人目を出産し、産休を取って職場復帰すると、子育てだけでてんてこ舞いになり「子どもは1人だけでよい」と考える人も出てくるでしょう。あるいは30代後半にもう1人生み育てて、再び職場復帰する人もいます。いずれにしても、10人近く兄弟がいる場合も珍しくなかった（乳幼児の死亡率が高かったことも理由）戦前に比べると、少子化の傾向が目立ってきたわけです（そもそも結婚しない非婚化や子どもを生む選択肢をとらない人もいる）。1人の女性が一生に生む子どもの数の平均を**合計特殊出生率**（しゅっしょう）といいますが、2005年には最低の1・26となり、社会にショックを与えました（それを受けて2006年には少子化・男女共同参画大臣が創設された）。人口維持には2・08が必要であるそうです（2人の親に2人の子どもで理論上は人口維持できるが、何らかの理由で亡くなる子どももいる）。2016年は戦後のベビーブーマー（団塊の世代）の子どもたち（団塊チルドレン）の出産が相次ぎ、1・44と少し数字が上向きました。

高齢化の実情でいえば、高齢化率（65歳以上の老年人口が総人口に占める比率）は21％を超え、**超高齢社会**［super aged society］を迎えました（2018年には28・1％に達し、およそ3・6人に1人が高齢者となった）。日本が高齢化率7％以上の**高齢化社会**［aging society］になったのは1970年、14％以上の**高齢社会**［aged society］になったのは1994年のことです。なんと24年という世界最速のスピードで高齢社会に移行したのです（フランスが114

年かかったことと比較するとその深刻さが理解できる）。このまま行くと２０６５年には38％が高齢者になるという試算もあります。日本中が平日の日中の乗り合いバスのような老人大国になるということです。

日本政府が心配しているのは、少子化によって国民年金をはじめとした社会保障制度の維持が困難になることです。日本の人口ピラミッドを見ると、ふたこぶのダルマ状になっていることがわかります。１つ目のこぶは団塊の世代（いわゆるビートルズ世代）で、２つ目のこぶは団塊チルドレン世代（いわゆるファミコン世代）です。そしてその下の10代・20代は少子化により人口が少なく、今後細腕でこのふたこぶを背負っていかなくてはならないのです。

そこで政府も２０００年から**介護保険制度**をスタートさせ、40歳以上の全国民から保険料を徴収することを決めました。とはいえ病院のベッドの数も限られていますから、施設介護より在宅介護を重視することで、低コストと共生社会の実現を目指しています。現在は65～74歳を前期高齢者、75歳以上を後期高齢者と定義していますが、２０１７年に日本老年学会が高齢者の定義を75歳以上に引き上げ、65～74歳を准（じゅん）高齢者とする提言がなされました。准高齢者はボランティアなどの社会参画を求められ、年金の支給年齢（現在65歳）とて今後引き上げられる可能性もあります。定年を迎えても安心できない世の中になってきたということです。

また、１９９５年に成立した**育児・介護休業法**は２０１７年の改正を受け、最長２歳までの育児と９３日（3回まで分割可）までの介護のための休業が事業主に義務づけられました。２０１０年代に入って「イクメン」なる言葉が普及し、男性の育児参画の意識も高まりましたが、依然として男性の育児休暇の取得率は低いままです（育児休暇を取得する男性に対する職場の上司の嫌がらせの事例も報告されている）。また保育園の数が足らず、順番待ちを余儀なくされる待機児童の問題も対策が必要な喫緊の課題です。

そもそも女性の社会進出は、１９８５年の**男女雇用機会均等法**の制定が大きい役割を果たしました。１９７９年に国連で採択された女性差別禁止条約を１９８５年に批准（ひじゅん）したため、国内で女性差別を温存するわけにいかなくなったのです（国際法は国内法に優越する）。昭和の時代のサラリーマン映画を見ると、いわゆる「お茶くみ」の女性社員が登場します。朝出社した男性社員に、「はい部長、お茶です」なんて奉仕をさせられるわけです。当時は一般職と総合職で採用が分かれており、「お茶くみ」は一般職採用でした。20代後半になると男性社員は「そろそろ結婚しないの？」と迫り、結婚すると「寿退社」などといって年増の女性社員を追い払い、また若い「お茶くみ」女性を採用してちやほやさせる……という気味の悪いオヤジたちの欲望のスパイラルがまかり通っていたのです（それに耐え忍んで会社に残るお局様もいた）。男女雇用機会均等法は、職場における募集・採用・配置・昇進・定年・解雇の男女平等を目指すもので、２００７年の法改正ではセクハラ防止義務も明記されました。つまり「そろそろ結婚しないの？」はセクハラとして、許されなくなったということです。均等法世代の女性のファッションは一様に眉が太く、パッドを入れて肩をいからせていました。男性に伍する女性像を作るべく、無意識的に男性を意識し、力んでいたのでしょう。

１９９９年には男女が互いの人権を尊重し、その能力を十分に発揮できる社会の実現を目指した**男女共同参画社会基本法**が制定され、国は積極的差別是正措置（ポジティブ・アクション）などの実施義務を負うことになりました。帝国データバンク「女性登用に対する企業の意識調査」によると、２０１９年の女性管理職の割合はたったの平均７・７％、女性の管理職がいない企業は46・７％であるそうです。国は２０２０年までに指導的地位に女性が占める割合を30％程度にする目標を掲げ、一定数の女性をあらかじめ割り当てるクオータ制などのポジティブ・アクションを実施していたのですが。２０１８年には、政党に国政選挙などの候補者の男女比率を均等にする努力義務を課す男女候補者均等法が成立しました。男女平等の理想は１９６０年代に端を発する女性解放（ウーマンリブ）運動の革新的精神が入っているのですが、保守派も社会の動向を踏まえながら漸進的に改善を認めるようになってきたのです。とはいえ２０１７年の大和ハウス工業の調査によると、男女の家事分担意識の乖離も指摘されています。それによれば、夫は「夫３割：妻７割」、妻は「夫１割：妻９割」と回答しているようで、大きな開きが見受けられます。夫には見えない家事負担を、いまだ妻が背負っているのです。

ジェンダーとセックス

サルトル［1905―1980］と契約結婚をし、結果的に生涯その関係が続いた（子どもは産まなかった）のが哲学者・文学者のシモーヌ・ド・ボーヴォワール（Simone de Beauvoir）［1908―1986］です。彼女の『第二の性』（1949年）には「人は女に生まれない、女になるのだ」[*20]という一節があります。これは生物学的な性差であるセックス［sex］（オス／メス）の話ではありません。文化・社会的に「女らしく」させられる、という文化・社会的な性差・ジェンダー［gender］（男らしさ／女らしさ）に関する先駆的な議論です。「男は外で働き、女は家庭を守るべきである」「男の子はズボンで、女の子はスカートをはくものだ」「男は強く、女は優しく」といったものや、「男の子のランドセルは黒、女の子は赤」「男は短髪、女は長髪」というものもあります。別に男の子が赤いランドセルでもいいはずなんですが、「友達に笑われるよ」なんて言って、黒や青を選ばせてしまう……これがジェンダーです。実際は男らしさ／女らしさのイメージに当てはまらない、力の強い女性や優しい男性だっているはずなのですが。

ボーヴォワール

ボーヴォワールの議論は1963年のベティ・フリーダン『女らしさの神話（ザ・フェミニン・ミスティーク）』（家事や子育てに絡め取られる郊外の主婦を描いた）[*21]に端を発するフェミニズム（ウーマン・リブ運動［Women's liberation movement］）を準備しました。日本においては1990年代以降、マルクス主義の立場にたつフェミニズムを大衆化させ、市場によって商品化されない「家事労働［domestic labor］」（女性は「愛」と「母性」というイデオロギー装置によって、その労働を搾取されていた）に着目した上野千鶴子（ちづこ）［1948―］[*22]のインパクトが大きかったと思います。

生活家電が女性解放に果たした大きな役割も見逃せません。「家庭は女性が守るもの」という性別役割分業がまかり通っていた高度経済成長期、三種の神器と謳われた耐久消費財の1つに電気洗濯機がありました（その他は電気冷蔵庫、白黒テレビ）。電気洗濯機や炊飯器、掃除機……そうした生活家電に雑務を押し付けることで、女性は家庭における無賃の奴隷労働（アンペイド・ワーク）から解放されたのです。洗濯板で10人以上の大家族の洗濯物を洗う労力を考えてみてください。にもかかわらず夫から「誰のおかげで食べていけると思っているんだ」なんて言われていたわけですから、女性の怒りや不満は想像するに余りあります。

前述のように1985年には男女雇用機会均等法ができ、「総合職＝男性、一般職＝女性」という常識が崩れていきます。1999年には男女共同参画社会基本法が施行され、学校に男女混合名簿が導入されるなど、ジェンダー生産の場に変化が訪れます（かつては男子生徒の後に女子生徒の名前が並び、女子は何事においても男子が終わるのを「待つ」必要があった）。女子の制服にスカートだけではなくズボンを加え、選択できるようにする学校も増えました（男子のスカートはまだ許容されていないようだが）。こうしたジェンダー解放の動きはジェンダーフリーと呼ばれ、特に女性教員の多い小学校を中心に広まりました。今でも男女問わず「さん」付けをする教員が多いのは小学校です。ただし、ジェンダーフリー教育は「男女一緒に同じ教室で着替えをさせる」などの実践が「やりすぎである」と社会問題化し、そのバックラッシュが訪れました。21世紀に入って戦後の普遍理念が機能しない内向きの時代になるに従い、人々の意識が保守化し、再び男女差別を肯定する人が増えているのは残念なことです。日本でも21世紀に入って、男女共同参画に反対する政治家が男女共同参画担当大臣に選ばれる、というちぐはぐな事態がおこりました（政府の本音（ホンネ）と建前（タテマエ））。女性の社会進出が少子化を招き、国の経済的繁栄に翳りが見られるようになった……従って女性は家庭に入り、多くの子どもを生み育てるべきである……そうした「男は仕事、女は家庭」という性別役割分業をよしとする保守政治家にとって、保育園の待機児童対策に本腰を入れるつもりはない、というのが本音だったのだと思います。

ところでジェンダーに関する議論が、時として男・女という二項対立的な議論の陥穽にはまってしまうことがあります。しかしそもそも「男」や「女」は固定的なものではないのです。[23] 近年は「男」や「女」という二項対立に回収されない「**LGBT**」という多様な性の形も認められるようになってきました（多様な性を象徴するレインボーフラッグも浸透してきた）。「ＬＧＢＴ」とは性的マイノリティとされる**レズビアン**［Lesbian］[24]（女性同性愛者・「女性を好きになる女性」）、**ゲイ**［Gay］（男性同性愛者・「男性を好きになる男性」）、**バイセクシュアル**［Bisexual］（両性愛者・「両方の性別を好きになる、または相手の性別にはこだわらない人」）、**トランスジェンダー**［Transgender］（性別違和〔性同一性障害〕・「身体の性別に違和感があり、別の性として生きたいと望む人」）のことです。[25] これに**クエスチョニング**［Questioning］（「性自認や性的指向を模索中の人」）や**クィア**［Queer］（「規範的異性愛以外のあらゆるセクシュアリティ」）を加えて「ＬＧＢＴＱ」と呼ぶこともあります。[26]「ＬＧＢＴ」概念の啓蒙をされている方のお話によれば、心の性別（性自認―自分が認識する性別―）は「男性」「女性」「それ以外」の3種類、身体の性別は「男性型」「女性型」の2種類、性的指向――どのような性別を好きになるか――は「男性」「女性」「両方」「なし」の4種類に分けられるのだといいます。つまり、3×2×4＝24種類もの性の形があるのです。そのうち「男性―男性型―女性」「女性―女性型―男性」がマジョリティではあるのですが、それも「24分の2」の性の形に過ぎません（性的マイノリティは約20人に1人は存在する）。

私の親友は最近トランスジェンダー同士のカップルとして結婚しました。２０１５年には東京都渋谷区で同性パートナーが条例で認められ、同じく東京都世田谷区でも「パートナーシップ宣誓書」を受け付ける要綱が定められたのです。ただこのパートナーシップ制度と同性婚は異なります。そもそも同性婚は１９９０年代に、エイズと戦うゲイやバイセクシュアルのパートナーを看護したり、夫と別れたレズビアンが女性のパートナーと子どもを養育したりする権利を保障するために主張されたものです。[27] このパートナーシップ制度を同性婚の橋渡しであるとする楽観的見方もあるようですが、それとは異なる独自の制度として（例えば夫婦別姓のカップルの選択として）捉える向きもあるようです。[28]

ノーマライゼーション

ノーマライゼーション［normalization］とは障がい者がノーマルに、つまり普通に生きられる社会を目指す福祉思想です。そもそもノーマル［normal］という言葉は、語源の「norm」に「規範」という意味があり、社会の規範から外れたものをアブノーマル［abnormal］として区別・排除するニュアンスがありました。しかし私たちは高齢者・若者・障がい者・健常者……様々な人々と「**共生**」しています。全ての人が特別視されることなく、普通に生活できる社会こそが望ましいのです。ノーマライゼーションは、デンマーク社会省で知的障がい者施設の政策に関わったニルス・エリク・バンク－ミケルセン（Niels Erik Bank-Mikkelsen）［１９１９－１９９０］が提唱した言葉です。知的障がい者を隔離してその人権を奪う生活が、自らのナチスの強制収容所体験と重なったのです。１９６０年代になると福祉先進国として知られる北欧に、ノーマライゼーションの思想が広まります。現在は日本にも浸透し、学校教育でも視覚障がい者体験や車イス体験などの教育プログラムが取り入れられるようになりました。

ただ私自身、学校でこの思想を習ったときは「へぇ～」と言った程度で、その真意に気付くことはありませんでした。私は教員採用試験を受けるまで、色々な学校で非常勤講師を務めていたのですが、ある年に特別支援学校（当時は養護学校と言った）に勤務したことがありました。「ノーマライゼーション」が何たるかを思い知らされた、私にとって忘れることのできない学校です。当時の私は全く知らなかったのですが、特別支援学校には知的障がい児の学校と、肢体不自由児の学校がありました。私が勤めたのは脳性まひなどで手足が意志どおりに動かせない肢体不自由の児童・生徒が通う学校でした。中学部３年生の社会科で採用されましたが、社会科の授業を行うという状況にはありませんでした。クラスは10人ほどで、サポートする教員の数も多くいました。それというのも、多くの生徒は車イスに寝たきりの状態で、身体を動かすことができません。それでも体育の授業だってあるのです。今日はサッカーをやる、というのですが、「どうやって体育の授業をやるのだろう？」と思いながら車イスを押して体育館に行きました。すると他の教員は、車イスから生徒を下ろして、抱っこしたままボールを蹴らせてあげていました。見よう見まねでやってみたのですが、生徒は重たくて、力のない私は半年ぐらいで腰がボロボロになりました。でもボールを蹴っていると、普段無表情な生徒達が嬉しそうに声を出して笑うんですね。私はとても幸せな気持ちになりました。給食だって出ます。いわゆる中学校の給食です。うどんなども出るのですが、まずはハサミでうどんを細かく切って食べやすくするんです。ハンバーグなんかもハサミで小さく丁寧に切ります。汁物はどうするのかというと、片栗粉で固形にしてから口にもっていくんです。生徒たちは咀嚼が難しいので、口から流れ出てしまうのですが、大体1時間くらいかけて何とか口に入れて、食べられるよう手伝うんです。手伝いながらその合間に教員も急いで給食を取る、という感じです。ある日、出勤して教室に行くと、昨日まで元気だった生徒の車イスの隣の机にお花が置かれていたこともありました。前日の夜に体調が急変したとのことでした。とても悲しく、ショックを受けました。

クラスの中で数少ない、喋ることができる生徒もいました。名前はアベ君といいました。肢体不自由に加えて、知的障がいもありましたが、小学校一年生くらいの会話をすることができました。クラスの生徒たちは、自分で「石浦さん、石浦さん」と呼んで慕ってくれ、いつも一緒に学校生活を送っていました。私のことを「石浦さん、石浦さん」と呼んで慕ってくれ、いつも一緒に学校生活を送っていました。クラスの生徒たちは、自分でトイレに行って用を足すことができません。同性の教員が一緒に行って補助をするんです。ある日、アベ君と一緒にトイレに行った時のことです。アベ君はトイレに行く時だけは車イスを降り、教員と一緒に行くのです。足に皮のバンドで金属製の歩行器具をつけて、手には杖の形の補助具をやはり皮のバンドで止めて少々ぎこちなくはありますが、歩きます。するとアベ君が言うのです。「ぼくの靴、かっこいいでしょ！」「なんで石浦さんはぼくと同じ靴を履かないの？」「ぼくみたいなかっこいい靴、履けばいいのに」……一瞬、アベ君の言っていることを受け止めきれなかったのですが、しばらくして、どういう意味か理解しました。つまり、アベ君にとっての「ノーマル」は

「補助具をつけた靴（歩行器具）」なんです。私の「上履き」の方が「ノーマル」ではなく、アベ君の靴の方が、かっこいい靴なんです。ですから今後の人生でアベ君が「自分の靴はかっこよくノーマルなのだ」と思い続けることができるならば、それこそがノーマライゼーションが実現できた社会、ということになるでしょう。一方でもしアベ君が今後、「自分の靴はノーマルではない」と感じてしまったとするならば、それはノーマライゼーションが実現できていない社会、なのだと思います。アベ君の何気ない一言で、ノーマライゼーションという言葉の真の意味に気付くことができたのでした。

そのアベ君とも1年でお別れになりました（1年契約の仕事だった）。3月の最後の出勤日です。「今日でお別れだよ、明日からもう来られないよ」と悲しい気持ちを抑えながら言ったのですが、なぜかアベ君は無表情で、返事がありません。「明日から来ない」という意味が伝わっていないのだろうか……と思いながら、手を振りつつ、教室を後にしました。階段を降りながら、名残り惜しく後ろを振り返ったその時です。自分で車イスから立ち上がることのできなかったアベ君が突然「ダダッ」と音を立てて、立ち上がったんです。そしてそのまま私のことを目で追いました。「クララが立った！」ではないですが、突然の奇跡のような出来事に、更衣室で涙が止まりませんでした。いずれにしても、私にとって忘れられない学校です。

バリアフリーとユニバーサルデザイン

社会に存在する様々な障壁（バリア）をなくしていく**バリアフリー**［barrier-free］という福祉思想もあります。耳に覚えのある言葉かもしれません。車イス体験をして、町に出てみると、普段意識しない場所に思わぬ物理的な障壁があることに気付かされます。ちょっとした段差であっても、車イスで乗り上げるには力が必要です。歩けばなんてことのない建物の周りを一周するだけでも、車イスでは一仕事だと気付かされます。さらに車イスでは行けない場所も多くあるんです。これは地域のバリアフリー地図を作成してみると一目瞭然です。そこでこの障壁を無くす、バリアフリー施設も増えています。スロープを設置して段差を無くしたり、車イス用のエレベーターや、手動ドアと並列して自動ドアを設置するなどの対策が行われています。

バリアフリーの思想をさらに一歩前進させたのが**ユニバーサルデザイン**［Universal Design］（UD）です。これはノースカロライナ州立大学でデザイン・建築を教えていたロナルド・メイス（Ronald Mace）［1941—1998］のアイデアです。彼自身、車イスで生活をする身体障がい者でした。バリアフリー思想に基づくバリアフリーデザインの問題点は、障がい者向けのデザインであるがゆえ、障がい者を特別視してしまうという点です。例えば駅の車イス用のエレベーターは、階段などで手すりの所を電動でスライドし、ホームに上がるタイプのものでしたが、そこに乗っているだけで「あの人は足が悪いんだな」という風に特別視され、悪く言えば見世物になってしまう問題点がありました。そこで、車イスの人も健常者も、公平かつ簡単で無理なく押しボタンが押せる（ボタンの位置は高い所と低い所に2つずつある）エレベーターが設置されました。このように全ての人が心理・社会的な障壁を感じることなく利用できるデザインがユニバーサルデザインです。街中の自動販売機も車イスに乗ったままでは、高い所にあるボタンが押せません。しかも縦に細いコインの投入口にコインを入れるのもなかなか大変です。そこで、ユニバーサルデザインの自動販売機が作られました。下方に押しボタンが別に一列作られていて、容易に商品が選べるようになり、コインの投入口も上から下にコインを落とせる受け口の形になっていて、コインを落とす心配もありません。どんな人でも普遍的に使えて、誰しもが特別視されず、心理・社会的、物理的負担を感じないデザインになっているのです。ただし鉄道の駅の例でいうと、現状では、ホームまではユニバーサルデザインになっており、エレベーターですんなり上がって行けるのですが、電車に乗る際には駅員がスロープを設置する形となり、バリアフリーになってしまいます。そこでは周囲の視線を集めてしまうため、心理的負担が生じるのです（バスに乗る際もバリアフリーになっている）。ユニバーサルデザインでは、車イスの方が利用することを想定して、充分なスペースの確保も必要とされるでしょう。そうしたことも踏まえつつ、今後旧来のバリアフリー設備が少しずつユニバーサルデザインに取って代わられることを望みます。

注

＊1　「人口成長における三つの段階のそれぞれの社会は、それぞれことなった同調性をうみ、それぞれにことなった社会的性格を形成するのではあるまいか……第一の高度成長潜在的な社会では……同調性が伝統にしたがうことによって保証されるような社会的性格をもつ……こうした人びとを、わたしは「伝統指向」と呼び……第二に過渡的人口成長期の社会では……同調性は、幼児期に、目標のセットを内化する傾向によって保証される。こうした人々を「内的指向」と呼び……さいごに、初期的人口減退の段階……では、外部の他者たちの期待と好みに敏感である傾向によってその同調性を保証される……これらの人びとを、わたしは「他人指向」と呼」ぶ（リースマン『孤独な群衆』加藤秀俊訳、みすず書房、1964年）。

＊2　リースマン『孤独な群衆』（加藤秀俊訳、みすず書房、1964年）。

＊3～4　オルテガ・イ・ガセット『大衆の反逆』（神吉敬三訳、筑摩書房、1995年）。

＊5～7　テンニエス『ゲマインシャフトとゲゼルシャフト（下）』（杉之原寿一訳、岩波書店、1957年）。

＊8～9　マックス・ウェーバー『官僚制』（阿閉吉男・脇圭平訳、恒星社厚生閣、1987年）。

＊10　ジョージ・オーウェル『一九八四年［新訳版］』（高橋和久訳、早川書房、2009年）。

＊11　W・リップマン『世論（上）』（掛川トミ子訳、岩波書店、1987年）。

＊12　D・J・ブーアスティン『幻影（イメジ）の時代――マスコミが製造する事実』（後藤和彦・星野郁美訳、東京創元社、1964年）。

＊13～19　M・マクルーハン、Q・フィオーレ『メディアはマッサージである　影響の目録』（門林岳史訳、河出書房新社、2015年）。

＊20　ボーヴォワール『第二の性』（『ボーヴォワール著作集：第6巻』）（生島遼一訳、人文書院、1966年）。

＊21　「女性の現実の生活と、女性が順応しようと努力していたイメージ――私はこれを女らしさを賛美する人たちがつくりあげたと考えているが――はくい違っていた」。かくあるべしという受動的な女性像――夫がいなければ生きていけず、家庭に入って料理や洗濯といった家事に勤しみ、子どもを産み育てる――という「女らしさ」は雑誌などのマスコミ、フロイトの精神分析や社会科学などにより強化された。フリーダンは何不自由なく暮らしているように見える郊外の中産階級の女性の満たされない心の原因を明らかにした（ベティ・フリーダン『新しい女性の創造　改訂版』三浦冨美子訳、大和書房、2004年）。

＊22　上野千鶴子『家父長制と資本制　マルクス主義フェミニズムの地平』（岩波書店、1990年）。

＊23　ジュディス・バトラー『ジェンダー・トラブル　フェミニズムとアイデンティティの攪乱』（竹村和子訳、青土社、1999年）。

＊24　「レズビアン（lesbian）という語は、女性に対する愛の詩を多く残した紀元前ギリシャの詩人サッフォーが住んだレスボス島に由来する言葉」である（森山至貴『LGBTを読みとく――クィア・スタディーズ入門』筑摩書房、2017年）。

＊25～26　ロバート・ロディ、ローラ・ラス『多様な性のありかたを知ろう』（上田勢子訳、大月書店、2017年）。

＊27～28　森山至貴『LGBTを読みとく――クィア・スタディーズ入門』（筑摩書房、2017年）。

70章　哲学しよう／自分や世界を眺めて／立ち止まって考えよう

特に話す話題がない時に、ちょっとしたコーヒー・ブレイクに……「時間がもったいない」などと言わず、対話形式で「哲学」してみるのはいかがでしょうか。2人以上いればいつでもどこでも簡単にできます。米国の哲学者マシュー・リップマン（Matthew Lipman）［1922―2010］が創始した子どものための哲学［Philosophy for Children, P4C］は世界中で親しまれており、近年では日本にも輸入され、小学校から大学まで、様々な実践が行われるようになりました。「哲学カフェ」も各地でブームになっているようです。「子どものため」とは言いますが、固定観念に囚われがちな大人こそ、実践すればきっと楽しめるはずです。簡単なルール・注意点は以下の通りです。

- 基本的に自由に話してよい。
- お互い相手の意見を最後まで聞く。
- 自分の意見については必ず理由を言う。
- 相手の意見を否定しない（ディベートと異なり、論駁（ろんばく）することが目的ではない）。
- 賛成・反論してよいが、その際も必ず自分なりの理由を言う。
- 抽象的な議論は一つ一つ具体例を挙げる。
- 言葉の意味を吟味して使うようにする。

・結論を出す必要はない。
・人それぞれ、で終わらせない。

私の勤務校で実践してみたところ、当初、思ったことを自由に話さず、ありきたりな答えを言う生徒が多いことに気が付きました。それだけ日本の学校では周囲（クラスメイトや教員など）の空気を読むことが無意識のうちに強要され、とりあえず体のいい「答え」を出すことが求められているということです。そういう意味では高校生よりもむしろ、小学生の方が何物にも縛られず、自由に哲学できる側面があるのかもしれません。また、当然ではありますが、具体例を出せるかどうかは各人の経験（読書も含む）や知識の質・量に由来すると感じました（私の主観では、具体例をたくさん出すことができる生徒は何だか魅力的で、輪の中心にいるように見えた）。対照的に、具体例を求められた時に思考停止してしまう生徒も意外と多かったのですが、人生経験を重ねればまた違ってくるはずです。

こうした哲学対話に慣れてくると、「何を話しても許される」という雰囲気が生まれます。一旦そうなれば、彼らの「哲学する」欲求を止めることはできません。アイデアが縦横無尽に溢れ出し、脱線することもしばしば。テーマが様々な側面から深まっていくのが傍目で見てもわかりました。まずは2～3人程度で始め、最後は6人程度で共有すると、一人一人の参加意識も高くなり、対話が盛り上がったことを申し添えておきます。まずはとりあえず難しいことは抜きにして、「適当に」始めてみるのがいいかもしれません。

【対話例】テーマ：知能とは何か？

A：昨日テレビでIQテストをやっていたよ。

B：僕も観たよ。面白かったね。IQの平均は100で、東大生の平均は120なんだって。

C：本当かな？　ところでIQって何？

A：ええっと……今スマホで調べてみたけど、知能指数のことらしい。知能検査で測った精神年齢・知能年齢を暦年齢で割って、100を掛けたものだとか。

B：え？　ちょっと見せて……「Intelligence Quotient」の略なんだね。クオーシェントは指数のこと……ということは知能はインテリジェンスのことか。知能指数が高いと「インテリ」って感じがするもんね。

C：でも「インテリ」ってどういう意味だろう？　あるいは「知能が高い」って、何ができることを言うのかな。

A：そりゃあ勉強ができて、スポーツができて、物知りで、天才というか……。

B：勉強はわかるけど、スポーツができる人が全員「インテリ」って感じはしないけれど。

C：じゃあ、そもそも「勉強ができる」ってどういうことなんだろう。

B：学校のテストの点がいい人。点数なら客観性もあるし、誰しもが納得できると思うけど。

A：でも、同じサッカー部のD君はどうかな。あいつは勉強は苦手だけれど、サッカーになったらスゴイ頭の回転が速くて、パスも正確だし、仲間から尊敬もされているよ。これも「知能が高い」という風に言えるんじゃないかな。

B：勉強ができなくても尊敬されることはあるよね。

C：それは当然だよ。勉強ができるかどうかなんて、誰かが作った一つの基準に過ぎないんだから。テストの点で測れないものがたくさんあると思うよ。

A：そうそう、この前お父さんが言ってたよ。「勉強ができるだけじゃ、将来成功するかはわからない」って。挨拶ができるとか、人を幸せにできるか、とかが大事なんだって。

B：お父さん、良いこと言うね……ちょっと話を戻すけど、結局知能って何だと思う？

C：知能指数なら知能検査の結果として客観的に定義できそうだけれど、「知能」という言葉は一言で説明できそうもないから、幾つかの要素に分けて考えてみない？　例えば動物にはない「考える力」のこと、とか。

A：なるほど。じゃあ、ぼくは「知識をもっていること」だと思うな。物知りの人は目の前の状況を理解して的確に判断し、解決方法を導き出せるもの。

B：だとすると知識だけではなく、「知識をつなぎ合わせて、行動に移し、表現する力」のこととも言えるんじゃないかな。「問題を解決する力」というか、「処理能力」というか。

C：問題といえば、この前難しい数学の問題を皆で解いていたんだけれど、クラスのE君が、誰にも思いつかない方法で鮮やかに問題を解いて見せたんだよね。クラスメイトから思わずどよめきが起こったよ。

A：それは知能が高い、っていう感じがするな。ただ知識があって解き方を覚えているだけではなく、「自分なりの答えを見つけ出す力」があるんだから。

B：そういえば、宇宙人がいれば話は別だけれど、文明を発展させられたのは人間だけだよね。動物には都市文明を築くことはできなかった。だとすると、これも知能が高かったから、と言えるのかな。

A：たぶんそうだろうね。地球環境に適応しながら、最後はロボットを作れるくらいになったわけだから。AI（人工知能）はすでに人間の能力を超えているというけれど、それももともと人間が作ったものだからね。

C：今ふと思ったけれど、「知能」を辞書を引いてみたらどうかな？

A・B：あ、それは名案！

C：『広辞苑』によれば①知識と才能、②知性の程度、③環境に適応し、新しい問題状況に対処する知的機能・能力、であるらしい。

B：僕たちが想像した意味と大体一緒だね！

A：想像といえば、何かを生み出す「創造力」にもつながる、無限の「想像力」をもっていることも知能と言えないかな？

C：そうだね。文学・芸術における創作は想像力なくしてはできないし、動物にはなかなか難しい知的能力であるように思えるよね。動物が芸術を生み出すことはないから。

B：動物で思い出したけれど、カラスは賢いよね。この前、公園でごはんを食べていたら、カラスが何匹か近寄ってきて、ちょっと目を離したすきにお菓子の袋を持っていかれたんだ！　少し怖かったけれど、「やられたな」と思ったよ。

A：たぶんそのカラスは、人間の持っている（コンビニの）ビニール袋には美味しい食べ物が入っている……と経験的に学んでいたんだろうね。しかも、人間の隙を狙って巧みに奪い取った……この点では、人間と同じくらいの知能だと思うな。

C：でも、ここまで話していて思ったけれど、「知能」って言葉には何だか「上から目線」のニュアンスがあると思わない？

A：確かに……僕も「知能指数が低い」とは言われたくないし、そうした言葉には人をバカにするようなニュアンスがあるよね。

B：言われてみれば、何だか差別的な言葉かもしれないね。逆に「君、知能が高いね～」と言われたとしても、何だか皮肉というか、「上から目線」でバカにされているような気になるかも。

C：そうだよね。そう考えると、「知能」っていう言葉の中には、自然界のいかなる存在よりも人間が優れている……というニュアンスがあるんじゃないかな。

B：なるほど。そうすると、自然界の頂点にいる人間の中にもまた序列があって、「知能が高い」と思っている人が「知能が低い」と思われる人を差別化し、カテゴライズしているのかもしれないね。

A：まあでも、昨日のテレビは面白かったし、IQテストを楽しむ分には問題ないと思うけれど……。

【テーマ例】

- 人間とは何か？／人間と動物は何が違うか？
- 知能とは何か？／アタマの良さとは何か？
- 理性とは何か？
- 大人とは何か？／大人と子どもは何が違うか？
- 自分らしさとは何か？／本当の自分とは何か？
- 心とは何か？
- 世界共通の道徳はあるか？
- 理想を求めるか？／それとも現実を求めるか？
- 理論が大切か？／それとも実践が大切か？
- 美とは何か？／きれいなものとは何か？
- 恋とは何か？　愛とは何か？／恋と愛は何が違うか？
- 人はなぜ人を好きになるのか？
- 結婚はしなければいけないか？
- 幸せとは何か？
- 人生の目的とは何か？
- 生きる意味とは何か？
- なぜ生まれてきたのか？
- 友達は必要か？
- 尊敬される人はどんな人か？
- 神は存在するか？／神は必要か？
- 死んだら人はどうなるか？
- 人間はどうやって死を受け入れるか？
- 他の人とわかり合うことはできるか？
- 異なる民族・宗教・宗派がわかり合うことはできるか？
- 性善説か？　性悪説か？
- 芸術は必要か？
- 宗教は必要か？
- 好きなことを仕事にできるか？

・なぜ人は働くのか？
・人間は一人で生きられるか？
・勉強はしなければならないか？
・文系の学問を学ぶ意味は？／理系の学問を学ぶ意味は？
・人間は真理を知りうるか？
・集団主義の日本で個人主義を育てられるか？
・科学は万能か？／科学は人々を幸せにするか？
・心（精神）と身体（肉体）は別々か？
・遺伝か？／環境か？
・政府は必要か？
・嘘をつくのは悪いことか？／バレなければ嘘をついてもいいか？
・「いいこと」と「悪いこと」の基準は何か？
・ルールは何のためにあるか？
・法と道徳は何が違うか？
・自由とは何か？
・平等とは何か？
・自由と平等は両立するか？
・テロ行為を正当化できるか？／原爆投下を正当化できるか？
・トロッコ問題（50章参照）
・どんな場合でも人助けをするべきか？
・男と女は区別すべきか？／男と女は違うのか？
・言葉は有限か？／無限か？
・権力は悪か？
・結婚はするべきか？
・いじめはなくせるか？
・なぜ戦争はなくならないのか？
・なぜ暴力はなくならないか？
・正しさ（正義）とは何か？
・積極的差別是正措置は逆差別か？
・国はどこまで国民の面倒をみるべきか？
・死刑制度は認められるか？
・環境問題はなぜ解決しないのか？
・妊娠中絶は殺人か？
・安楽死は認められるのか？
・自殺はなぜいけないか？
・クローン人間は何が問題か？
・動物にも権利はあるか？
・人間は動物の中で特別なのか？
・ロボットに権利はあるか？
・本物（オリジナル）とは何か？／コピーとは何か？
・音楽、歌詞、文学作品、美術作品、映画などを1つ選んで語り合う。
・哲学書、哲学エッセイの一部を読んで語り合う。

あとがき

全世界を突然襲った新型コロナウイルス感染症（COVID-19）禍により、多くの苦しみを味わった方々も多いと思います。謹んでお見舞いを申し上げます。個人的には、高校・大学時代の同級生だった大切な友人を失うこととなり、胸がつぶれそうな日々でした。また、20年来通っていた中古レコード店も突然の閉店を余儀なくされました。科学・文明社会の脆さや人間の本性を突き付けられるとともに、緊急事態において人々は容易く権利を放棄し、国家の管理を望みがちであること、その国家の限界やＳＮＳの世論が政治を大きく動かすことにも気づかされました。また、困難な状況を前にして、人々が拠り所として哲学の知を希求する空気も感じ取れました。いずれも生まれて初めての経験です。しかしこうした困難は、カミュの『ペスト』にも描かれたように、ときに社会の中で弱い立場に置かれた者を襲います。その淘汰の嵐の最中で「自分さえ助かればよい」という発想が、社会や国家の分断を生まぬよう願うばかりです。

さて、『哲学するタネ――高校倫理が教える70章』西洋思想編、いかがでしたでしょうか。扱う思想家の数が多い分、①・②の2分冊となり、東洋思想編よりもボリュームが増してしまいました。高校「倫理」の授業には多くの思想家が登場するため、「色々な意見があり過ぎて、どれが正しいのかわからない」「それでも自分の興味を惹くものはそう多くなかった」という感想をもらうことがあります。私は当然そういうものだと思っています。同意するにせよ、異論があるにせよ、自分の心の中に引っかかる思想がひとつでもあれば、それで十分だと思います。また本書を読み進めるうち、言葉が足りないところもあり、様々な疑問が生まれたかもしれませんが、そうした疑問から古今東西の様々な書物の森に分けいって頂くのもよろしいかと思います。『哲学するタネ——高校倫理が教える70章』東洋思想編ともども、ご参照頂ければ幸いです。

思えばある種の哲学ならびに思想史を教える機会を得ながらにして、私は邪道だと思うことがあります。私は直接カントだヘーゲルだという王道の哲学を専攻していたわけではありませんし、客観的な哲学を打ち立てて科学の確からしさを裏付けた近代哲学ですら、哲学者個人の世界解釈の物語として読んでいる部分があります。「読む」というより「聴いている」のかもしれません。読んでいてお気づきの方もおられたかもしれませんが、私は音楽に昔も今も強く心惹かれ続けています。とりわけ私が良い意味でこだわり続けている１９６０～70年代のロックやフォークという音楽を、私はミュージシャンの哲学・思想として聴き、そうした音楽の総体が個人や社会に内面的・外面的変革をもたらしたことを記憶しています。

しかし考えてみると、哲学と音楽はよく似ています。どちらも人生にあってもなくても良いものである、などと言いたいのではありません。語りえぬものについて語ろうとしている点、人間性を深く追求している点、世界をより良いものにしようとしている点……両者に似たものを感じます。世間に流布する一般的定義や解答に疑いを持ち、批判・吟味の上で自分なりの答えをオリジナルに表現するというプロセス……それに触れた人々の前には今までとは全く違う様相の世界が立ち現れる……そこで再び新たな思索・創作が始まるという相互作用……私が哲学や音楽に惹かれる理由はそんなところにあります。ですから倫理の授業作りも、音楽制作も、私にとってはほとんど差がありません。

哲学や芸術が生まれる重要なポイントはマージナルな立ち位置にあることだと思っています。安心できる何かの内側で安住するのではなく、境界（崖っぷちかもしれません）に位置する、ということです。大人と子どもの境界にいる高校生や大学生、仕事を辞めて次の生き方を探している人、男・女というステレオタイプの性に分類されない人……には日々「哲学する」機会（あるいは「創作する」機会）が数多くあることでしょう。私は今までの人生の中で、米国／日本、都心／郊外、大企業／中小企業、旧華族／平民、ホワイトカラー／ブルーカラー、男／女…と様々な境界を行き来する体験をしてきました。一つの場所に安住できない性分なのか、運命なのか、わかりませんが、それらが結局哲学に辿りつくきっかけになったのかもしれません。いつも集団への帰属意識が希薄といいますか、どこへ行っても片足しか突っ込めず、浮いてしまう感覚があるのです。

しかし最後まで不安なのは、哲学や芸術を切り捨てんとする、昨今の時代の風潮です。これには多くの識者が警鐘を鳴らしています。２０１５年に惜しくも亡くなった「ゲゲゲの鬼太郎」でおなじみの漫画家・水木しげる（ラバウルで爆撃に遭い、左腕を失っています）が太平洋戦争に従軍する直前の手記には「芸術が何んだ　哲学が何んだ　今は考へる事すらゆるされない時代だ」（朝日新聞「出征直前　魂の叫び　水木しげるさん　20歳の手記発見　考へる事すらゆるされない」２０１５年6月11日付朝刊）とありました。戦争を前にして人間らしい感性が切り捨てられていく現状に煩悶する水木の姿が、生々しく記されています。また、アリストテレスの『形而上学』の翻訳で知られる哲学者・出隆の「ソクラテスの哲学とその死」（『哲学を殺すもの』）（『哲学を殺すもの　出隆著作集2』勁草書房、１９６３年）における一節も思い出されます。「ソクラテスは、あの知恵の神アポロンからアテナィという名馬にくっつけられた一匹の虻として、だが今では老いてまどろみがちな嘗ての名馬アテナィの巨軀をちくちく刺激するうるさい一匹の虻として、この馬の上に育ち、働らき、そして遂にこの馬の尻尾で軽くはたき落とされたのである。この馬にとってはその惰眠を邪魔する虻だったからである……この虻を殺した名馬アテナィの末路については、今は語るを要しないであろう」……ここでいうソクラテスを「哲学」と言い換えても差し支えないでしょう。これが書かれたのは１９３７年のことでした。世界恐慌後、内向きのブロック経済圏が形成され、第二次世界大戦を準備した１９３０年代のムードと、リーマン・ショック以降、経済成長がどんずまりを迎えた先進国が次第に内向きになり、自由貿易圏を脱退する孤立主義的動きが強まった２０１０年代半ば（２０１６年には英国が国民投票でＥＵ離脱を選択し、米国ではアメリカ・ファーストを掲げるトランプ大統領が誕生しました）――ソフィスト的な相対主義、感情的ポピュリズムが蔓延する分断の時代――のムードを重ね合わせてしまうのです。よくよく考えてみれば「絶対的真理なんてない」というポストモダンの結論は、宣告されるまでもなくわかっていた話のような気もします。そんな相対主義の結論に抗い、現実世界には存在し得ない真理なるものを探求したのがそもそも哲学の創始者ソクラテスだったわけですから。ソクラテスが活躍した縄文時代末期には、既にわかっていた結末ではあるのです。

ところで、２０１５年に経団連が発表した「選考にあたって特に重視した点」という資料があります。それによると、「コミュニケーション能力」（85・6%）、「主体性」（60・1%）、「チャレンジ精神」（54・0%）、「協調性」（46・3%）、「リーダーシップ」（20・5%）などの項目が重視される一方で、私には人間を人間足らしめている要素と思える「やさしさ」「思いやり」の文字は見当たりませんでした。やっと見つけた「感受性」でさえ何と２．３%ですから、開いた口が正直ふさがりませんでした（なんと２０１６年からは「感受性」が調査項目から外され、代わりに「ストレス耐性」が加わりました）。この点について、就職活動を控えた卒業生と話し合ってみたところ、「やさしさや思いやりは重視するのが当たり前だから、あえて書かなかったのではないか」という意見もあったので、正確な所はわかりません。ただし先ほどの水木しげるの手記と重ね合わせて眺めてみると、グローバル経済を勝ち抜く企業戦士を国家と多国籍企業が手を組んで育てようと躍起になっている昨今です、哲学も芸術も「今は考へる事すらゆるされない時代」なのかもしれないと思うのです。

とはいえ私は不安ではありますが、希望を持っています。学校で「哲学する」場が少なくなったとしても、日常生活で「哲学する」ことを忘れなければいいだけの話だからです。「哲学する」には、学歴も年齢も職業も関係ありません。隣の友人や家族との何気ない会話から「哲学する」のは容易（たやす）いことです。哲学するタネ（種）を蒔くなら今しかない、と思える混迷の時代に、皆さんにとってこの本が「哲学する」土台、いや少なくともその一助になれば、望外の幸せです。

最後に一つ、この本を作るための資料収集で改めて感じたのが「本」の大切さです。モンテスキューの『法の精神』をまともに読まずして、かつて授業で三権分立を語っていた自分を深く反省してしまいました。「孫引き」どころか「ひ孫引き」が氾濫するインターネットの無料情報と、膨大な時間と労力がかけられた「本」とは、圧倒的に情報量が違っています。にもかかわらず、教科書に載っている不朽の古典ですら絶版になっており、新刊書店で容易に入手できない例も多く見受けられました。その窮地を救ってくれたのは図書館と古本です。中学生の頃から「岩波文庫を全冊制覇する！」などと言って古本集めをしてきたのが初めて役に立ちましたし、勤務校や公共の図書館で探していた絶版本を見つけた時は本当に感動しました。図書館司書の先生の話によれば、昨今のコストカットの風潮で切り捨てられているのが常勤の学校図書館司書だそうです。大学の学問研究を中心とする知のヒエラルキーが崩れているように思える時代ですが、ネット検索の全能感に酔いしれ、「一億総知ったかぶり」になってしまうのは避けたいものです。知のセーフティ・ネットとして、「本」および図書館の重要性を強調しておきたいと思います。

　大学時代の先輩でもある編集者の杉本健太郎さんは、１９７０年代のフォーク・デュオ古井戸のメンバーだった加奈崎芳太郎（かなざきよしたろう）のソロ・ライブを二人で追いかけた（今は無き渋谷の小劇場ジァン・ジァンでした）古い縁がありました。２０１５年の古井戸「再会」ライブで再会したことをきっかけに、２０１８年には初の単著である東洋思想編の出版の機会を与えてくれました。その後、２０１９年には二人にとって心の大師匠である加奈崎芳太郎の『キッス・オブ・ライフ――ジャパニーズ・ポップスの50年を囁く』の編集を共に担当し、今回ついに西洋思想編を刊行する運びとなりました。杉本さんの緻密かつ素早い編集・校正作業と的確なアイデアがなければ、本書は完成しなかったと思います。そして明月堂書店の末井幸作さんは、私が今も心酔する漫画雑誌『ガロ』直系の青林工藝舎を引き継がれた方でもあります。私が20代の頃に夢中になったつげ義春作品をはじめ、往時の『ガロ』のバックナンバーが全て並んだオフィスに入ったとき、ただならぬ運命を感じたものでした。本当にご縁としか言いようがありません。お二人に深く感謝いたします。

【全体を通じて参照した主な事典・思想通史類】

廣松渉ほか編『岩波　哲学・思想事典』（岩波書店、１９９８年）

粟田賢三・古在由重編『岩波哲学小辞典』（岩波書店、１９７９年）

永井均ほか編『事典　哲学の木』（講談社、２００２年）

中村元ほか編『岩波　仏教辞典』（岩波書店、１９８９年）

石毛忠ほか編『日本思想史辞典』（山川出版社、２００９年）

清水正之『日本思想全史』（筑摩書房、２０１４年）

湯浅邦弘編著『概説中国思想史』（ミネルヴァ書房、２０１０年）

『哲学の歴史1〜12』（中央公論新社、２００７〜２００８年）

バートランド・ラッセル『西洋哲学史1〜3』（市井三郎訳、みすず書房、１９７０年）

峰島旭雄編著『概説西洋哲学史』（ミネルヴァ書房、１９８９年）

岡崎文明ほか『西洋哲学史——理性の運命と可能性——』（昭和堂、１９９４年）

木田元『反哲学入門』（新潮社、２０１０年）

中島義明ほか編『心理学辞典』（有斐閣、１９９９年）

日本史広辞典編集委員会編『山川　日本史小辞典』（山川出版社、２００１年）

羽野幸春ほか編『新訂版　詳解倫理資料』（実教出版、２０１０年）

濱井修監修・小寺聡編『倫理用語集』（山川出版社、２０１４年）

ら行

人名索引

《著者紹介》

石浦昌之（いしうら・まさゆき）

1979年東京生まれ。学習院大学文学部心理学科卒業。立教大学大学院文学研究科比較文明学専攻博士課程前期課程修了。現在都内の高校で倫理の授業を担当している。『哲学するタネ――高校倫理が教える70章【東洋思想編】』[単著]（明月堂書店、2018年）。高校倫理研究会『高校 倫理が好きだ！――現代を生きるヒント』［分担執筆］（清水書院、2016年）。東京都高等学校公民科「倫理」「現代社会」研究会『新科目「公共」「公共の扉」をひらく 授業事例集』［分担執筆］（清水書院、2018年）。
1999年にソニー・ミュージックエンタテインメントのコミックソング・オーディションに合格。『蒼い蜜柑』（KAZEレーベル、2011年）でデビュー。『語りえぬものについては咆哮しなければならない』（MASH RECORDS、2014年）など計4枚のアルバムをリリース。レコード・コレクター、音楽ライターとしても知られ、レコード・ショップ芽瑠璃堂のWEBマガジン「愛すべき音楽よ」、明月堂書店ブログ「月刊極北」の連載、音楽ムックの執筆なども行っている。加奈崎芳太郎『キッス・オブ・ライフ――ジャパニーズ・ポップスの50年を囁く』［編集・全アルバム解説］（明月堂書店、2019年）。『URCレコード読本』［分担執筆］（シンコーミュージック、2020年）。

哲学するタネ（てつがく）

――高校倫理が教える70章 【西洋思想編②】

2020年10月20日　初版第一刷発行

2022年1月14日　初版第二刷発行

著者
石浦昌之

発行人
末井幸作

編集デザイン
杉本健太郎

発行・発売
株式会社 明月堂書店

〒162-0054東京都新宿区河田町3-15 河田町ビル3階
電話 03-5368-2327 FAX 03-5919-2442
website「月刊極北」http://meigetu.net

定価はカバーに記載しております。乱丁、落丁はお取り替えいたします。

ISBN978-4-903145-71-6 C0010